DIANZI SHANGWU YUNYING

# 电子商务运营

主 编／曾 彬 万 静
副主编／郑 伟 吴治刚 王向军

西南交通大学出版社
·成都·

图书在版编目（CIP）数据

电子商务运营 / 曾彬，万静主编．—成都：西南交通大学出版社，2017.8
ISBN 978-7-5643-5721-4

Ⅰ．①电… Ⅱ．①曾… ②万… Ⅲ．①电子商务 – 运营管理 – 教材 Ⅳ．①F713.365

中国版本图书馆 CIP 数据核字（2017）第 217440 号

### 电子商务运营

主编　曾彬　万静

| | |
|---|---|
| 责 任 编 辑 | 黄淑文 |
| 封 面 设 计 | 墨创文化 |
| 出 版 发 行 | 西南交通大学出版社<br>（四川省成都市二环路北一段 111 号<br>西南交通大学创新大厦 21 楼） |
| 发行部电话 | 028-87600564　028-87600533 |
| 邮 政 编 码 | 610031 |
| 网　　　　址 | http://www.xnjdcbs.com |
| 印　　　　刷 | 成都勤德印务有限公司 |
| 成 品 尺 寸 | 185 mm × 260 mm |
| 印　　　　张 | 14.75 |
| 字　　　　数 | 370 千 |
| 版　　　　次 | 2017 年 8 月第 1 版 |
| 印　　　　次 | 2017 年 8 月第 1 次 |
| 书　　　　号 | ISBN 978-7-5643-5721-4 |
| 定　　　　价 | 38.00 元 |

课件咨询电话：028-87600533
图书如有印装质量问题　本社负责退换
版权所有　盗版必究　举报电话：028-87600562

# 前 言

2016年的中央政府工作报告重点强调了十一大重点行动中的"互联网+"创业创新、"互联网+"普惠金融、"互联网+"协同制造、"互联网+"益民服务、"互联网+"高效物流、"互联网+"现代农业、"互联网+"电子商务、"互联网+"绿色生态等八大行动方向。发挥"大众创业、万众创新"和"互联网+"集众智汇众力的乘数效应。传统线上电商和传统线下企业都在依托国家"分享经济"的政策东风加紧企业转型升级的步伐。

企业生产力的提升改造离不开电商人才的培训和培养。然而，电商人才的技能更新速度却往往落后于科技的发展和企业的进步。电商人才的匮乏和技能落后严重制约着企业的进一步升级，成了目前电商企业和传统企业迫切需要改革和进步的短板。

在"互联网+"创业创新大背景下，高校电子商务的教育工作者借助灵活机动的电商平台，使理论教育和企业实践紧密结合成为可能。作者编写本书之前，已经从事淘宝、天猫等传统电商平台的运营达七年之久，在融合一线的电商人才培养工作心得之后，总结出了这套非常丰富和系统的运营体系，系统和全面回答了电商运营过程中需要解决的几个问题。

第一、网络营销平台的建设。不论企业发展还是电商创业，熟悉 B2B、B2C 等常规的平台运营模式，并了解其运营规律和操作技巧都是非常必要的。

第二、网络平台运营的一般规律。不同类型的平台虽然会有各自的运营特点和盈利模式，但还是会有互联网营销的一般规律。系统地认识这些规律，可以帮助我们更好地把握具备不同特征的运营模式，有针对性地制定营销策略，从而提升网络销售的转化率。

第三、网络平台的装修与图片处理。网络图片的处理和美化不是孤立存在的技术工作，图片处理与平台推广是相辅相成的。

第四、数据的收集整理和分析。平台运营方案的升级改造需要根据平台的实际情况而定。数据的采集、整理和分析，是平台营销服务升级改造前必须要做的基础工作。

第五、商品售后服务与回访。提升用户的消费体验是吸引回头客的不二法宝。平台运营得是否专业，能够非常容易地通过产品服务和售后进行考量。

本书分为 7 章：第一章主要介绍电子商务基础知识，第 2 章介绍电子商务运营基础知识，包括运营平台、专业术语等；第3章主要以淘宝为例介绍电商平台运营技巧，包括店铺装修美化、营销推广、客服服务等；第4章主要介绍B2B平台电子商务运营技巧；第5章介绍主流B2C平台运营技巧；第6章移动电子商务和第7章企业自建网站运营作为补充内容。

本书第1章、第2章由万静编写，第3章、4章、5章由曾彬编写，第6章由吴治刚编写，第7章由郑伟、王向军合编。全书由曾彬统稿并定稿。

限于编者学识水平，加之编写工作时间较为紧张，书中难免有不足之处，恳请广大读者批评指正。

编　者
2017年5月

# 目 录

**第1章 电子商务基础知识** ·················································································· 1
  1.1 电子商务的基本概念 ················································································ 1
    1.1.1 电子商务的定义 ············································································ 1
    1.1.2 我国电子商务的发展历程 ································································ 2
    1.1.3 电子商务未来的发展趋势 ································································ 5
  1.2 电子商务的运营模式 ················································································ 6
    1.2.1 电子商务的交易过程 ······································································ 6
    1.2.2 电子商务的分类 ············································································ 7
    1.2.3 电子商务与传统商务的区别 ····························································· 9
    1.2.4 电子商务的运营模式 ···································································· 11
    1.2.5 我国电子商务发展的主要特点 ························································ 13
    【思考与练习】 ······················································································ 13

**第2章 电子商务运营概述** ·················································································· 14
  2.1 电子商务运营概念的介绍 ········································································ 14
    2.1.1 电子商务运营的定义 ···································································· 14
    2.1.2 电子商务运营准则 ······································································· 14
  2.2 企业电子商务运营部门架构 ····································································· 15
    2.1.1 电子商务的运营架构 ···································································· 15
    2.2.2 电子商务的运营模式 ···································································· 16
    2.2.3 企业电子商务运营的工作内容 ························································ 16
  2.3 信息发布平台 ······················································································· 18
    2.3.1 信息发布平台的特点 ···································································· 18
    2.3.2 信息发布平台的优势 ···································································· 19
    2.3.3 主流的电商平台介绍 ···································································· 19
    2.3.4 淘宝运营工具 ············································································· 20
    【思考与练习】 ······················································································ 23

**第3章 C2C电子商务平台运营** ·········································································· 24
  3.1 C2C电子商务平台概述 ··········································································· 24
    3.1.1 淘宝网 ······················································································ 24
    3.1.2 易贝网 ······················································································ 25

  3.1.3 拍拍网 ········································································· 26
 3.2 开店基础操作 ······································································· 27
  3.2.1 注册及认证流程 ··········································································· 27
  3.2.2 开通网上开店 ············································································· 32
  3.2.3 卖家中心的操作 ··········································································· 34
  3.2.4 选择货源 ················································································· 37
  3.2.5 网络零售平台规则 ········································································ 38
  3.2.6 网络交易安全常识 ········································································ 40
 3.3 商品信息发布与管理 ·································································· 43
  3.3.1 商品发布 ················································································· 43
  3.3.2 网店日常管理 ············································································· 52
  3.3.3 客户服务 ················································································· 56
 3.4 网店装修与美化 ······································································· 60
  3.4.1 网店旺铺介绍 ············································································· 60
  3.4.2 网店首页美化 ············································································· 61
  3.4.3 网店搜索页美化 ··········································································· 67
  3.4.4 网店宝贝描述页美化 ······································································ 67
 3.5 网店推广运营 ······································································· 73
  3.5.1 店内营销与推广 ··········································································· 73
  3.5.2 站内营销与推广 ··········································································· 84
  3.5.3 外部营销与推广 ··········································································· 93
 【思考与练习】··········································································· 96

# 第4章 B2B 电子商务平台运营················································· 97
 4.1 B2B 电子商务平台概述································································ 97
  4.1.1 阿里巴巴················································································· 97
  4.1.2 慧聪网··················································································· 98
  4.1.3 中国制造网··············································································· 99
 4.2 阿里巴巴中文站注册与登录··························································· 100
  4.2.1 网站用户类型············································································ 100
  4.2.2 普通会员注册············································································ 102
  4.2.3 诚信通会员注册·········································································· 104
 4.3 信息发布与管理····································································· 106
  4.3.1 发布高质量的信息········································································ 106
  4.3.2 发布企业介绍信息········································································ 106
  4.3.3 产品信息发布与管理······································································ 111
 4.4 旺铺管理··········································································· 117
  4.4.1 旺铺简介················································································ 117
  4.4.2 旺铺页面设计············································································ 120

- 2 -

  4.5 B2B 平台询盘管理 ·············· 123
    4.5.1 询盘概念 ·············· 123
    4.5.2 询盘分析与筛选 ·············· 124
    【思考与练习】 ·············· 127

第 5 章 B2C 电子商务平台运营 ·············· 128
  5.1 B2C 电子商务平台运营概述 ·············· 128
    5.1.1 天猫简介 ·············· 128
    5.1.2 京东简介 ·············· 129
  5.2 天猫平台运营 ·············· 131
    5.2.1 天猫与 C2C 平台的区别 ·············· 131
    5.2.2 入驻天猫平台 ·············· 132
    5.2.3 天猫营销推广 ·············· 136
    5.2.4 天猫店铺统计分析 ·············· 145
    5.2.5 天猫店铺装修 ·············· 151
    5.2.6 天猫日常管理 ·············· 151
  5.3 京东平台运营 ·············· 156
    5.3.1 京东商城店铺类型 ·············· 156
    5.3.2 入驻京东商城 ·············· 157
    5.3.3 京东店铺装修 ·············· 160
    5.3.4 京东和天猫运营的区别 ·············· 166
    5.3.5 京东平台内部推广资源的利用 ·············· 166
    【思考与练习】 ·············· 168

第 6 章 移动电子商务 ·············· 169
  6.1 移动电子商务的概念与特点 ·············· 169
    6.1.1 移动电子商务的内涵 ·············· 169
    6.1.2 移动电子商务的特点 ·············· 170
    6.1.3 移动电子商务服务内容 ·············· 172
  6.2 移动电子商务模式的分类 ·············· 173
  6.3 移动电子商务的实际商业应用 ·············· 175
  6.4 移动电子商务新技术和概念 ·············· 175
  6.5 移动电子商务硬件设备 ·············· 178
  6.6 基于 APP 应用的移动电商平台 ·············· 179
    6.6.1 移动电子商务 APP 分类 ·············· 179
    6.6.2 移动电商应用模型 ·············· 179
    6.6.3 在线零售移动电商 ·············· 180
    6.6.4 推荐导购移动电商 ·············· 183
    6.6.5 O2O 移动电商 ·············· 183
    6.6.6 差旅移动电商 ·············· 184

  6.6.6 微商城 ································································· 184
  【思考与练习】 ······················································· 185

# 第7章 企业自建网站运营 ································· 186
## 7.1 企业自建网站的设计 ······································· 186
  7.1.1 企业自建网站的介绍 ··········································· 186
  7.1.2 企业网站设计的准则 ··········································· 188
## 7.2 企业自建网站的运营与管理 ······························· 190
  7.2.1 网站内容的组织与管理 ········································· 190
  7.2.2 企业网站运营效果监测与分析 ································· 192
  7.2.3 企业网站的搜索引擎优化（SEO） ··························· 198
## 7.3 企业网站推广与营销 ······································· 202
  7.3.1 利用百度工具推广 ············································· 202
  7.3.2 免费推广方式 ··················································· 205
  7.3.3 付费推广方式 ··················································· 212
  【思考与练习】 ······················································· 227

# 参考文献 ································································· 228

# 第 1 章　电子商务基础知识

## 1.1　电子商务的基本概念

电子商务是以信息网络技术为手段，以商品交换为中心的商务活动；也可以理解为在互联网（Internet）、企业内部网（Intranet）和增值网（VAN，Value Added Network）上以电子交易方式进行交易活动和相关服务的活动，是传统商业活动各环节的电子化、网络化、信息化。

电子商务通常是指在全球各地广泛的商业贸易活动中，在因特网开放的网络环境下，基于浏览器/服务器应用方式，买卖双方不谋面地进行各种商贸活动，实现消费者的网上购物、商户之间的网上交易和在线电子支付以及各种商务活动、交易活动、金融活动和相关的综合服务活动的一种新型的商业运营模式。各国政府、学者、企业界人士根据自己所处的地位和对电子商务参与的角度和程度的不同，给出了许多不同的定义。电子商务的运营模式分为ABC、B2B、B2C、C2C、B2M、M2C、B2A（即 B2G）、C2A（即 C2G）、O2O 等。

### 1.1.1　电子商务的定义

1．电子商务的定义

电子商务是利用微电脑技术和网络通信技术进行的商务活动。各国政府、学者、企业界人士根据自己所处的地位和对电子商务参与的角度和程度的不同，给出了许多不同的定义。但是，电子商务不简单等同于商务电子化。

电子商务即使在各国或不同的领域有不同的定义,但其关键依然是依靠电子设备和网络技术进行的商业模式，随着电子商务的高速发展，它已不仅仅包括其购物的主要内涵，还应包括物流配送等附带服务。电子商务包括电子货币交换、供应链管理、电子交易市场、网络营销、在线事务处理、电子数据交换（EDI）、存货管理和自动数据收集系统。在此过程中，利用到的信息技术包括：互联网、外联网、电子邮件、数据库、电子目录和移动电话。

首先将电子商务划分为广义和狭义的电子商务。广义的电子商务定义为，使用各种电子工具从事商务活动；狭义的电子商务定义为，主要利用 Internet 从事商务或活动。无论是广义的还是狭义的电子商务的概念，电子商务都涵盖了两个方面：一是离不开互联网这个平台，没有了网络，就称不上为电子商务；二是通过互联网完成的一种商务活动。

狭义上讲，电子商务（Electronic Commerce，简称 EC）是指：通过使用互联网等电子工具（这些工具包括电报、电话、广播、电视、传真、计算机、计算机网络、移动通信等）

在全球范围内进行的商务贸易活动。是以计算机网络为基础所进行的各种商务活动，包括商品和服务的提供者、广告商、消费者、中介商等有关各方行为的总和。人们一般理解的电子商务是指狭义上的电子商务。

广义上讲，电子商务一词源自于 Electronic Business（简称 EB），是通过电子手段进行的商业事务活动。通过使用互联网等电子工具，使公司内部、供应商、客户和合作伙伴之间，利用电子业务共享信息，实现企业间业务流程的电子化，配合企业内部的电子化生产管理系统，提高企业的生产、库存、流通和资金等各个环节的效率。两者涵盖的内容如图 1-1 所示，从这个层面上讲，EB 涵盖的内容比 EC 广。

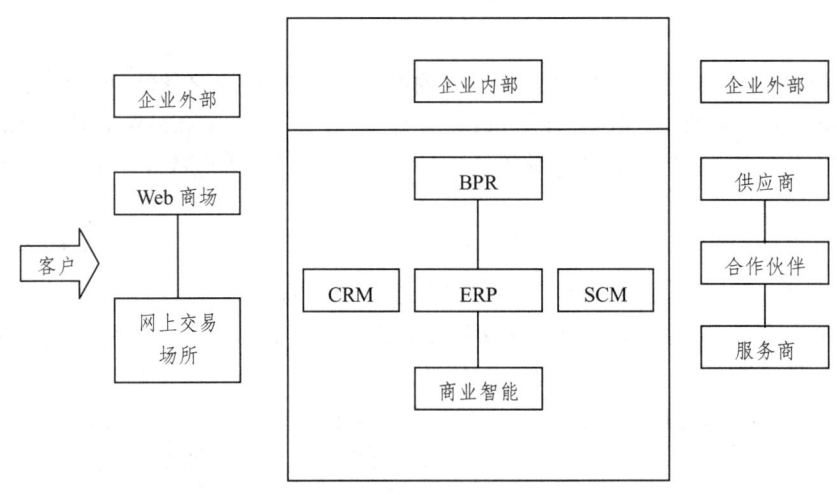

图 1-1　EB 和 EC 的对比

联合国国际贸易程序简化工作组对电子商务的定义是：采用电子形式开展商务活动，它包括在供应商、客户、政府及其他参与方之间通过任何电子工具（如 EDI、Web 技术、电子邮件等）共享非结构化商务信息，并管理和完成在商务活动、管理活动和消费活动中的各种交易。

电子商务是利用计算机技术、网络技术和远程通信技术，实现电子化、数字化和网络化、商务化的整个商务过程。

电子商务是以商务活动为主体，以计算机网络为基础，以电子化方式为手段，在法律许可范围内所进行的商务活动交易过程。E-Commerce 集中于电子交易，强调企业与外部的交易与合作；而 E-Business 则把涵盖范围扩大了很多，广义上指使用各种电子工具从事商务或活动，狭义上指利用 Internet 从事商务的活动。

### 1.1.2　我国电子商务的发展历程

电子商务笼统地讲就是使用电子手段所开展的贸易活动，早在 1837 年，电报刚出现的时候，人们就开始了对运用电子手段进行商务活动的讨论。随着电话、传真、电视等电子工具的诞生，商务活动中可应用的电子工具进一步扩充。目前，人们所提及的电子商务多只指在互联网上开展的商务活动。

电子商务是在计算机技术与网络通信技术的互动发展中产生和不断完善的。近年来，电子商务随着互联网的普及而急剧发展。

电子商务最早产生于 20 世纪 60 年代，发展于 90 年代，其产生和发展的重要条件主要有以下几个方面。

（1）计算机的广泛应用。近 30 年来，计算机的处理速度越来越快，处理能力越来越强，价格越来越低，应用越来越广泛，这为电子商务的应用提供了基础。

（2）网络的普及和成熟。由于 Internet 逐渐成为全球通信与交易的媒体，全球上网用户呈级数增长趋势，快捷、安全、低成本的特点为电子商务的发展提供了条件。

（3）信用卡的普及应用。信用卡因方便、快捷、安全而成为人们消费支付的重要手段，并以此形成完善的全球性信用卡计算机网络支付与结算系统，使"一卡在手，走遍全球"成为可能，同时也为电子商务中的网上支付提供了重要的手段。

（4）电子安全交易协议的制定。1997 年 5 月 31 日，由美国信用卡品牌 VISA（Visa International Service Association）和万事达信用卡（Mastercard）国际组织联合制定的 SET（Secure Electronic Transfer Protocol）——电子安全交易协议的出台，以及该协议得到大多数厂商的认可和支持，为开发网络上的电子商务提供了一个关键的安全环境。

（5）政府的支持与推动。自 1997 年欧盟发布欧洲电子商务协议，美国随后发布"全球电子商务纲要"以后，电子商务受到世界各国政府的重视，许多国家的政府开始尝试"网上采购"，这为电子商务的发展提供了有力的支持。

电子商务的发展主要经历了三个阶段。

## 1．基于 EDI 网络的电子商务

20 世纪 70 年代末，企业间的电子数据交换 EDI（Electronic Data Interchange）和银行间的电子资金转账 EFT（Electronic Fund Transfer）技术是电子商务应用系统的雏形。

EDI 电子商务在 20 世纪 80 年代得到了较大的发展。早期的 EDI 主要是通过增值网络 VAN 实现的，交易双方可以将交易过程中产生的各种单据及规定的标准格式在双方的计算机系统上进行端对端的数据传送。

## 2．基于互联网的电子商务

1991 年，美国政府宣布互联网向社会公众开放，允许在网上开发商业应用系统。

1993 年，万维网（World Wide Web，WWW）在互联网上出现，这是一种具有处理数据、图文、声像、超文本对象能力的网络技术，使互联网具备了支持多媒体应用的功能。

基于互联网的电子商务从 20 世纪 90 年代初中期开始发展，至 20 世纪 90 年代末形成第一个高潮。Internet 电子商务是以遍及全球的互联网为架构，以交易双方为主题，以网上支付和结算为手段，以客户信息数据库为依托的全新的商业模式。相对于 EDI 电子商务，在 Internet 上的电子商务活动发展得更快，涉及的范围更广。

## 3．21 世纪 e 概念电子商务

电子信息技术和政府、医疗、教育、金融、卫生、军事、企业、研发组织等应用领域结合，形成有关领域的 e 概念电子商务，如电子政务、电子医务、电子教务、在线银行、虚拟企业、虚拟研发中心等。

e概念电子商务可以分为三个层次：第一层次是电子宣传册（e-catalog）的营销时期，电子商务的重点是信息表述，要求信息内容具有个性化、互动性以及优秀的表现形式和创意。

第二层次是电子交易（e-commerce）时期，重点是事物处理，亚马逊、eBay等企业是这一时期诞生的佼佼者。第三层次称为电子决断（e-decision）时期，这一层次的电子商务是对整个价值链管理以及对所有业务信息高度整合共享，最终实现商业智能化的决策支持和协同工作。进入第三层次的Cisco、沃尔-马特、英特尔，以及戴尔、通用汽车，甚至麦当劳将是这个时代真正的英雄[1]。

国内企业化电子商务发展的历程如下：

1997年，中国化工信息网正式在互联网上提供服务，开拓了网络化工的先河，是全国第一个介入行业网站服务的国有机构。

1998年12月，阿里巴巴正式在开曼群岛注册成立，1999年3月其子公司阿里巴巴中国在我国杭州创建，同年6月在开曼群岛注册阿里巴巴集团。

1999年8月，邵亦波创办国内首家C2C电子商务平台"易趣网"。

1999年9月，中国国际电子商务应用博览会在北京举行，是中国第一次全面推出的电子商务技术与应用成果大型汇报会。

1999年9月，招商银行率先在国内全面启动"一网通"网上银行服务，建立了由网上企业银行、网上个人银行、网上支付、网上证券及网上商城为核心的网络银行服务体系，并经央行批准成为国内首家开展网上个人银行业务的商业银行。

2002年7月，召开的国家信息化领导小组第二次会议，审议通过了《国民经济和社会发展第十个五年计划信息化重点专项规划》《关于我国电子政务建设的指导意见》和《振兴软件产业行动纲要》。

2003年5月，"非典"给电子商务带来了意外的发展机遇，各B2B、B2C电子商务网站会员数量迅速增加，并且部分实现盈利，C2C也由此酝酿变局。

2003年5月，阿里巴巴集团投资1亿元人民币成立淘宝网，进军C2C；随后几年内，逐渐改变国内C2C市场格局，而网购理念与网民网购消费习惯也进一步养成。

2003年10月，阿里巴巴推出"支付宝"，致力于为网络交易用户提供基于第三方担保的在线支付服务，正式进军电子支付领域。

2004年8月，亚马逊以7500万美元协议收购卓越网，并更名为卓越亚马逊。

2004年年底，由温家宝总理主持的信息化领导小组第四次会议，通过了《关于加快电子商务发展的若干意见》。

2005年9月12日，腾讯依托QQ逾5.9亿的庞大用户推出"拍拍网"，C2C三足鼎立格局逐渐形成。

2007年6月1日，国家发改委、国务院信息化工作办公室联合发布我国首部电子商务发展规划——《电子商务发展"十一五"规划》，首次在国家政策层面确立了发展电子商务的

---

[1] 周剑锋：《电子商务》，2014年。

战略和任务，这是我国第一个国家级的电子商务发展规划。

2008年起，为应对国际金融危机对经济的影响，我国各地方政府纷纷出台政策，通过切实的财政扶持等手段，普及中小企业电子商务的应用，其中杭州、浙江、南京、江苏、广州、广东、上海、成都、四川等省市走在了全国前列。

2008年12月，商务部国际电子商务中心成立移动商务应用实验室。

2009年6月，视频网站土豆网、优酷网先后启动将视频技术与淘宝的网购平台相结合，共同提升用户网络购物的真实体验，推出"视频电子商务"应用技术。

2009年6月，"国家队"银联支付与B2C企业当当网签订合作协议，这是银联支付成立七年来，首度进入电子商务支付领域，与在线第三方支付市场领导支付宝形成了正面竞争。

2009年9月，"首届电子商务与快递物流大会"在杭州休博园召开，其宏观背景是，物流快递行业作为电子商务的支撑产业之一，近几年在第三方电子商务平台的带动下得到了快速发展。

电子商务蓬勃发展，网络营销培训、实战操作等课程异彩纷呈，越来越多的企业加入到企业化电子商务运用阶段。

### 1.1.3 电子商务未来的发展趋势

"十二五"时期，我国电子商务行业发展迅猛，产业规模迅速扩大，电子商务信息、交易和技术等服务企业不断涌现。2010年中国电子商务市场交易额已达4.5万亿元，同比增长22%。2011年我国电子商务交易总额再创新高，达到5.88万亿元，其中中小企业电子商务交易额达到3.21万亿元。

2012年第一季度，中国电子商务市场整体交易规模1.76万亿，同比去年增长25.8%，环比下降4.2%。2012年第二季度，我国电子商务市场整体交易规模1.88万亿，同比去年增长25.0%，环比增长7.3%。

截止到2013年底，中国电子商务市场交易规模达10.2万亿，同比上年增长29.9%。其中，B2B电子商务市场交易额达8.2万亿元，同比增长31.2%。网络零售市场交易规模达18 851亿元，同比去年增长42.8%。排在前十的省份（含直辖市）分别为：广东省、江苏省、北京市、上海市、浙江省、山东省、湖北省、福建省、四川省、湖南省。

截止到2013年12月，电子商务服务企业直接从业人员超过235万人。由电子商务间接带动的就业人数，已超过1 680万人。

2013年电子商务市场细分行业结构中，B2B电子商务占比80.4%；网络零售交易规模市场份额达到17.6%；网络团购占比0.6%；其他占1.4%。

未来电子商务的发展具有更优越的环境：电子商务不受时间和空间限制，不受传统购物的诸多限制，可以随时随地在网上交易。此外，电子商务拥有更广阔的市场：在网上，一个商家可以面对全球的消费者，一个消费者也可以在全球任何一家商家购物。电子商务具备更快速的流通和低廉的价格：电子商务减少了商品流通的中间环节，节省了大量的开支，从而大大降低了商品流通和交易成本。最后，电子商务更符合时代要求：如今人们越来越追求时尚、讲究个性，注重购物环境，而网上购物正好能更好地满足人们的这些需求。

## 1.2 电子商务的运营模式

### 1.2.1 电子商务的交易过程

电子商务存在的价值,就是让消费者通过网络在网上购物、网上支付,为客户和企业节省时间和空间,从而大大提高交易效率。在消费者信息多元化的21世纪,足不出户的通过网络渠道(百度微购、淘宝、新蛋等)了解本地商场商品信息,然后再享受现场购物乐趣,已经成为消费者习惯。

1. 电子商务的四个要素

电子商务的四要素指的是商城、消费者、产品、物流。这四个要素的相互关系如下。

买卖:各大网络平台为消费者提供质优价廉的商品,吸引消费者购买的同时促使更多商家的入驻。

合作:各电商与物流公司建立合作关系,为消费者的购买行为提供最终保障,这是电商运营的硬性条件之一。

服务:电商三要素之一的物流主要是为消费者提供购买服务,从而实现再一次的交易。

2. 电子商务交易开展的关联对象

交易平台:第三方电子商务平台(以下简称第三方交易平台)是指在电子商务活动中为交易双方或多方提供交易撮合及相关服务的信息网络系统总和。

平台经营者:第三方交易平台经营者(以下简称平台经营者)是指在工商行政管理部门登记注册并领取营业执照,从事第三方交易平台运营并为交易双方提供服务的自然人、法人和其他组织。

站内经营者:第三方交易平台站内经营者(以下简称站内经营者)是指在电子商务交易平台上从事交易及有关服务活动的自然人、法人和其他组织。

支付系统:支付系统(Payment System)是由提供支付清算服务的中介机构和实现支付指令传送及资金清算的专业技术手段共同组成,用以实现债权债务清偿及资金转移的一种金融安排,有时也称为清算系统(Clear System)。

3. 电子商务的交易过程

1) 交易前的准备

这一阶段主要是买卖双方及交易的其他参与方在签约前的准备活动。

买方根据自己选购的商品准备货款,制订购货计划,进行货源市场调查和分析,在此基础上反复修改购货计划,并最后确定购货计划。按照计划确定所购商品的种类、数量、规格、价格和交易方式等。在此过程中要利用互联网和电子商务工具寻找满意的商品和商家。

卖方根据自己所销售的商品,召开新闻发布会,制作广告进行宣传,全面进行市场调查和市场分析,制订各种营销策略和销售方式,利用 Internet 等商务网络发布商品广告,寻找贸易伙伴和交易机会,尽量扩大商品所占市场份额。此外,还需要在银行开设账户,准备接受买方支付的资金。

其他交易方，如 CA 认证中心、银行、信用卡组织、海关系统、保险公司、税务系统、物流系统等，也都为进行电子商务交易做好相关准备，例如 CA 证书的颁发、银行支付卡的发行等。

2）交易谈判和签订合同

这个阶段主要是指买卖双方借助网络手段进行谈判，将双方磋商的结果主要或完全以电子文件形式确定下来，形成电子合同。

在 B2C 交易中，消费者提交的订单其实就是双方形成的合同。合同中应说明双方在交易中的权利、义务，以及所购买商品的数量、种类、价格、付款方式、交货方式、交货期、违约和索赔等事项。交易双方可以利用 Internet，结合数字签名等安全认证技术或成熟的 EDI 方式签约。

这一阶段表现在实际的操作中，就是买卖双方在网页上填写一些表格的过程。

3）交易合同的履行和索赔

这个阶段中卖方要准备货物，然后将商品交给物流公司包装、发货，买卖双方可以通过电子商务服务器跟踪货物，银行也按照合同处理双方的收付结算，出具相应的银行单据，直到买方收到所购商品，整个交易过程才宣告完成。如果买方或卖方在交易过程中出现违约，责任方须根据合同条款向受损方进行赔偿。交易过程如图 1-2 所示。

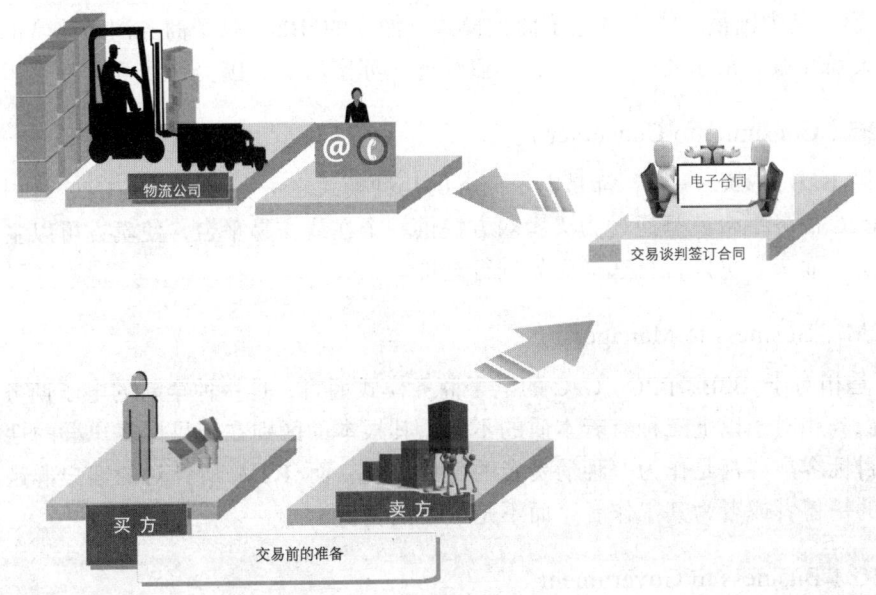

图 1-2　卖家和卖家的电子商务交易过程

### 1.2.2　电子商务的分类

按照商业活动的运行方式，电子商务可以分为完全电子商务和非完全电子商务；按照商务活动的内容，电子商务主要包括间接电子商务（有形货物的电子订货和付款，仍然需要利用传统渠道如邮政服务和商业快递车送货）和直接电子商务（无形货物和服务，如某些计算机软件、娱乐产品的联机订购、付款和交付，或者是全球规模的信息服务）。

按照开展电子交易的范围，电子商务可以分为区域化电子商务、远程国内电子商务、全球电子商务。

按照使用网络的类型，电子商务可以分为基于专门增值网络（EDI）的电子商务、基于互联网的电子商务、基于 Intranet 的电子商务。

按照交易对象，电子商务可以分为企业对企业的电子商务（B2B），企业对消费者的电子商务（B2C），企业对政府的电子商务（B2G），消费者对政府的电子商务（C2G），消费者对消费者的电子商务（C2C），企业、消费者、代理商三者相互转化的电子商务（ABC），以消费者为中心的全新商业模式（C2B2S），以供需方为目标的新型电子商务（P2D）。下面介绍目前电子商务领域比较主流的几类电子商务交易模式。

1. B2B（Business to Business）

商家（泛指企业）对商家的电子商务，即企业与企业之间通过互联网进行产品、服务及信息的交换。通俗的说法是指进行电子商务交易的供需双方都是商家（或企业、公司），他们使用 Internet 的技术或各种商务网络平台（如拓商网），完成商务交易的过程。这些过程包括：发布供求信息，订货及确认订货，支付过程，票据的签发、传送和接收，确定配送方案并监控配送过程等。

2. B2C（Business to Customer）

B2C 模式是中国最早产生的电子商务模式，如今的 B2C 电子商务网站非常的多，比较大型的有天猫商城、京东商城、一号店、亚马逊、苏宁易购、国美在线等。

3. C2C（Consumer to Consumer）

C2C 同 B2B、B2C 一样，都是电子商务的几种模式之一。不同的是 C2C 是用户对用户的模式，C2C 商务平台就是通过为买卖双方提供一个在线交易平台，使卖方可以主动提供商品上网拍卖，而买方可以自行选择商品进行竞价。

4. B2M（Business to Manager）

B2M 是相对于 B2B、B2C、C2C 的电子商务模式而言，是一种全新的电子商务模式。而这种电子商务相对于以上三种有着本质的不同，其根本的区别在于目标客户群的性质不同，前三者的目标客户群都是作为一种消费者的身份出现，而 B2M 所针对的客户群是该企业或者该产品的销售者或者为其工作者，而不是最终消费者。

5. B2G（Business to Government）

B2G 模式是企业与政府管理部门之间的电子商务，如政府采购、海关报税的平台，国税局和地税局报税的平台等。

6. O2O（Online to Offline）

O2O 是新兴起的一种电子商务新模式，即将线下商务的机会与互联网结合在了一起，让互联网成为线下交易的前台。这样线下服务就可以用线上来揽客，消费者可以用线上来筛选服务，还有成交可以在线结算，很快达到规模。该模式最重要的特点是：推广效果可查，每笔交易可跟踪。以美乐乐的 O2O 模式为例，其通过搜索引擎和社交平台建立海量网站入口，将在网络的一批家居网购消费者吸引到美乐乐家居网，进而引流到当地的美乐乐体验馆。线下体验馆则承担产品展示与体验以及部分的售后服务功能。

### 7. C2B（Customer to Business）

C2B 是电子商务模式的一种，即消费者对企业。最先由美国流行起来的 C2B 模式也许是一个值得关注的尝试。C2B 模式的核心，是通过聚合分散分布但数量庞大的用户形成一个强大的采购集团，以此来改变 B2C 模式中用户一对一出价的弱势地位，使之享受到以大批发商的价格买单件商品的利益。

### 8. P2D（Provide to Demand）

P2D 是一种全新的、涵盖范围更广泛的电子商务模式，强调的是供应方和需求方的多重身份，即在特定的电子商务平台中，每个参与个体的供应面和需求面都能得到充分满足，充分体现特定环境下的供给端报酬递增和需求端报酬递增。

### 9. B2B2C（Business To Business To Customers）

所谓 B2B2C 是一种新的网络通信销售方式。第一个 B 指广义的卖方（即成品、半成品、材料提供商等），第二个 B 指交易平台，即提供卖方与买方的联系平台，同时提供优质的附加服务，C 即指买方。卖方可以是公司，也可以是个人，即一种逻辑上的买卖关系中的卖方。

### 10. B2T（Business To Team）

国际通称 B2T，是继 B2B、B2C、C2C 之后的又一电子商务模式，即为一个团队向商家采购。团购 B2T，本来是"团体采购"的定义，而今，网络的普及让团购成为很多中国人参与的消费革命。网络团购成为一种新的消费方式。所谓网络团购，就是互不认识的消费者，借助互联网的"网聚人的力量"来聚集资金，加大与商家的谈判能力，以求得最优的价格。尽管网络团购的出现只有短短两年多的时间，却已经成为在网民中流行的一种新消费方式。据了解，网络团购的主力军是 25~35 岁的年轻群体，在北京、上海、深圳等大城市十分普遍。

## 1.2.3 电子商务与传统商务的区别

传统商务与电子商务的区别体现在信息提供、流通渠道、交易对象、交易时间等几个方面，如表 1-1 所示。

表 1-1 传统商务与电子商务的区别

| 项目 | 传统商务 | 电子商务 |
| --- | --- | --- |
| 信息提供 | 因销售商不同而不同 | 透明、准确 |
| 流通渠道 | 企业-批发商-零售商-消费者 | 企业-消费者 |
| 交易对象 | 部分地区 | 全球 |

续表

| 项目 | 传统商务 | 电子商务 |
|---|---|---|
| 交易时间 | 规定的营业时间内 | 24 h |
| 销售方法 | 通过各种关系买卖 | 完全自由购买 |
| 营销活动 | 销售商的单方营销 | 双向通信、PC、一对一 |
| 顾客方便度 | 受时间与地点的限制 | 顾客按自己的方式无拘无束的购物 |
| 销售地点 | 需要销售空间 | 虚拟空间 |

从上述表中我们可以看出，传统企业如果要走上电子商务之路，必然会面临四方面的变革，即：技术的变革、流程的变革、结构的变革和文化的变革。

1. 技术的变革

互联网已经成为世界上最流行、最可靠的电子商务媒介。传统企业投身电子商务首先必须考虑全面采用互联网技术，无论是客户和市场的沟通、集团成员之间的沟通、企业内部的沟通，还是企业与供应市场、供应商、合作伙伴之间的沟通，都要尽量采用成熟的互联网技术。

2. 流程的变革

企业作业流程的变革，源于企业必须提高整体效率去应对市场和客户，如提倡自助服务、积极实行企业内部电子化工作流程、增强信息收集的及时性和完整性。在市场管理、销售过程和客户服务环节，实现客户自助服务，可以以更低的成本提高客户满意度及忠诚度。在购买原材料时，更多地采用反向拍卖方式，选择最好的供应商；在销售过程中则以正向拍卖方式体现自己的质量、价格和交货速度来战胜竞争对手。在电子交易市场上的快速正面交锋，将取代传统背对背的竞争模式。

3. 结构的变革

为了适应电子商务和经济全球化趋势，企业结构特别是大集团的企业结构必须重新调整。在经营环节（如销售、采购、支持等），实现结构机构精简、多渠道合并及信息共享。在生产环节，要逐步快速适应按需生产，前端捕捉了市场需求或订单，马上可以重排计划，在全球范围内优化供应商管理，适应客户个性化生产要求，并实现高效产品发送。在行政环节，要逐步适应企业从事电子商务的现实。特别是要从更严格的法律保障入手，开始电子商务操作。此外，在市场活动、人力资源管理方面要适应电子商务新环境，以更低的成本、更有效的方式开展业务。

4. 文化的变革

传统企业走向电子商务，意味着自己的商务半径在短时间内迅速扩大，这就迫使企业的经理人转而采用全球性的思维方式。企业不再是某一个地区或某个国家的，而是世界的。有人做过一个研究：一个纯粹的步行者日常生活半径通常在 3 km 内；一个骑自行车的人的日常生活半径会达到 10~15 km；而一个开轿车的人，他的日常生活半径能够达到 100 km，可以适应在一个城市居住，在另一个城市工作，到第三个城市休闲放假的生活方式。在这种生活方式下，他的人生体会就完全不一样。企业也是如此，在传统经营模式下，一个企业想要将自己的商务活动半径扩大到全国都是十分困难的，更何况融入全球经济。而从事电子商务，可以帮助一个企业更方便地实现这些目标，用全球性的思维方式去思考，去实现一切生产经营活动。在互联网上，"现在"意味着 24 小时中的每一个小时，没有了时空的距离，一切必须快速实现[①]。

### 1.2.4 电子商务的运营模式

1. 综合商城

商城，谓之城，自然城中会有许多店。是的，综合商城就如我们平时进入天河城、正佳等现实生活中的大商城一样。商城一楼可能是一级品牌，然后二楼女士服饰，三楼男士服饰，四楼运动装饰，五楼手机数码，六楼特价……将 N 个品牌专卖店装进去，这就是商城。淘宝商城也是这个形式，它有庞大的购物群体，有稳定的网站平台，有完备的支付体系、诚信安全体系（尽管仍然有很多不足），促进了卖家进驻卖东西，买家进去买东西。如同传统商城一样，淘宝自己是不卖东西的，它只提供完备的销售配套。而线上的商城，在人气足够、产品丰富、物流便捷的情况下，其成本优势、24 小时的不夜城、无区域限制、更丰富的产品等优势，体现着网上综合商城，即将获得交易市场的一个角色。

2. 专一整合型

比如百货商店。商店，谓之店，说明卖家只有一个；而百货，即是满足日常消费需求的丰富产品线。这种商店是自有仓库，以备更快的物流配送和客户服务。

比如垂直商店，服务于某些特定的人群或某种特定的需求，提供有关这个领域需求的全面及更专业的服务。

3. 衔接通道型（M2E）

M2E 是英文 Manufacturers to E-commerce（厂商与电子商务）的缩写，是驾驭在电子商务上的一种新型行业。这是一种以降低厂商销售成本和帮助中小企业供应链资源整合的运作模式，于 2007 年美国电商峰会上由知名经济学家提出，我国国内代表企业有广州点动信息科技有限公司。

4. 服务型网店

服务型网店以收取适量的服务费赢利，如各种代购网站。

服务型的网店越来越多，都是为了满足人们不同的个性需求，甚至是帮你排队买电影票，

---

① 宋文官：《电子商务实用教程》，2014 年。

都有人交易，很期待见到更多的服务形式的网店。

5. 导购引擎型

消费者可以通过导购引擎型电商分享到其他消费者的产品体验点评。

导购引擎型电商作为 B2C 的上游商，给商家们带去客户，并降低高品质 B2C 商家们的营销成本。导购引擎型电商必须站在消费者的角度，这才是王道。

6. 社交电商

社交电子商务（social commerce），是电子商务的一种新的衍生模式。它借助社交媒介、网络媒介的传播途径，通过社交互动、用户自生内容等手段来辅助商品的购买和销售行为。在 Web2.0 时代，越来越多的内容和行为是由终端用户来产生和主导的，比如博客、微博。社交电商一般可以分为两类：一类是专注于商品信息的，主要是通过用户在社交平台上分享个人购物体验、在社交圈推荐商品的应用；另一类是比较新的模式，通过社交平台直接介入商品的销售过程，这类是让终端用户也介入到商品销售过程中，通过社交媒介来销售商品。

7. 团　购

团购（group purchase）就是团体线上购物，指认识或不认识的消费者联合起来，加大与商家的谈判筹码，从而取得最优价格的一种购物方式。根据薄利多销的原则，商家可以给出低于零售价格的团购折扣和单独购买得不到的优质服务。团购作为一种新兴的电子商务模式，通过消费者自行组团、专业团购网、商家组织团购等形式，提升用户与商家的议价能力，并极大程度地获得商品让利，引起消费者及业内厂商、甚至是资本市场关注。团购的商品价格更为优惠，尽管团购还不是主流消费模式，但它所具有的爆炸力已逐渐显露出来。团购的主要方式是网络团购。

8. 线上线下（O2O）

线上订购、线下消费是 O2O 的主要模式，是指消费者在线上订购商品，再到线下实体店进行消费的购物模式。这种商务模式能够吸引更多热衷于实体店购物的消费者，传统网购的以次充好、图片与实物不符等虚假信息的缺点在这里都将彻底消失。传统的 O2O 核心是在线支付，现在 O2O 经过改良，把在线支付变成线下体验后再付款，消除了消费者对网购诸多方面不信任的心理。消费者通过这种模式，可以在网上众多商家提供的商品里面挑选最合适的商品，亲自体验购物过程，不仅可以放心商品的质量，而且也可以享受快乐的购物过程。

9. 其他模式

商务活动时刻运作在我们每个人的生存空间，电子商务的范围也波及人们的生活、工作、学习及消费等广泛领域，其服务和管理也涉及政府、工商、金融及用户等诸多方面。Internet 已渗透到每个人的生活中，各种业务在网络上的相继展开，也在不断推动电子商务的昌盛和繁荣。电子商务可应用于小到家庭理财、个人购物，大至企业经营、国际贸易等诸方面。具体地说，其内容大致可以分为三个方面：企业间的商务活动、企业内的业务运作以及个人网上服务。

### 1.2.5 我国电子商务发展的主要特点

（1）电子商务成为国民经济重要的增长点。2014 年，我国电子商务交易总额增速（28.64%）是国内生产总值增速（7.4%）的 3.86 倍；全年网络零售额增速较社会消费品零售总额增速快 37.7 个百分点。2014 年，与电子商务密切相关的互联网行业收入增长 50%；全国信息消费规模达到 2.8 万亿元，同比增长 18%；信息消费的拉动带动了相关产业 1.2 万亿元的发展，对 GDP 贡献约 0.8 个百分点。

（2）移动电子商务呈现爆发性增长。2014 年，我国移动购物市场交易规模达到 8 956.85 亿元，年增长率达 234.3%；我国微信用户数量已达 5 亿，同比增长 41%。

（3）涉农电子商务快速发展。商务部和财政部联合启动了"电子商务进农村综合示范"项目，在全国 8 个省 56 个县开展了电子商务应用示范项目。商务部建设开通了全国农产品商务信息公共服务平台，累计促成农副产品销售 2 300 多万吨、交易额达 870 多亿元。

（4）我国电子商务国际影响力显著增强。2014 年，我国两家大型电子商务企业先后登陆美国资本市场，国际资本市场反应热烈。

【思考与练习】

1. 填空题
（1）根据交易的对象，电子商务最基本的分类有_____、_____、_____。
（2）电子商务的特点有_____、_____、_____等。
（3）电子商务的"四流"是指_____、_____、_____、_____。

2. 问答题
（1）简述常见电子商务的含义及概念模型。
（2）电子商务运营的模式有哪些种类？
（3）简述电子商务与传统商务的区别。
（4）电子商务发展的趋势及关注点有哪些？

# 第 2 章　电子商务运营概述

## 2.1　电子商务运营概念的介绍

电子商务运营（electronic Commerce Operation，ECO）最初定义为电子商务平台（企业网站、论坛、博客、微博、商铺、网络直销店等）建设，各搜索产品优化推广，电子商务平台维护重建、扩展以及网络产品研发及盈利。从后台优化服务于市场，到创建执行服务市场同时创造市场。

### 2.1.1　电子商务运营的定义

电子商务运营从名字上来看就可以分成两块，E-Commerce 和 Operation，即电子商务和运营，前者指的是后者所在的平台。

最开始的电子商务其实并不发生在网站上，而是发生在新闻组以及电子邮件，但是当前电子商务的主战场已经转到网站上。于是网站的推广成为网络营销最主要的内容。网络营销就是研究怎样在网上卖出去东西。电子邮件营销是互联网出现最早的商业活动，电子商务营销是网上营销的一种，是借助因特网完成一系列营销环节，达到营销目标的过程。

### 2.1.2　电子商务运营准则

1. 产品

应该卖什么？很多老板、负责人都喜欢把自己认为适合市场的完美产品拿来销售，他们的选择是以自我为导向性的。可是，最终付款的是消费者，决定要不要买产品的人也是消费者，所以你认可的产品消费者不一定喜欢。

如何判定市场和消费者认可的是哪类产品呢？这里有一个小建议：参考其他大中型卖家大力投放网络广告的产品，研发、生产和此类产品具有相同属性的产品，必定是被市场所接受的。当然，你若在其基础上更加优秀、完美，挖掘出更多卖点，那么你离成功就更近一步了。

2. 网络广告

网络广告是花钱营销、花钱找用户，所以必须要合适的广告才能吸引消费者。要想将广告效益发挥至最大，就需要我们独立 B2C 网上商城的营销人员钻研网络广告和各大广告平台，以及各类高流量、高转化率广告的营销方案和策略，再加上用户实际反馈情况，创造出属于自己产品的优质广告。

3. CPS

CPS 的含义是：以实际销售产品量来换算广告费用，可以理解为按照实际成交额计算佣金给推广者。

凡客诚品是使用 CPS 模式最多的商家，其他很多企业则花费大量资金在搜索引擎竞价排名、门户网站广告和其他网站推广方法上。广告费用的消耗速度取决于投放力度，搜索引擎竞价排名等广告方法，便是在资金上进行博弈拼搏，一旦出现更大的推广团队、拥有更丰厚的资金基础，那么这种方法就很危险。所以，在网上商城推广初期，应该优先考虑发展 CPS，因为 CPS 是靠最终成交量来计算费用的。

4. 独享

搜索引擎竞价广告常常变、广告语天天改，CPS 团队也在天天推广，企业需要做的便是将一件产品卖得更加踏实和极致。例如：不妨做一个女人站点，维护大量吸引女人的优秀内容，吸引更多的自然流量，再将这些流量自然导入网上商城，那么这些内容流量就能成为独立网上商城的基本保障。

## 2.2 企业电子商务运营部门架构

在电商企业里，运营部一直是核心的部门，也是一个神秘的部门，甚至有"成也运营，败也运营"的说法。那么，对于一个小规模的淘宝天猫运营团队，又应该如何进行组织架构呢？下面我们来看看电子商务部门的运营架构和盈利模式。

### 2.1.1 电子商务的运营架构

互联网时代，电子商务对企业产品和服务的推广销售作用越来越大，企业的电商部门规划组建更是重中之重。电商部门的基本职能有运营、文案、策划、推广、设计、客服、物流和财务等，图 2-1 是一个职能基本完备的电商部门组织架构图。

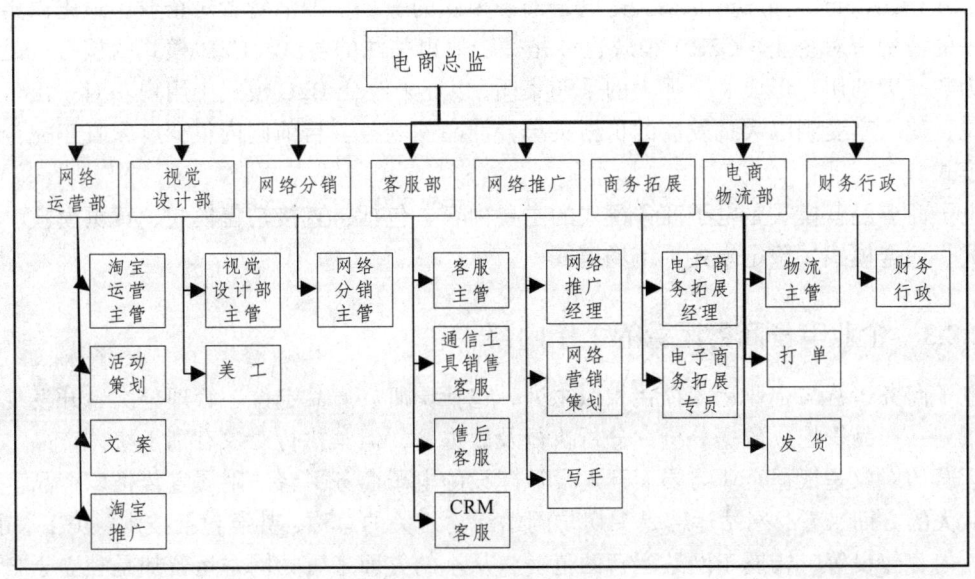

图 2-1 电商运营结构图

该组织结构图适合于经营的初期。到中后期，以上图的多个部门成员将会随之而增加。

该组织结构图下的部门工作职责介绍如下。

网络运营部：负责重点运营淘宝商城，兼及淘宝 C 店。

视觉设计部：负责对网络运营部、网络分销部、网络推广部、商务拓展部的美工设计、网页设计、动画与视频设计等。

网络分销部：负责淘宝代销商、淘宝分销商的拓展和管理。

网络客服部：① 负责通过阿里旺旺进行在线销售；② 负责产品的售后服务；③ 负责建立会员数据库并开展会员营销。

网络推广部：负责网络品牌知名度的提升。

商务拓展部（简称 BD）：① 团购业务的联系和开发；② 负责进驻大型 B2C 平台并组织销售。

电商物流部：负责电子商务部的物流发货管理。

财务行政部：负责电子商务部的财务管理和行政管理。

### 2.2.2　电子商务的运营模式

电子商务运营模式和电子商务经营模式是一样的，都是下面的内容：

B2B（Business to Business），即商家（泛指企业）对商家的电子商务。

B2C（Business To Customer）是电子商务按交易对象分类中的一种，即表示商业机构对消费者的电子商务。这种形式的电子商务一般以网络零售业为主，主要借助于 Internet 开展在线销售活动。

C2C（Consumer to Consumer）的意思就是消费者与消费者之间的电子商务。例如，一个消费者有一台旧电脑，通过网上拍卖，把它卖给另外一个消费者，这种交易类型就称为 C2C 电子商务。

C2B（Customer to Business）是电子商务模式的一种，即消费者对企业。最先由美国流行起来的消费者对企业（C2B）模式也许是一个值得关注的尝试。C2B 模式的核心，是通过聚合为数庞大的用户形成一个强大的采购集团，以此来改变 B2C 模式中用户一对一出价的弱势地位，使之享受到以大批发商的价格买单件商品的利益。目前国内很少厂家真正完全采用这种模式。

电子商务经营模式是电子商务模式的主要内容，包括：直接销售模式、黄页模式、打折券模式、佣金模式、预定模式、市场模式。

### 2.2.3　企业电子商务运营的工作内容

电子商务运营与企业运营存在相似之处，包括调研、产品定位、管理分类、开发规划、运营策划、产品管控、数据分析、分析执行及跟进等，但其执行对象有别于实体产品。电子商务运营的对象是根据企业需要而开发设计建设的电子商务平台的附属宣传推广产品。

从大的方面来看，网站运营是一切与网站活动相关的总称，甚至包括技术、美工、市场、销售、内容建设等，皆属于网站运营的范畴；从小的方面来看，网站运营却是独立于技术、美工、销售、市场等工作内容而存在的，在一些大的网络公司，一般都设有专门的网站运营部门，所以，我们常能听到这些网络公司有运营经理、运营总监等职务。

显然，对网站运营，我们还是应当从小的方面来理解，因为只有这样，才能对网站运营进行定义，才能更明确网站运营的具体内容，也才会显得比较有指导意义。

网站运营应包括网站需求分析和整理、频道内容建设、网站策划、产品维护和改进、效果数据分析、部门沟通协调六个方面的具体内容。

1. 需求分析和整理

对于一名网站运营人员来说，最为重要的就是要了解需求，在此基础上，再提出网站的具体改善建议和方案。对这些建议和方案当然不能囫囵吞枣，眉毛胡子一把抓，而是要与大家一起讨论分析，确认是否具体可行。必要时，还要进行调查取证或分析统计，综合评出这些建议和方案的可取性。

需求创新，直接决定了网站的特色，有特色的网站才会更有价值，对用户也更有吸引力。例如，新浪充分考虑用户的兴趣需求，常常会在编辑后的文章里，提供与内容极为相关的链接，供读者选择。网站细节的改变，应当是基于对用户需求把握而产生的。

之外，需求的分析还包括对竞争对手的研究。研究竞争对手的产品和服务，看看他们做了哪些变化，判断这些变化是不是真的具有价值。如果能够为用户带来价值话，就应该毫无疑问地实行"拿来主义"了。

2. 频道内容建设

频道内容建设，是网站运营的重要工作。整个网站，其实你都会感觉在做内容，对一些信息门户网站来说，这种感觉会更为明显。网站内容，决定了你做的是一个怎么样的网站。当然，也有一些功能性的网站，比方说搜索、即时聊天等，只是提供了一个功能，让大家去使用这些功能。但也别忘了，使用这些功能最终仍是为了获取想要的信息。

频道内容建设，更多的工作是由专门的编辑人员来完成，包括频道栏目规划、信息编辑和上传、信息内容的质量提升等。编辑人员，做的也是网站运营范畴内的工作，属于网站运营工作中的重要组成成员。

内容建设，是一个长期积累的过程。网站内容质量的提升，应当是编辑人员最终的追求目标。很多的小网站或部分大型网站的网站编辑人员，就承担着网站运营人员的角色，不仅要负责信息的编辑，还要提需求、做方案等。

3. 网站策划

网站策划包括前期市场调研、可行性分析、策划文档撰写、业务流程说明等内容。策划是建设网站的关键，一个网站，只有真正策划好了，才有可能成为好的网站。

要根据需求对网站页面进行合理规划，包括文章标题和内容怎么显示、功能键怎么摆放、广告如何展示，等等，都需要进行合理和科学地规划。

页面规划和设计是不一样的。页面规划较为初级，而页面设计则上升到了更高级的层次。设计人员对运营人员策划方案内所给出的初级规划进行填图加色，使之变成为美观的页面，才能获得客户或用户得到好感。

4. 产品维护和改进

产品的维护和改进工作,其实与前面讲的需求整理分析有一些相似之处。但此处更强调的是产品的维护工作。产品维护工作,更多应是对顾客已购买产品的维护工作,响应顾客提出的问题。

大多数网络公司都有较多客服人员,但很多时候,客服人员对技术、产品等问题可能不是非常清楚,对顾客的有些问题不能作很好的解答,这时候,就需要运营人员分析和判断问题或给顾客一个合理的说法,或把问题交技术去处理,或找更好的解决方案。从这个角度来说,客服人员也是运营人员的"顾客"。

此外,产品维护还包括制定和改变产品政策、进行良好的产品包装、改进产品的使用体验等。产品改进,大多情况下,同时也是需求分析和整理的问题。前面已经提到过,就不赘述了。

5. 效果数据分析

效果数据分析,是指将网站划分为阶段性数据分析并整理,指导可持续性运营策略的重要工作。是根据用户习惯来调整网站方向,对网络媒介的每一个细节进行分析,完成和提高网站对用户的黏性,提高吸引力及网站关注度。效果数据分析主要通过分析页面访问记录来实施,也可以通过在线调查问卷的形式获取更多的用户体验。

可以通过完善的数据分析,来调整网络介质的传播方式及表现形式。如:系统功能改进,美工设计变动调整,改版等。以数据分析来指导运营才能有的放矢地抓住核心,抓住用户,更好地提升运营效果。因此这个环节虽然枯燥,却是非常重要且不可或缺的。

6. 各部门协调工作

这一部分工作内容,更多体现的是网站运营人员的管理角色。运营人员因为深知整个网站的运营情况,知识面相对来说比较全面,因此与技术人员、美工、测试、业务的沟通协调工作,更多地是由运营人员来承担。所以运营人员必须具有较强的沟通协调能力。

## 2.3 信息发布平台

电子商务平台是一个为企业或个人提供网上交易洽谈的平台。企业电子商务平台是建立在 Internet 网上进行商务活动的虚拟网络空间和保障商务顺利运营的管理环境;是协调、整合信息流、货物流、资金流有序、关联、高效流动的重要场所。企业、商家可以充分利用电子商务平台提供的网络基础设施、支付平台、安全平台、管理平台等共享资源,有效地、低成本地开展自己的商业活动。

### 2.3.1 信息发布平台的特点

电子商务平台是一个为企业或个人提供网上交易洽谈的平台。电子商务建设的最终目的是发展业务和应用。

企业电子商务平台的建设，可以建立起电子商务服务的门户站点，是现实社会到网络社会的真正体现，为广大网上商家以及网络客户提供一个符合中国国情的电子商务网上生存环境和商业运作空间。

企业电子商务平台的建设，不仅仅是初级网上购物的实现，它还能够有效地在 Internet 上构架安全的和易于扩展的业务框架体系，实现 B2B、B2C、C2C、O2O、B2M、M2C、B2A（即 B2G）、C2A（即 C2G）、ABC 模式等应用环境，推动电子商务在中国的发展。

电子商务平台通过互联网展示、宣传或销售自身产品的网络平台载体越来越趋于平常化。

电子商务平台扩展另外一种途径—互联网营销，让用户多一种途径来了解、认知或者购买我们的商品。

电子商务平台可以帮助中小企业甚至个人自主创业，独立营销一个互联网商城，达到快速盈利的目的，而且只需要很低的成本就可以实现这一愿望。

电子商务平台可以帮助同行业中已经拥有电子商务平台的用户，提供更专业的电子商务平台解决方案。发展电子商务，不是一两家公司就能够推动的产业，需要更多专业人士共同参与和奋斗，共同发展。

### 2.3.2 信息发布平台的优势

（1）更广阔的环境。

人们不受时间和空间的限制，不受传统购物的诸多限制，可以随时随地在网上交易。通过跨越时间、空间，使我们在特定的时间里能够接触到更多的客户，为我们提供了更广阔的发展环境。

（2）更广阔的市场。

在网上这个世界将会变得很小，一个商家可以面对全球的消费者，而一个消费者也可以在全球的任何一家商家购物。一个商家可以去挑战不同地区、不同类别的买家客户群，在网上能够收集到丰富的买家信息，进行数据分析。

（3）快速流通和低廉价格。

电子商务减少了商品流通的中间环节，节省了大量的开支，从而也大大降低了商品流通和交易的成本。通过电子商务，企业能够更快的匹配买家，实现真正的产-供-销一体化，能够节约资源，减少不必要的生产浪费。

### 2.3.3 主流的电商平台介绍

1. B2C 平台

虽然数据显示，2013 年的流量增速有所减慢，但是依然抵挡不了 B2C 的持续发展。B2C 平台仍然是很多企业选择网上销售平台的第一目标，天猫、京东、一号店……资金到位的情况下，一般能够进驻的平台都不会放弃，毕竟不同的入口受众不一样，用户规模是首要。

2. 独立商城

独立商城就是凭借商城系统，打造含有顶级域名的独立网店。开独立网店的好处莫过于：

顶级域名、自有品牌、企业形象、节约成本、自主管理、不受约束。

3．C2C 平台

C2C 在前几年很流行，不过到了 2013 年趋势已大不如前。个人的话，可以尝试淘宝、拍拍等，企业最好不要趟这趟浑水了。天猫独立后，差距就已逐渐拉开，B2C 将辉煌继续。

4．CPS 平台

CPS 模式成为主流推广模式的很大原因就是零风险，投广告很有可能花了大价钱但转化率却很低，竞价、直通车可能没有产生订单，但是 CPS 是产生了销售额才会有佣金，ROI 较高。

5．O2O 平台

O2O 平台由于其高性价比，仍然受到很多用户青睐。当然，我们不排除其他更多的 O2O 网络销售平台和模式带给我们更多惊喜。

6．银行网上商城

初期，许多银行开设网上商城的目的是为了使用信用卡的用户分期付款而设立。随着电子商务普及、用户需求增强、技术手段提升，银行网上商城也逐步成熟起来。银行网店为用户提供了全方位服务，包括积分换购、分期付款等，也覆盖支付、融资、担保等，最为显著的是给很多商家提供了展示、销售产品的平台和机会。倘若这一平台运营好，将带来不菲的业绩。

7．运营商平台

中国移动、中国联通、中国电信，现阶段各运营商都有属于自己的商城平台。由于通信业务的硬性需求，运营商平台的用户始终具有一定的依赖性和黏性，所以提前抢占这些平台具有很大的战略意义，跑马圈地正是此道理。

8．第三方电子商务

B2T2B（Business to Third Party to Business）模式，其实质就是中小企业依赖第三方提供的公共平台（如阿里巴巴、环球资源、Directindustry 平台）来开展电子商务。真正的电子商务应该是专业化、具有很强的服务功能、具有"公用性"和"公平性"的第三方服务平台，能够使信息流、资金流、物流三个核心流程很好地运转。平台的目标是为企业搭建一个高效的信息交流平台，创建一个良好的商业信用环境。

### 2.3.4 淘宝运营工具

1．数据分析（官方）

江湖策流量管理 http：//liuliang.taobao.com/
生意参谋 http：//sycm.taobao.com/login.htm

淘宝指数 http：//shu.taobao.com
数据魔方 http：//data.taobao.com
生 e 经（常用，非官方）
量子 http：//lz.taobao.com
搜索诊断助手 http：//notice.taobao.com
天猫商家成长（不包含淘宝网的数据）
http：//zhaoshang.mall.taobao.com/sellergrow/show_exam_report.htm?source=5
淘宝情报 http：//i.data.taobao.com
淘宝排行榜 http：//top.taobao.com
量子排行榜 http：//top.lz.taobao.com
数据市场 http：//home.shuju.taobao.com
偏好地图（估计是定向的数据来源：标签、类目、店铺、品牌）http：//360.taobao.com

2. 数据分析（非官方）

超级数据 http：//shu001.com
数据雷达 http：//ibbd.net
情报通 http：//qbtchina.com
运营一点通（类似生 e 经）
店铺透视（酷宝数据）
胜算 http：//www.shengsuan.net/

3. 数据分析（其他）

阿里指数 http：//index.1688.com/alizs/home.htm
阿里巴巴采购排行 http：//top.1688.com/toalibaba/topalibabahome/show.htm
百度指数 http：//index.baidu.com/
百度搜索风云榜 http：//top.baidu.com/
新浪微博风云榜 http：//data.weibo.com/top

4. 查询软件（查询排名等）

淘诊断 http：//www.taozhenduan.com/
淘宝店铺销售数据查询（来查查；商派的工具）http：//www.shopex.cn/laichacha
升业绩查询工具 http：//shengyeji.com/gong/
胜算 http：//www.shengsuan.net/
淘搜 http：//www.tao-so.com/
淘大客（查询黑号）http：//www.taodake.com/
淘六六（淘宝干货珍藏）http：//bbs.tao66.com
E 购网（排名查询等多项功能）http：//www.mzyz.com/paiming.asp
131458 卖家工具箱 http：//www.131458.com/

5. 直通车工具类

直通车 http：//subway.simba.taobao.com/
直通车流量解析、行业解析
TOP20W 关键词 http：//vdisk.weibo.com/u/1868116570
关键词词典（全词来袭、未来上升次、TOP20W 词表、店铺推广词表、站外热门词）
http：//www.taobao.com/go/act/sale/keyword-dictionary.php?spm=0.0.0.0.PQbjzT
直通车外投词表
http：//bbs.taobao.com/catalog/thread/244117-258918740.htm?spm=0.0.0.114.AdMzUg
直通车魔镜 http：//s.taosem.com/
在线关键词组合 http：//www.semcmd.com/zuhe/
直通车官方信息发布平台 http：//www.taobao.com/go/act/ztc/inforplan.php?spm&alitrackid=12_b9287c39380c2f9aa080abcab2cf8e2#itm1

6. 网址工具

淘店铺（淘宝官方权威店铺导航，含店铺风格分类）http：//dianpu.tao123.com/
淘宝客
淘宝客佣金查询
http：//www.alimama.com/union/spread/selfservice/taokeSearch.htm?spm=0.0.0.93.JSYlvm
淘宝客链接转换工具
http：//www.alimama.com/union/spread/activities/linksTrans.htm?spm=0.0.0.22.tTsir4
淘客招募网站

7. 进销存

淘算盘（分析利润和库存）
库存宝（分析利润和库存）
网店伴侣（分析利润和库存，支持多店铺）

8. ERP

e 店宝（纯电商 ERP）
网店伴侣（纯电商 ERP）
管易（适合中小型商家、纯电商 ERP）

9. 打折促销

淘宝助理
打折促销
限时折扣（官方）
欢乐逛（促销活动、海量模板、会员关怀、数据分析、批量工具）
促销工具火车_促销打折_满就送（就是以前的超级满就送）

## 10. 客服绩效管理

赤兔名品客服绩效管理专业版

绩效雷达

客道精灵

会员管理、CRM

数据赢家

客道

维客 CRM 短信关怀（主要是短信邮件群发）

网聚宝（短信关怀、会员增长体系、会员营销等）

管易

会员关系管理（官方）

## 11. 综合类

超级店长

淘问卷（买家调研、客户回访）

欢乐逛

聚划算

聚透视（全方位精准检测聚划算效果）

【思考与练习】

**1. 填空题**

（1）电子商务运营的部门架构有＿＿＿＿、＿＿＿＿、＿＿＿＿、＿＿＿＿、＿＿＿＿等。

（2）信息发布平台有＿＿＿＿、＿＿＿＿、＿＿＿＿等。

（3）衡量电子商务运营成果的指标主要有＿＿＿＿、＿＿＿＿、＿＿＿＿。

**2. 问答题**

（1）简述常见电子商务运营的含义。

（2）简述电子商务运营指标：PV、UV、IP 的含义。

（3）中小企业电子商务运营常用的信息发布平台和工具分别有哪些？

# 第 3 章　C2C 电子商务平台运营

## 3.1　C2C 电子商务平台概述

C2C（Consumer to Consumer）实际是电子商务的专业用语，是个人与个人之间的电子商务。C2C 即消费者间通过电子商务网站为买卖双方提供一个在线交易平台，使卖方可以在上面发布待出售物品的信息，而买方可以从中选择进行购买，同时，为便于买卖双方交易，提供交易所需的一系列配套服务，如：协调市场信息汇集、建立信用评价制度、多种付款方式等。目前主流的 C2C 电商平台有：淘宝网、易贝网、拍拍网等，如图 3-1 所示。

图 3-1　各 C2C 电商平台一览

### 3.1.1　淘宝网

1. 发展历程

淘宝网（www.taobao.com）是亚洲第一大网络零售商圈，致力于成就全球最大的个人交易网站，由阿里巴巴集团于 2003 年 5 月 10 日投资创办。淘宝网自成立以来，相继推出个人网上商铺、支付宝、阿里软件、雅虎直通车、阿里妈妈等产品和增值服务。淘宝网目前业务跨越 C2C（消费者间）、B2C（商家对个人）两大部分。

2004 年 3 月，根据 Alexa 检测数据显示，淘宝网网民覆盖率中国第一。

2004 年 4 月 2 日，互联网实验室发布的个人交易网站增长幅度，淘宝网以 768% 的高增长率，遥遥领先国内其他网站。

2004 年 5 月 8 日，在艾瑞咨询 3 月电子商务类网站月均网民覆盖数调查中，淘宝网首次超越国内外同行，跃居第一。淘宝网创造性地推出了"支付宝"产品，将网络交易的危险性降到最低，同时淘宝网积极完善中国个人网上交易的支付平台，与工商银行、招商银行等进行全方位的合作。

2004年6月30日，淘宝网Alexa排名全球网站第18位，位居中国电子商务网站第一。

2004年7月7日，淘宝网宣布自己成为国内C2C市场的领军企业，有效在线商品数量达到近200万件，交易成功率的增长速度是年初的3.57倍。

2008年交易额为999.6亿元，占网购市场80%。

2010年4月28日，淘宝网CFO兼淘宝商城负责人张勇在北京中国B2C电子商务峰会上首次对外透露，淘宝网每日独立访问IP数已经超过4000万，这意味着每天有超过4000万人在淘宝网上购物，目前已经超越亚马逊。另外，目前淘宝已经拥有注册会员1.9亿，占到中国网民数量的一半，覆盖了中国绝大部分网购人群。目前，淘宝网已经发展成为一个以C2C业务为主、兼顾B2C业务的综合性网络交易平台。

2012年1月11日，淘宝商城正式宣布更名为"天猫"。

2．盈利模式

目前淘宝网的收入结构包括了广告、增值服务、交易提成、合作分成（这是未来要培育的收费方向），其中广告、增值服务占收入的绝对份额，而这些收入都是由流量来支撑的。

（1）广告收入：淘宝网在它的网站内设有广告，在其上面做生意的人需要通过广告让别人来知道自己的产品，就需要网站为其做广告来宣传。

（2）中介收入：淘宝网作为一个中介，为买卖双方提供信息，可以从成交中提取一定的费用。

（3）B2C业务淘宝商城收费。

（4）增值服务：如淘宝旺铺、直通车等。

### 3.1.2　易贝网

1．发展历程

易贝网（www.ebay.com）是一个可让全球民众上网买卖物品的线上拍卖及购物网站。

1995年9月4日，皮耶尔·奥米迪亚开创了拍卖网站。

1996年，皮耶尔·奥米迪亚和杰弗·斯科尔建立合作关系。

1997年9月，该拍卖网易名为eBay，生意蒸蒸日上。以星数作为代表的信用评价指数初次登场。

1999年8月，eBay与美国线上AOL建立合作拍卖频道。

1999年10月，eBay进入澳洲市场。

2001年8月，eBay持续进行全球性扩张以及服务平台的改进。在拉丁美洲、韩国、意大利、新西兰、瑞士、爱尔兰以及新加坡进行了投资。

2002年6月，eBay收购了PayPal，全球网上支付系统的佼佼者，令用户间的交易变得更简单及安全可靠。

2002年3月,中国易趣网与全球最大的拍卖网站 eBay 携手合作。eBay 向易趣网投资 3000 万美元,两者联手,开始密切合作。

2005 年 10 月,eBay 完成收购网上通讯公司 Skype。

2014 年 9 月,eBay 公司旗下的 eBay 和 PayPal 业务分拆成两家独立的上市公司。

2. 盈利模式

(1)开展战略合作,把流量变收入。

eBay-易趣作为国内最受关注和最大的 C2C 服务提供商,一直致力于建立高效健康的电子商务平台。如今,随着电子竞技和网络游戏产业的快速发展,这一新的领域的发展可谓风起云涌,几年之间,已经成为最具潜力的市场之一。

(2)商业模式,赚交易而不是服务的钱。

高效的规模效应意味着交易额度的增加,而其中的交易费用就是 eBay 的盈利模式所在。eBay 向每笔交易收取信息刊登费(费用从 0.25 至 800 元美金不等),并不是提供收费的 C2C 平台服务。因此,易趣的商业模式即为基本卖家免费使用。易趣赚取是交易费用并非平台服务的钱。

### 3.1.3 拍拍网

拍拍网(www.paipai.com)是腾讯电商旗下业务。拍拍网致力于打造一个卖家和买家互通的社交电商平台,通过提供包括服装服饰、母婴、食品和饮料、家居家装和消费电子产品等在内的丰富的产品,来全面满足消费者的需求。与此同时,拍拍网也为第三方卖家提供数据挖掘和分析等增值服务,这些增值服务将帮助卖家对消费者和市场做出精准分析,并为其产品规划和开展精准营销提供支持。

1. 发展历程

2005 年 9 月,腾讯宣布拍拍网正式上线。

2005 年 9 月,腾讯正式推出专业在线支付平台,其核心业务是帮助在互联网上进行交易的双方完成支付和收款,致力于为互联网用户和企业提供安全、便捷、专业的在线支付服务。

2007 年 6 月,拍拍网的注册用户数已接近 5000 万,在线商品数超过 1000 万件,相比上一年获得了 20%的增长,并迅速跃居国内 C2C 网站排名第二的领先地位。

2014 年 4 月,京东与腾讯宣布建立战略合作伙伴关系,并向用户提供更好的电子商务服务。

2015 年 1 月,拍拍微店 APP 上线,用户可登录 AppStore 和各大安卓应用市场下载。

2015 年 11 月,京东集团发布公告称,因 C2C 模式当前监管难度较大,无法杜绝假冒伪劣商品,决定关闭拍拍网的电子商务平台服务,并在三个月的过渡期后将其彻底关闭。

2. 盈利模式

拍拍网是腾讯旗下的一个项目,其资本模式以腾讯为基础。目前,腾讯的收入主要由三部分组成:互联网增值业务、电信增值业务以及网络广告。

## 3.2 开店基础操作

随着互联网的高速发展以及支付手段、安全保障等的不断完善，网络购物已经广泛进入了大众生活。相比几年前，网络购物已不再是劣质、欺骗的聚集地，而成为众多网友方便、实惠的淘货场所。因此，越来越多的人认可网上购物，特别是年轻消费群体中许多人甚至将网上购物作为首选，大到家用电器、小到糖果零食都通过网络进行购买。

淘宝网的 2016 年"双 11"，一天的营业额就超过 1000 亿元，远远超过家乐福、沃尔玛等实体商场，稳居中国第一大综合卖场，可见网络购物已成为挑战传统商业的一股重要力量。目前，淘宝网在 C2C 网络购物运营商中可谓是一枝独秀，占据最大的市场份额。几年前曾经来势汹汹的易贝网在淘宝网的大举进攻和自己的战略失误中，已经逐渐被人们淡忘；而来自腾讯的拍拍网由于自身的经营不善，面临倒闭，如今说到网上购物很少人会想起易贝、拍拍。所以下面我们以淘宝网为例，详细介绍平台的构成，学习相应的规则和了解交易流程，为今后步入电商网店运营打下基础。

### 3.2.1 注册及认证流程

1. 第一步：淘宝网注册

（1）登录淘宝网（www.taobao.com），点击页面左上角的"免费注册"，在打开的窗口中填写账户信息。如图 3-2 所示。

图 3-2 注册页面

（2）会员名要求：淘宝会员名一经注册不能更改，请选择您喜欢并能牢记的。会员名由 5～20 个字符（包括小写字母、数字、下划线、中文）组成，一个汉字为两个字符。建议填写后先点击"检查会员名"查看该会员名是否已经有人使用。检测后出现绿色提示"该会员名可用"，则您可以选用此会员名；如果出现红色提示"该会员名不可使用"，则请选择新的会员名。

密码由 6-16 个字符组成，单独使用英文字母、数字或符号作为密码的安全性很低，故单独使用不能设置成功。请使用英文字母、数字、符号的组合密码，确认密码需要跟上面填写的密码完全一致。如图 3-3 所示。

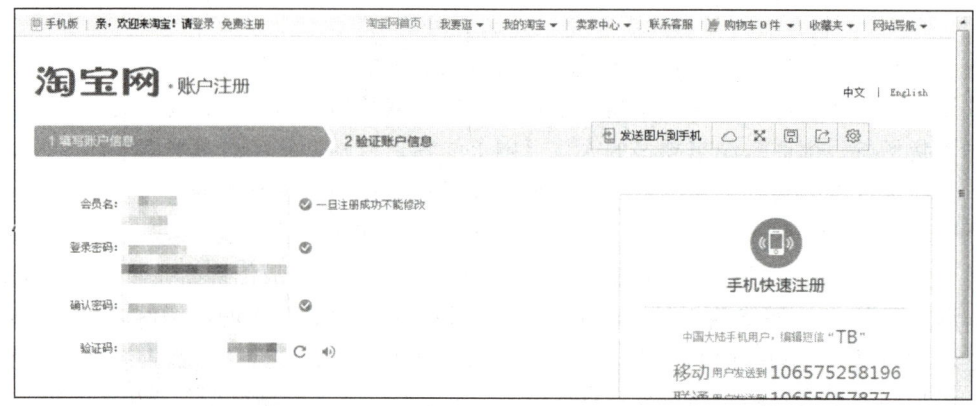

图 3-3　输入账户信息

（3）验证手机号，如果没有手机或者不想验证手机，可以验证邮箱。如图 3-4 所示。

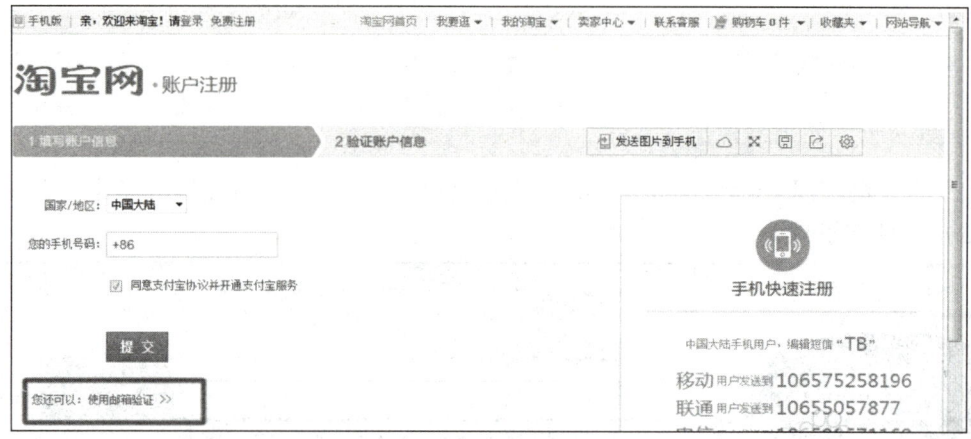

图 3-4　手机号或邮箱验证

（4）所有资料填写完毕后，点击提交，注册成功。如图 3-5 所示。

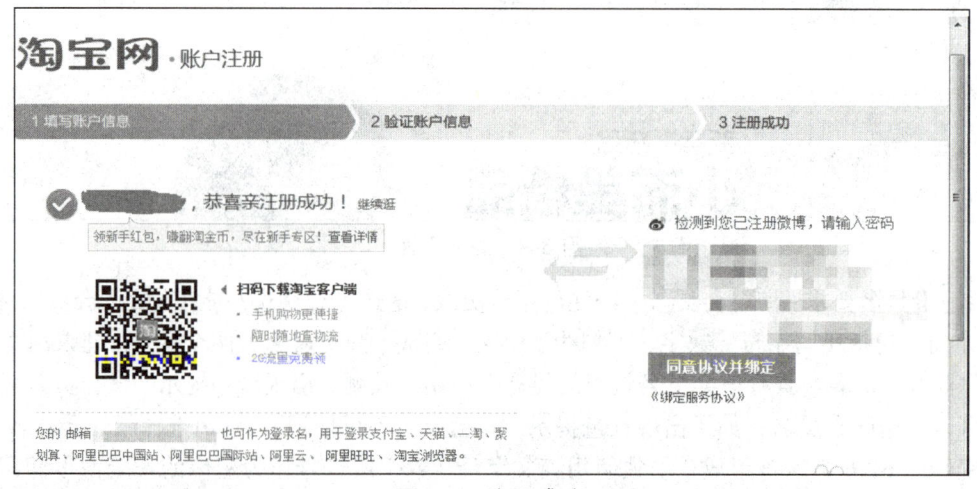

图 3-5　注册成功

2. 第二步：支付宝注册与认证

支付宝个人注册与认证需要准备的资料很简单，只需要提交身份证号码和银行账号即可办理，一旦认证通过就具有了卖家资格。2016年7月1日，央行发布《非银行支付机构网络支付业务管理办法》，该办法将于2016年7月1日起实施。按照规定，支付宝等支付账户必须实行实名制认证。

（1）登录支付宝网站（www.alipay.com），点击页面右上角的"注册"。如图3-6所示。

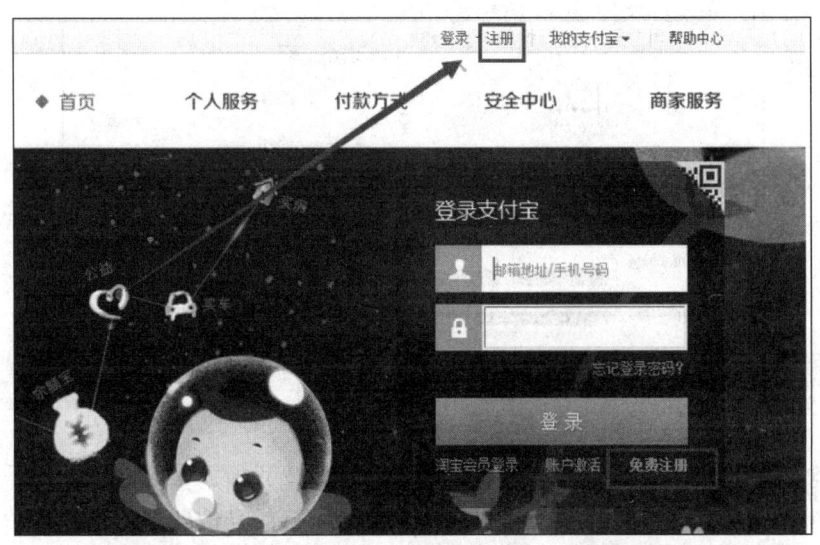

图 3-6　支付宝注册

（2）输入要注册的账户名或邮箱或手机号，以手机号注册为例，正确填写验证码。如图3-7所示。

图 3-7　注册页面

（3）设置登录密码、支付密码以及输入真实姓名和身份证号码。如图3-8所示。

图 3-8 账户信息页面

（4）实名认证：输入银行卡号，然后点击"同意协议并确定"。

（5）如果是第一次认证，需要根据页面提示上传自己的身份证图片，同时，支付宝会给您刚刚输入的银行卡内打入小于 1 元的金额，然后你需要把该金额填写至对应的框内，然后提交支付宝审核。如图 3-9 所示。

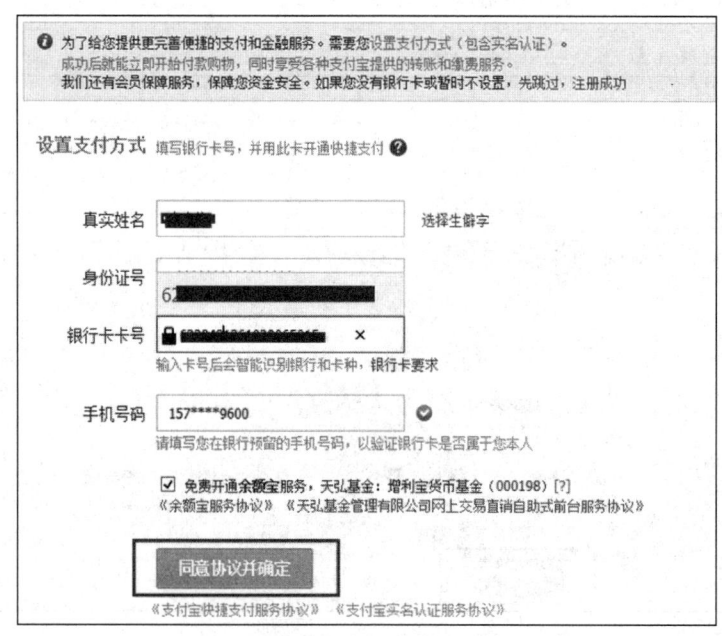

图 3-9 认证页面

（6）所有资料填写完毕后，点击"确定"，注册成功。如图 3-10 所示。

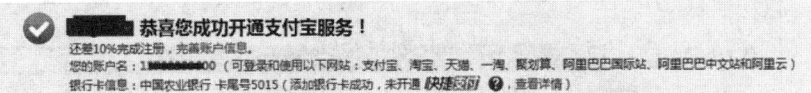

图 3-10　注册与认证成功

3. 第三步：淘宝账号与支付宝账号的绑定

（1）登录淘宝账号，选择左上角个人 ID 里面的"账户管理"。

图 3-11　登录淘宝网

（2）在左边菜单栏，选择"支付宝绑定设置"。

图 3-12　支付宝绑定设置

（3）输入需要绑定的支付宝账号，如图 3-13 所示。

- 31 -

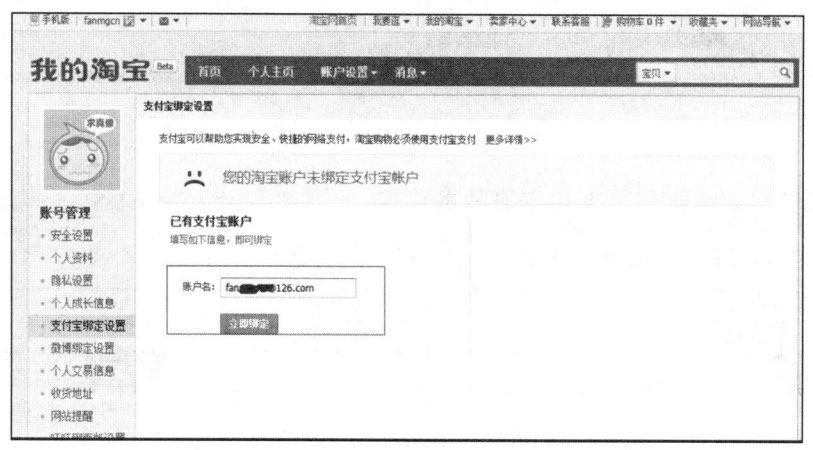

图 3-13 输入支付宝账户

（4）完成绑定，如图 3-14 所示。

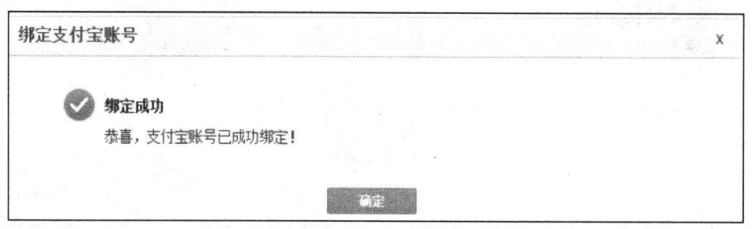

图 3-14 完成绑定

### 3.2.2 开通网上开店

在网上开店就是个人或者公司在网上发布、展示、销售商品，并且完成交易的过程。目前公司既可以在天猫商城等 B2C 平台开店，也可以在淘宝网等 C2C 平台开店，而个人多在 C2C 平台开店。前面的淘宝网账号和支付宝认证通过之后，接下来就是要进行开店认证。

（1）登录淘宝网，进入"卖家中心"—"免费开店"，如图 3-15 所示。

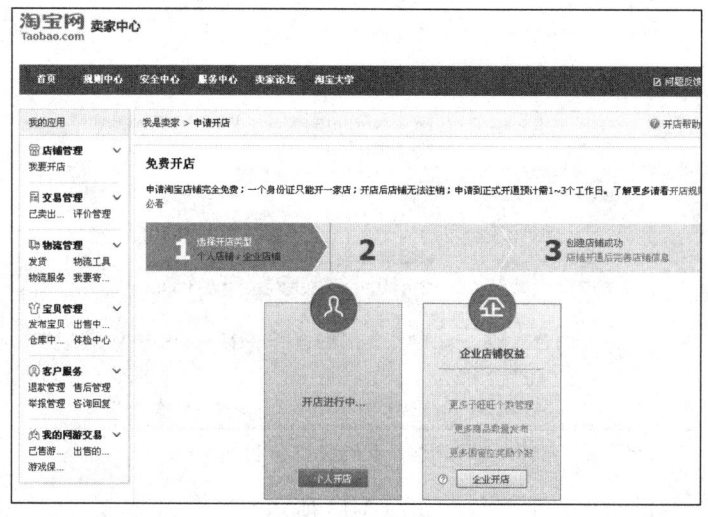

图 3-15 免费开店

（2）点击"个人开店"后，必须进行淘宝开店认证。认证过程中，需要店主提交个人照片，身份证图片等资料，如图3-16所示。提交之后，等待淘宝工作人员人工审核，时间周期一般为3～5天。

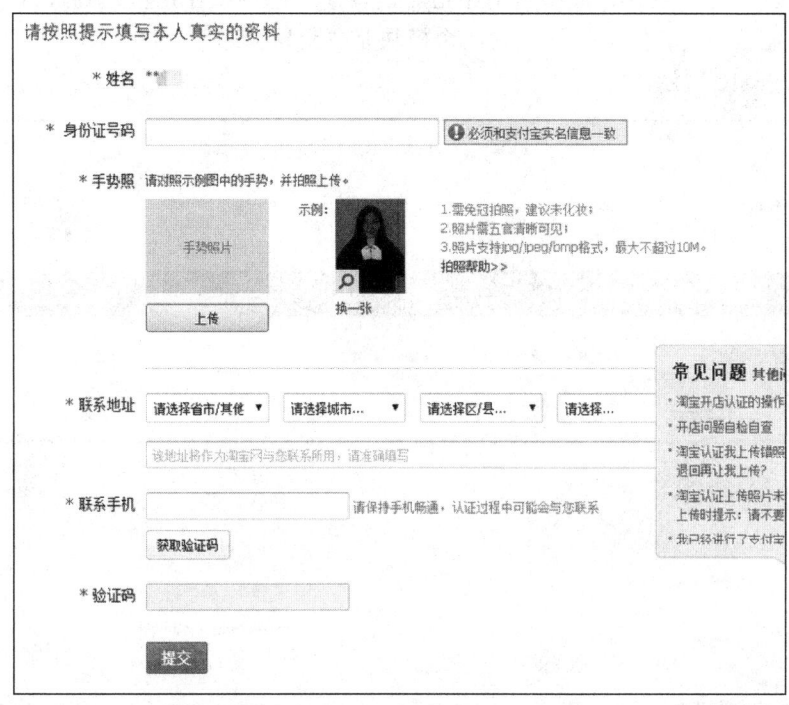

图 3-16　开店认证

（3）提交资料，淘宝开店认证成功后，可以看到之前的支付宝实名认证已经通过，而且与淘宝账号进行绑定，最后点击"创建店铺"，开通网上店铺，如图3-17所示。

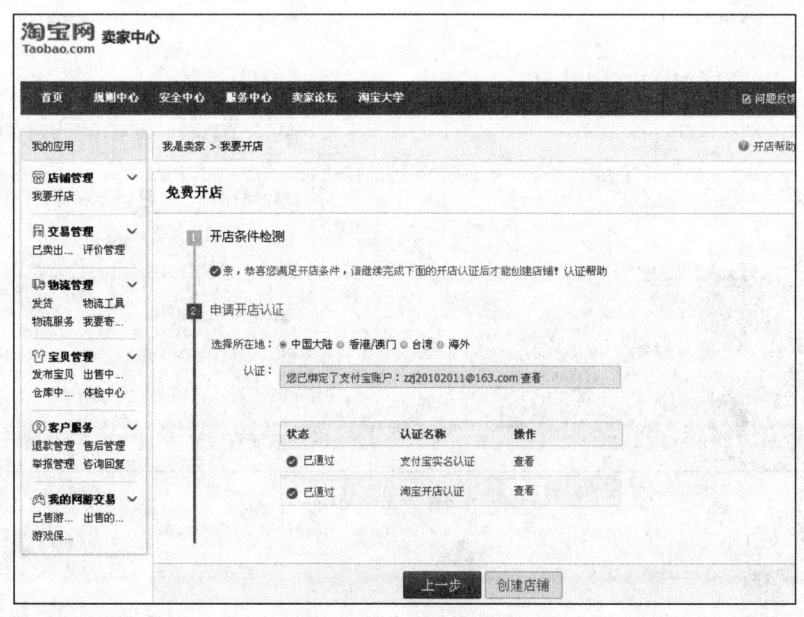

图 3-17　创建店铺

### 3.2.3 卖家中心的操作

"卖家中心"是卖家开店的"控制中心",开店的所有操作都可以从"卖家中心"进入,无论是交易处理、客户服务、推广营销还是店铺装修,都可以在这里找到入口。"卖家中心"的后台管理功能很丰富,但是最常用的四个模块是"交易管理""宝贝管理""店铺管理""营销中心",如图 3-18 所示。

图 3-18 卖家中心

### 1. 交易管理

"交易管理"是对交易相关内容进行查看和操作的板块。卖家可以看到自己所有的交易内容，也可以放置完成交易所必需的物流工具。

买家提交订单后，卖家可以在"已卖出的宝贝"中看到详细的交易情况，如图 3-19 所示。在这里，店主可以在订单管理的顶部看到各种交易状态，是否付款、是否发货、有没有申请退换等。在页面的上方还可以搜索订单，卖家可以设定条件查询想要的订单记录。

图 3-19  交易管理中"已卖出的宝贝"

"发货"是对已经付款的交易进行物流发货操作，在这里还可以对已经发货的交易进行查看和管理。

"等待卖家付款"是顾客已经提交订单，但是还没有付款。顾客需要在 72 h 内付款，如果超时，订单会自动关闭，并且该状态下店主是可以改变订单价格的。

"等待发货"是顾客已经付款，店主可以联系快递公司备货、发货。

"已发货"是店主已经把包裹递交给快递公司，包裹正在运输途中。

"退款中"是因为顾客"7 天无理由退款""商品质量退款"等原因提交退款申请的订单，店主可以根据实际情况处理。

"成功的订单"是买卖双方顺利完成交易，钱货结清。

"关闭的订单"是因为顾客"退货退款""72 小时未付款"等原因关闭的订单，该订单状态是没有成功交易的。

2. 宝贝管理

"发布宝贝"是发布商品的入口链接。

"出售中的宝贝"是对已经发布的在线宝贝进行查看和管理的入口，如图 3-20 所示。在这里可以快速编辑宝贝标题、宝贝数量、价格、设置橱窗推荐等，也可以下架和删除在线的宝贝。在页面上半部分，也配置了宝贝搜索栏，方便卖家快速查找宝贝。

图 3-20 宝贝管理中"出售中的宝贝"

3. 店铺管理

点击查看"我的店铺",可以从卖家中心后台进入自己店铺的首页。刚刚装修的店铺也可以在这里点击查看装修效果。如图 3-21 所示。

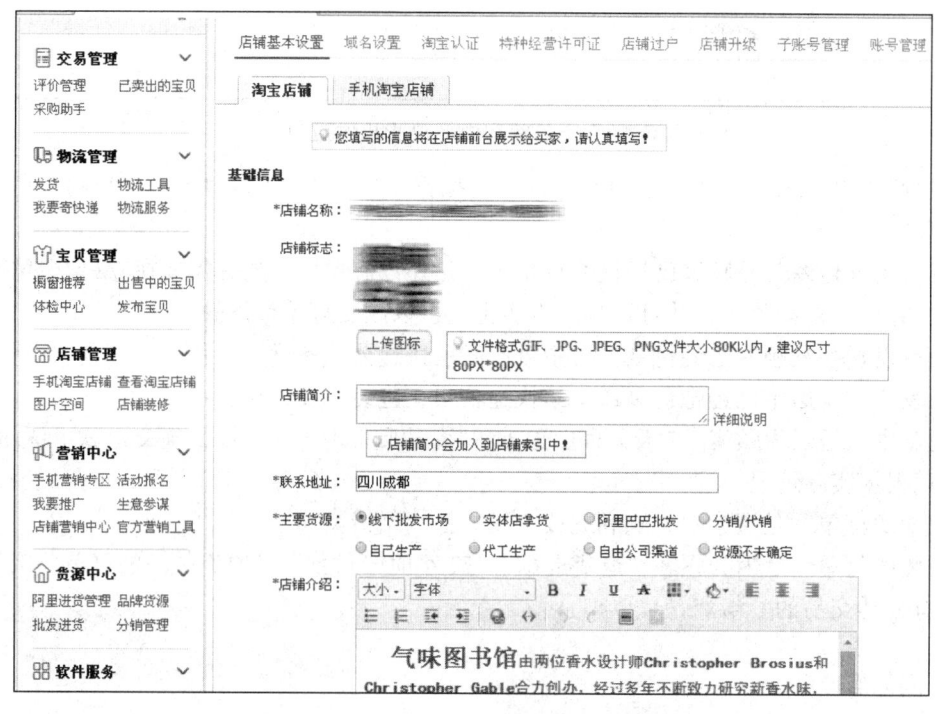

图 3-21 店铺管理中"店铺基本设置"

"店铺装修"是对网店进行美化的入口。店铺装修的具体操作将在稍后的章节详细阐述。

"图片空间"用来存放店铺上传商品和装修网店用到的图片、声音、视频等文件,有 20 GB 免费的空间可以使用,如果是大商家需要的空间不够,还可以通过订购扩大容量。

"店铺基本设置"是对电路基础资料的展示,可以展示店铺的实体情况、经营产品的简介等,需要如实填写。

"域名设置"可以免费注册一个自己喜欢的二级域名(××××××.taobao.com),有两次免费的修改机会。提示:C店信用等级达到1钻才可自定义域名。

"宝贝分类管理"是店铺所经营商品分门别类的划分,便于顾客浏览本店商品。

"子账号管理"是店铺客服管理的工具,在这里可以开通和设置 E 客服,增加店铺管理效率。

4. 营销中心

"营销中心"是店铺所有推广营销活动的入口。在"我要推广"链接中我们可以找到限时打折、搭配套餐、满就送、直通车、钻石展位等营销工具。"手机营销专区"为现在流行的移动端客户,打造了专用的促销工具、无线搭配套餐、会员卡,手机海报等。如图 3-22 所示。

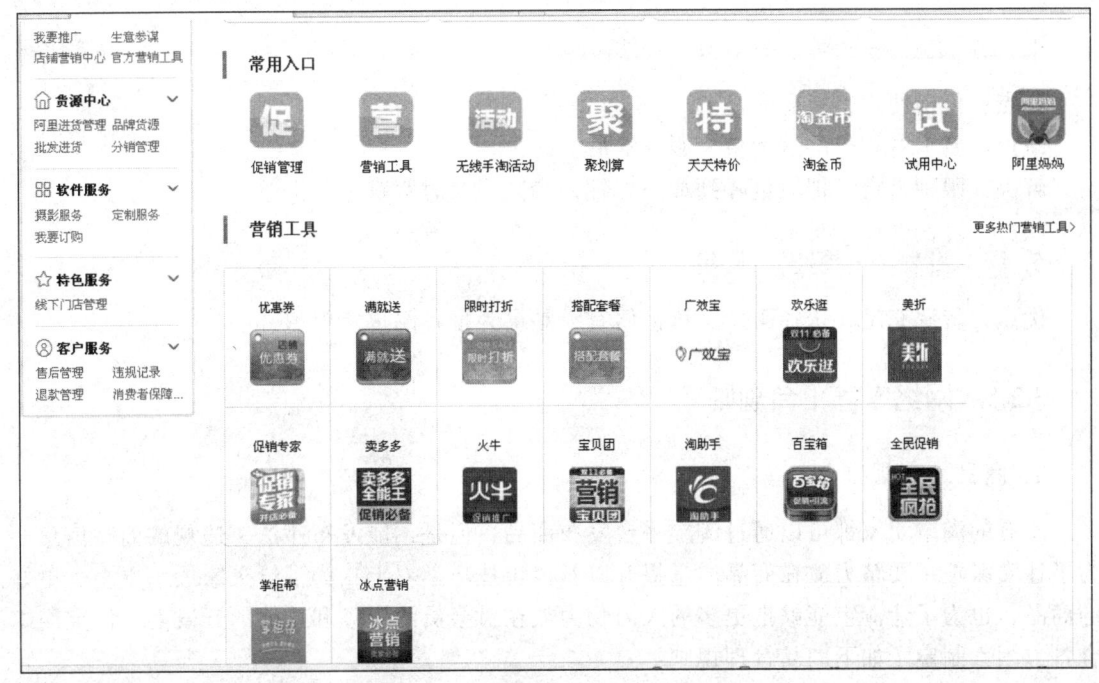

图 3-22 营销中心的"我要推广"

### 3.2.4 选择货源

前期准备工作做好后,现在最重要的是我们家经营什么商品?如何选择货源?选择优质的厂家优质的产品,关系到店铺的长远发展,所以,我们在这里建议选择货源的时候可以从自己的兴趣爱好出发,然后以商品和消费者为导向进行调整。而进货渠道可以考虑自身货源、分销合作、批发市场、工厂进货、网上批发等。

1. 自身货源——挖掘自身的商业价值

优点:质量可控,产品具有一定独特性,投入资金少。

缺点：人力成本高，生产数量少。
解决：提高技术的熟练程度，寻求合作。

2. 分销合作 —— 帮人销售，借鸡生蛋

优点：零库存，风险小。
缺点：花费时间多，货源不受控制。
解决：随时沟通，多多了解商品。

3. 批发市场 —— 少量进货的最佳渠道

优点：品种丰富，服务热情周到。
缺点：价格可能略高，信用不明。
解决：质量、售后服务货比三家，多了解一下行情，先小批量进货，视情况补货。

4. 工厂进货 —— 可以有效降低进货成本

优点：价格便宜，货源充足。
缺点：要求有相当的进货量，服务滞后。
解决：跟别人合订把数量降到最小，签订合同、及时跟踪。

5. 网上批发 —— 阿里巴巴等

优点：货源充足、选择面广、价格便宜，是最为推荐的进货渠道。

### 3.2.5 网络零售平台规则

1. 商品发布规则

所有的淘宝卖家都可以通过淘宝平台发布商品，但是不能发布违法、违规的商品信息。为了让卖家把主要精力放在商品质量提升以及销售技巧学习上，为了给买家展示更多、更好的商品，也为了让淘宝能够把更多的人力物力放在对会员的服务和功能的开发上，淘宝网综合各方因素制定了如下商品管理规则：

（1）禁止与限制发布物品管理规则。
（2）重复铺货商品管理规则。
（3）支付方式不符商品管理规则。
（4）商品价格、邮费不符商品管理规则。
（5）信用炒作商品管理规则。
（6）广告商品管理规则。
（7）放错类目/属性商品管理规则。
（8）乱用关键字商品管理规则。
（9）标题、图片、描述等不一致商品管理规则。
淘宝用户在上传商品信息前，应当仔细阅读《禁止与限制发布物品规则》并自觉遵守。

发布违禁物品所引起的法律责任由相关用户完全承担，与淘宝网无关。淘宝网一旦发现任何违反本规则的物品信息，有权立即予以删除，并保留给予相关用户警告、冻结直至终止其账户的权力。

2. 店铺规则

（1）会员名、店铺名或域名中，不得包含未经淘宝或阿里巴巴集团授权、许可使用的名称、标识或其他信息，如：

① 含有"淘宝特许""淘宝授权"及近似含义的词语；
② "淘宝""淘宝网""天猫""一淘"等代表淘宝特殊含义的词语或标识；
③ 心、钻、冠等与淘宝信用评价相关的词语或标识；
④ 阿里巴巴集团及旗下其他公司的名称或标识。

（2）会员名、店铺名或域名中，不得包含淘宝相关机构或组织名信息，以及虚假的淘宝资质或淘宝特定服务、活动等信息。如：

① 非商盟店铺的店铺名命名为**商盟，或非商盟店铺在店铺中使用商盟进行宣传。
② 不具有相关资质或未参加淘宝相关活动的会员或店铺，使用与特定资质或活动相关的特定含义的词语，例如台湾馆、香港街、天猫、消费者保障计划、先行赔付等。

（3）其他淘宝禁止使用的信息。

3. 虚假交易和不当使用他人权利的处罚规则

虚假交易，是指用户通过虚构或隐瞒交易事实、规避或恶意利用信用记录规则、干扰或妨害信用记录秩序等不正当方式，获取虚假的商品销量、店铺评分、信用积分或商品评论等不当利益的行为。

卖家进行虚假交易的，淘宝将对卖家的违规行为进行纠正，包括删除虚假交易产生的商品销量、店铺评分、信用积分、商品评论等不当利益；情节严重的，淘宝还将下架卖家店铺内所有商品。在纠正违规行为的同时，淘宝将按照如下规定对卖家进行处理：

在淘宝网通过支付宝交易成功后，交易双方都可以对该笔交易进行客观的评价，但是不得以"会员积累信用"为目的，做出虚假交易评价。

对于炒作信用度的行为，淘宝除按照本规则规定给予相应处罚外，还会在删除违规好评对应的评价积分后，对该评价记扣 2 分。除给予删除评价和倒扣积分的处罚外，淘宝还会删除有炒作信用度行为的会员在淘宝网上发布的所有信息，并永久性拒绝为该会员提供服务。

根据信用炒作的严重程度，淘宝网公布了对应的扣分标准，此记分的累计和处罚标准将根据淘宝网用户行为管理规则里的违规处理说明来执行，如图3-1所示。

不当使用他人权利，是指用户发生以下任一行为：

（1）不当使用他人商标权、著作权、专利权等法律规定的权利。
（2）卖家在所发布的商品信息或所使用的店铺名、域名等中不当使用他人商标权、著作权等权利。
（3）卖家出售商品涉嫌不当使用他人商标权、著作权、专利权等权利。

（4）卖家所发布的商品信息或所使用的其他信息造成消费者混淆、误认或造成不正当竞争。

（5）卖家不当使用他人权利情节严重的，每次扣6分，情节严重达三次及以上的每次扣48分。

表 3-1 虚假交易处罚规则

| 进行虚假交易的次数 | 违规交易笔数 | 违规纠正 | 扣分 |
| --- | --- | --- | --- |
| 第一次 | <96 笔 | 删除虚假交易产生的商品销量、店铺评分、信用积分、商品评价；情节严重的，还将下架店铺内所有商品 | 一般违规行为 0 分 |
| | ≥96 笔 | | |
| 第二次 | <96 笔 | | |
| | ≥96 笔 | | |
| 第三次 | <96 笔 | | |
| | ≥96 笔，视为情节严重 | | |
| 第四次或以上 | 不论笔数均视为情节严重 | | |
| 若卖家短期内进行大规模虚假交易的，不论次数和笔数均视为情节严重 | | | |
| 若卖家发生以下任一情形的，以严重违规行为扣48分：<br>1. 累计三次以上被认定为"情节严重"的虚假交易行为；<br>2. 违反上述第（四）项规定后，再次进行大量虚假交易；<br>3. 存在手段恶劣、行为密集、规模庞大、后果严重、恶意对抗监管等特殊情节；<br>4. 为他人虚假交易提供服务、帮助或便利。 | | | |
| 单个商品涉嫌虚假交易，不论次数和笔数 | | 单个商品降权30天，多次发生的，降权时间滚动计算 | / |

图 3-23 虚假交易处罚规则

## 3.2.6 网络交易安全常识

随着信息技术和计算机网络的迅猛发展，基于 Internet 的电子商务也随之而生，并在近年内获得了巨大的发展。电子商务作为一种全新的商业应用形式，改变了传统商务的运作模式，极大地提高了商务效率，降低了交易的成本。然而，由于互联网开放性的特点，安全问题也自始至终制约着电子商务的发展。因此，建立一个安全可靠的电子商务应用环境，已经成为发展电子商务的关键。网络安全就是网络上的信息安全，凡是涉及个人隐私或商业利益的信息在网络上传输时都需要受到机密性、完整性和真实性的保护，避免被其他人利用不正当手段侵犯利益和隐私。

许多网络安全事件的发生都和缺乏安全防范意识有关，特别是在网络上从事商业活动时，账户里经常有资金往来，容易被别有用心的人盯上，因此网络安全和网络防骗是首先要解决的问题。

### 1. 交易安全

交易安全分为账户安全和支付安全，一旦账户被盗，不仅店铺的正常经营会受到严重的影响，账户里的资金也可能被他人盗用，因此，在日常的运营管理中，账户安全是需要特别关注的，防骗防盗也是网店经营中的一个长期行为。

**1) 账户安全**

设置安全性较强的密码是账户安全的有效保障，淘宝网的账户密码由6~16个字符组成，最好是使用英文字母、数字、标点符号这三种元素来进行自由组合，这样组合出来的账户密码就更安全，例如：HapplyDay869@%。在不同网站，账户的密码一定要设置不同，但因为网站服务众多，为了便于记忆，建议可以在密码的末尾根据不同的网站设置不同的后缀。

**2) 支付安全**

出于对支付安全的考虑，支付宝给每一个账户设置了多重保护：

① 密码分为登录密码和支付密码，两种密码不能相同。

② 申请支付宝数字证书可以使账户资金操作多一重保护，没有安装支付宝数字证书的电脑，即使知道登录密码和支付密码也无法查看账户及操作资金往来。

③ 手机端安装"钱盾"，"钱盾"是更重要的一种账号和资金的保护手段。

### 2. 防骗知识

随着网络、电信技术的飞速发展，有些不法分子借助网络等媒介实施各种诈骗活动，面对这种形势，一方面，公安机关要重拳出击，打击不法活动；另一方面，就要靠全体网民共同努力，提高自身的基本防范意识和识破诈骗的能力。下面列出几种常见的网络诈骗手段。

**1) 网上中奖诈骗**

犯罪分子利用传播软件随意向互联网QQ用户、微信用户、邮箱用户、网络游戏用户、淘宝用户等发布中奖提示信息和手机短信，当事主按照指定的"电话"或"网页"进行咨询查证时，犯罪分子便以中奖缴税等各种理由让事主一次次汇款，直到失去联系事主才发觉被骗。

淘宝的网址为 http://www.taobao.com，而那些钓鱼网站的网址往往会是 http://www.taoba0i.cn 或者 http://www.taob.pvi.cn 等，为了加强网上操作的安全性，淘宝在阿里旺旺里增加了一个防范措施，用 图标来表示这是淘宝网内的安全链接，可以放心点击，用 图标来表示这是淘宝不能确认其安全性的外部链接，提醒用户点击时要特别的注意和小心。如图3-23所示。

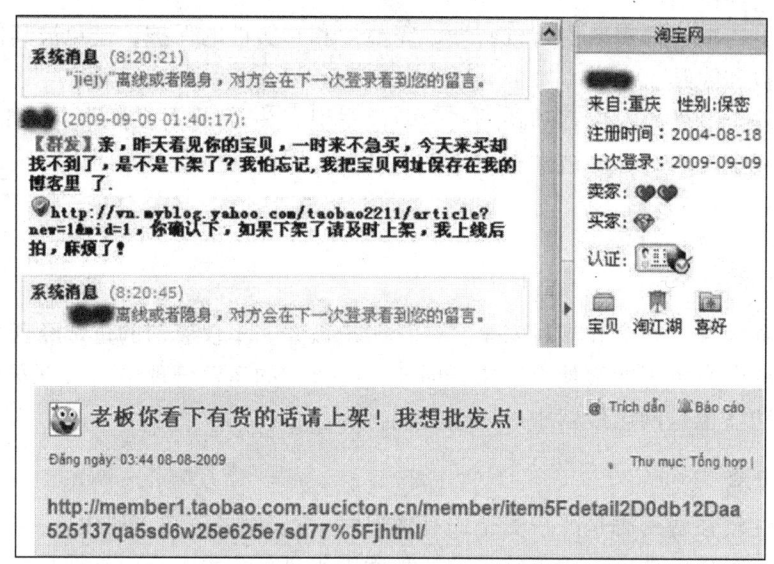

图 3-23 淘宝钓鱼网站链接

2）网上购物诈骗

犯罪分子在互联网上发布虚假买卖商品、求职等信息，价格低廉、条件优厚，吸引上网群众。惯用手段有：（1）以未收到货款或提出要汇款到一定数目才能将以前款项退还等各种理由迫使事主多次汇款；（2）为事主提供虚假链接或网页，显示交易不成功，让事主再次往里汇钱；（3）以种种理由拒绝使用网站的第三方安全支付工具，谎称"自己的账户最近出现故障，不能用安全支付收款"或"不使用支付宝，没有手续费，更便宜一些"等；（4）要求事主先付一定数额的订金或保证金然后才发货，继而利用事主急于拿到货物的迫切心理，以种种看似合理的理由诱使事主追加订金；（5）利用"来电任意显软件"冒充事主给其朋友打电话让其汇款骗钱；六是利用假冒、劣质、低廉的山寨产品冒充名牌商品，事主收货后连呼上当，叫苦不堪。

3）"网络钓鱼"诈骗

不法分子大量发送欺诈性电子邮件，多以中奖、顾问、对账等内容引诱用户在邮件中填入金融账号和密码，或者设立假冒银行网站，一旦用户输入账号、密码等信息，就有可能被犯罪分子窃取，进而窃取资金。

4）利用网络游戏装备及游戏币交易进行诈骗

一是低价销售游戏装备，在骗取玩家信任后，让玩家通过线下银行汇款的方式，待得到钱款后即食言，不予交易；二是在游戏论坛上发表提供代练，待得到玩家提供的汇款及游戏账号后，代练一两天后连同账号一起侵吞；三是在交易账号时，虽提供了比较详细的资料，待玩家交易结束玩了几天后，账号就被盗了过去，从而造成经济损失。

还有网络订购飞机票、火车票诈骗；针对大学毕业生就业、在校生兼职的诈骗；针对各种资格、等级考试的网络诈骗；针对学术论文的最新形式网络诈骗等，都是以分期分批付款形式，先付一笔款之后，提出条件，再让你付第二笔款、第三笔款，抓住人们急切要回钱的心理，让你越陷越深。

3. 识骗能力

网上的骗术层出不穷，花样百出，但是，识别骗子重在预防。因此，必须具备一定的识骗能力，才能有效地减少安全隐患，避免财物这类有形资产和账户、ID等无形资产的损失，同时，减少失误还可以一定程度的提高我们的工作效率。下面介绍几种避免受骗的方法。

一是，搜索一下这家公司或网店，查看电话、地址、联系人、营业执照等证件之间内容是否相符，正规网站的首页都具有"红盾"图标和"ICP"编号，以文字链接的形式出现。

二是，看清网站上注明公司的办公地址，表示自己距离该地址很近，可直接到公司付款。如果对方以种种借口推脱、阻挠，那就证明这是个陷阱。

三是，不要被某些价格低廉的商品所迷惑，这往往是犯罪嫌疑人设下的诱饵。

四是，对于在网络上或通过电子邮件招揽投资赚钱的计划，或快速致富方案等信息要格外小心，不要轻信免费赠品或抽中大奖之类的通知，更不要向其支付任何费用。

五是，一旦不慎发生被骗行为，第一笔钱付出后，要立即停止再次付款行为，并及时到属地公安机关报警。

郑重提醒大家：要调整心态，牢记"天上不会掉下馅饼"，明显低于市场价格的东西不要，占小便宜吃大亏；更不要相信"特殊渠道"的谎言，坚持"货到手再付钱"；购物前认真鉴别真伪，交易资金要通过第三方安全支付宝支付，以避免上当受骗。

## 3.3　商品信息发布与管理

### 3.3.1　商品发布

1. 发布流程

在网店的商品销售中，绝大部分顾客是通过搜索商品名称→比较商品图片、价格→了解商品介绍这个流程来寻找和选择商品的，因此，合理的商品信息发布是网店日常运营的主要工作内容之一。初级的商品发布很简单，如同发布一篇博客，但是要学好商品发布却很难，因为在这个工作里包含了大量的顾客心理分析和销售技巧。优秀的商品信息，是决定能否成交的第一个环节，也会直接影响到店铺的浏览量和成交率。

商品发布的方法有两种：第一种是通过"卖家中心"发布，第二种是通过淘宝官方推出的淘宝助理发布。先说第一种方法，只要按照以下的步骤操作即可：

（1）首先，点击淘宝页面上的"卖家中心"—"宝贝管理"模块—"发布宝贝"，进入商品发布页面，如图3-24所示。

（2）在"一口价"和"拍卖"中间选择一种出售方式来发布商品。其中，"一口价"是定价销售方式，是目前淘宝主流的发布方式；"拍卖"是竞买方式，价高者得，所有以拍卖形式发布的商品，邮费必须由卖家承担，不推荐这种发布方式。

（3）一级一级地往下选择待售商品的所属类目，最精准地把商品放到相对应的属性类目里面，例如：化妆品→迪奥→"真我"香水。

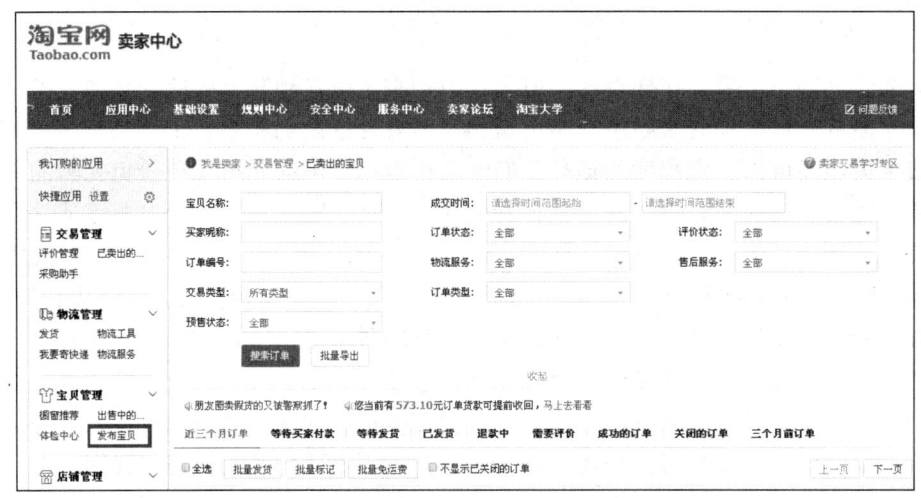

图 3-24　商品发布流程

（4）正确选择和填写商品信息，以便让顾客更快地找到该商品。例如：刚才要发布的迪奥"真我"香水还要选择化妆品类型、品牌、香型、适用性别、容量、原材料等属性选项，上传商品图片、添加商品描述、核定商品价格、邮费支付方式和价格，选择该商品在店铺里的所属分类以及商品的上架周期等待。

（5）点击"发布"按钮，完成该商品的发布流程。

第二种发布商品的方法，是使用淘宝官方推出的淘宝助理工具，因篇幅有限，在这里不再做阐述。如图 3-25 所示。

图 3-25　淘宝助理

2. 商品名称

商品名称的重要性体现在两个方面：第一，从消费者角度出发。消费者购物的目的不同，但是购物的顺序基本相同，一般是从搜索商品名称开始，然后看谁的价格更吸引人，谁的商品图片更漂亮，谁对商品的情况介绍得更详细，明白了这个购物顺序，我们就清楚商品名称在销售过程中的重要性了。第二，从电商平台角度出发。电商平台对于商品的识别，最主要是根据商品的标题名称和属性设置来判断的，优秀的商品名称在搜索的排序上有很大的优势。

1）关键字的类型

淘宝网商品文字标题的容量最多 30 个汉字，也就是 60 个字节，我们根据顾客的消费需求和定位的区别，将关键字分为以下几种类型，在标题容量能够满足的前提下，可以尽可能选用更多的关键字，扩大消费者搜索的范围，提高商品被发现的概率。

① 属性关键字。

属性关键字是指商品的类别、规格、功用等介绍商品基本情况的字或词。由于消费者的语言表达和搜索习惯不同，可能会使用不同的属性关键字搜索，因此，在商品有多种习惯称呼的情况下，可以多设几个属性关键字，以符合更多人的搜索需求。例如：西红柿、番茄、tomato 指的都是同一种东西，我们就可以选择里面最常用的 1-2 个习惯称呼来作为商品的属性关键字。

② 促销关键字。

促销关键字是指关于清仓、折扣、甩卖、赠礼等信息的字或词，这类词往往是最容易吸引和打动消费者的信息，可以有效地吸引更多人的关注，网络零售普遍采用这种方式来招徕顾客。

③ 品牌关键字。

店铺若是品牌持有者或已经获得品牌授权，就可以使用相关品牌关键字。例如："韩都衣舍"是淘宝女装中的知名品牌，当韩都衣舍自身经营时，宝贝标题就可以用"韩都衣舍"这个品牌关键词。而阿迪达斯、耐克、安踏等品牌在多家网店都有销售，如果买家对这几个品牌进行搜索也会同时出现多家店铺，这些店铺已获得了品牌的授权，因而可以利用知名品牌关键字优化宝贝名称。

④ 评价关键字。

评价关键字的主要作用是对其他消费的一种良性引导，一般都是正面的、褒义的形容词，如 X 钻信用、皇冠信誉、百分百好评、5 年老店等，这类关键字其实也是一种口碑关键字，增加这类关键字不仅能够满足消费者寻找可靠的产品质量、可信的商家的需求，同时，还更容易获得消费者的好感和认同，打消他们的顾虑，让消费者不知不觉中做出成交的决定。

2）关键字的组合

商品发布时，尽量包含以上四种类型的关键词，而且按照以下的顺序设置名称，如：

促销关键字 + 品牌关键字 + 属性关键字 + 评价关键字

如图 3-26 所示的这件商品就采用了极其糟糕的商品名称，"快来买吧"只表达了商家盼望交易的急切心态，却没有具体指向任何一件实际的物品，其实，不管商品名称如何去设置，属性关键字一定是其中一个重要的组成部分，因为这是消费者在搜索时首先会使用到的关键字类型，在这个基础上增加其他的关键字，可以使我们的商品在搜索时得到更多的入选机会。

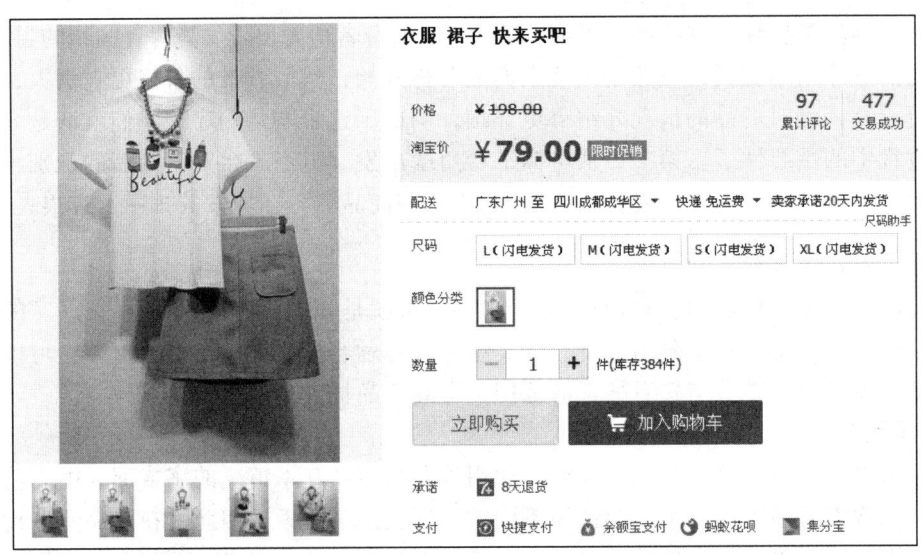

图 3-26　商品缺少相应关键词

选择一些什么关键字来组合最好，要靠分析市场、分析商品、分析目标消费群体的搜索习惯来最终确定。如果我们根据前面那四种关键字来进行修改和重组，这件商品的名称被搜索到的概率就会大很多，消费者的印象和好感度也会相应地加深。

① 加入属性关键字：商品名称为"纯棉 T 恤　女裙"。
② 再加入促销关键字：商品名称为"七折包邮　纯棉 T 恤　韩版女裙"。
③ 再加入品牌关键字：商品名称为"七折包邮　韩都衣舍纯棉 T 恤　韩版女裙"。
④ 再加入评价关键字：商品名称为"三钻包邮　七折包邮　韩都衣舍纯棉 T 恤　韩版女裙"。

3）关键字的位置

一个完美的商品名称，连关键字所处的位置也是精心设计过的，商家会把最希望顾客看到的信息放在商品名称里最醒目的位置。如果商品侧重的是特价、促销信息的传达，那么，这些促销关键字就应该用醒目的符号或者空格来与其他文字分隔，而且位置放在头尾的效果会更好，让顾客很容易就能接收到这个促销信息，争取更快地打动他们，刺激他们的购买欲。

按照消费者的阅读习惯，建议商品标题的顺序为：促销关键字—品牌关键字—功能属性关键字—评价关键字，按照这样命名的商品标题，是更容易被搜索到的。

4）关键字的获取

淘宝网会定期筛选出一些近期消费者关注和常用的关键字作为热门关键字推荐，在商品属性类目里用醒目的颜色标识出来，以吸引消费者的关注，帮助他们更快地找到需要的商品信息。

如图 3-27 所示是淘宝网分类里面所看到的关键字提示，这些商品关键字是顾客使用频率较高的，因此叫热门关键字，只要用鼠标点击这些关键字，就能看到淘宝网包含这个关键字的所有商品。

| 女装男装 | | | | | | | | | |
|---|---|---|---|---|---|---|---|---|---|
| 潮流女装 | 羽绒服 新品 | 毛呢大衣 裤子 | 毛衣 连衣裙 | 冬季外套 腔调 | 时尚男装 | 秋冬新品 秋冬外套 | 淘特莱斯 时尚套装 | 淘先生 潮牌 | 拾货 爸爸装 |
| 羽绒服 | 轻薄款 加厚 | 长款 被子 | 短款 鹅绒 | 毛领 新品 | 秋外套 | 秋款 风衣 | 夹克 皮衣 | 卫衣 毛呢外套 | 西装 薄羽绒 |
| 呢外套 | 廓形 短款 | 双面呢 毛领 | 羊绒 设计师款 | 中长款 系带 | 衬衫/T恤 | T恤 衬衫 | 长袖T 长袖款 | 打底衫 商务款 | 纯色 时尚款 |
| 毛衣 | 马海毛 开衫 | 绍绒 中长款 | 羊绒 短款 | 羊毛 卡通 | 男士裤子 | 休闲裤 牛仔裤 | 工装裤 小脚裤 | 运动裤 哈伦裤 | 长裤 直筒裤 |
| 外套上衣 | 外套 真皮衣 | 套装 马甲 | 风衣 小西装 | 卫衣 唐装 | 针织毛衫 | 薄毛衣 纯色毛衣 | 针织开衫 民族风 | 圆领毛衣 羊毛衫 | V领毛衣 羊绒衫 |
| 鞋类箱包 | | | | | | | | | |
| 女鞋 | 帆布鞋 懒人鞋 | 高帮 厚底 | 低帮 韩版 | 内增高 系带 | 潮流女包 | 上新 手提包 | 人气款 迷你包 | 单肩包 手拿包 | 斜挎包 小方包 |
| 单鞋 | 高跟 粗跟 | 平底 坡跟 | 厚底 浅口 | 中跟 尖头 | 精品男包 | 商务 腰包 | 休闲 单肩 | 潮范 斜挎 | 胸包 手提 |
| 运动风鞋 | 厚底 一脚蹬 | 内增高 魔术贴 | 星星鞋 气垫 | 系带 网状 | 双肩包 | 印花 原宿 | 铆钉 糖果色 | 水洗皮 商务 | 卡通 运动 |
| 男鞋 | 青春潮流 商务休闲 | 商务皮鞋 布洛克 | 休闲皮鞋 内增高 | 正装皮鞋 反绒皮 | 旅行箱 | 拉杆箱 拉杆包 | 密码箱 万向轮 | 学生箱 飞机轮 | 子母箱 航空箱 |
| 休闲男鞋 | 皮鞋 豆豆鞋 | 低帮 帆船鞋 | 反绒皮 懒人鞋 | 大头鞋 帆布/板 | 热门 | 钱包 大牌 | 潮包馆 coach | 真皮包 MK | 手机包 MCM |
| 护肤彩妆 | | | | | | | | | |
| 美容护肤 | 卸妆 面霜 | 面膜 爽肤水 | 洁面 眼霜 | 防晒 乳液 | 换季保养 | 补水 祛痘 | 美白 祛斑 | 收缩毛孔 去黑眼圈 | 控油 去黑头 |
| 香氛精油 | 女士香水 古龙水 | 男士香水 香精 | 中性香水 复方精油 | 淡香水 香体乳 | 美发造型 | 洗发水 造型 | 护发素 假发 | 染发 洗护套装 | 烫发 假发配件 |
| 眼部彩妆 | 眼线 假睫毛 | 睫毛膏 眼霜 | 眼影 双眼皮贴 | 眉笔 眼部护理 | 男士护理 | 劲能醒肤 男士套装 | 清洁面膜 男士防晒 | 男性主义 火山岩 | 剃须膏 爽身走珠 |
| 热门品牌 | 雅诗兰黛 SK-II | 兰蔻 悦诗风吟 | 资生堂 水宝宝 | 自然乐园 契尔氏 | 新品推荐 | 芦荟胶 高光棒 | 彩妆盘 修容 | 腮红 V脸 | 香氛 去角质 |

图 3-27　商品热门关键词

通过淘宝网顶部的搜索框，可以看到关键字提示，如图 3-28 所示。

查看商品的出厂标签，查看商品关键字，如图 3-29 所示。

可以参考同行的商品关键字设置，如图 3-30 所示。

图 3-28　搜索框关键字

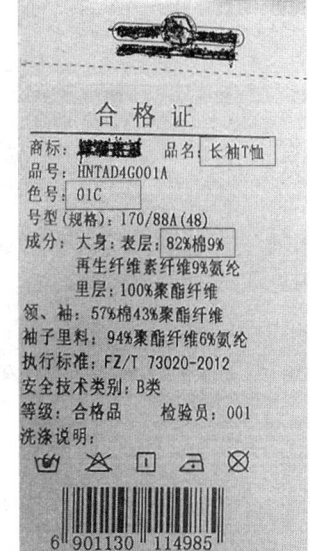

图 3-29　商品厂牌

图 3-30　参考同行关键词设置

## 3. 商品图片

网络零售与传统销售最大的不同在于，网络销售的商品展示是以网页的形式展现的，无法亲眼看到实物是它的一个重要限制，顾客对商品的第一印象就来自商家上传的照片、文字描述、视频介绍等，因此商品图片对于商家来说至关重要，如何使商品呈现出其商业价值也是衡量商家经营能力的标准之一。

商品图片和产品图片不同，产品图片通常只要求如实拍出产品的原貌，色彩还原准确、清晰、构图合理，但是，商品图片因为需要刺激消费者的购买欲，达到销售的目的，因此，在此基础上还要求画面美观，有视觉冲击力，能看出商品的本来价值，提高商品的性价比，挖掘出顾客潜在的消费需求。

商品图片主要以展示商品特性为主，过于花哨的背景或装饰反而会削弱商品原本想传达的信息，所以，网络零售的商品图片主要是由简洁明快的背景和清晰的主体构成，这不仅可以清晰明了的展示商品，还能够使得店铺看上去整齐划一，增加了视觉上的舒适感，也容易给消费者留下良好的印象。哪怕是一件普普通通的上衣，只要充分运用布景、构图、灯光、配饰也能拍出符合要求、对消费者有吸引力的商品图片。如图3-31和图3-32所示。

图 3-31　商品图片

图 3-32　商品细节图片

搭配协调的商品图片能够展示关键细节的图片特写,也能够很好的拉近与消费者的距离,实现视觉营销的目的。在产品材质和细节的呈现上要着力体现消费者的认知角度。通过图片展示消费者可能想要了解的产品细节，可以大大增强消费者的购买欲望。

### 4. 商品描述

商品描述依旧为销售服务。在增强消费者的购买欲望的同时，通过图文给消费者留下深刻的印象是商品描述的主要功能。

良好的产品描述可以让消费者在身心愉悦的情况下了解产品的信息，细致周到的产品介绍也能大大地减少客服咨询的工作量。商品描述的好坏直接关系到消费者在店铺的消费体验。商品描述通常由以下几个部分组成，顺序可以根据产品的不同略作调整，但是仍旧遵循最重要的产品信息排在最前面，补充性的文字排后面的原则。

#### 1）型号规格

型号规格是成交转换的必需信息，这部分内容一般包括商品的品牌、型号、材质、规格、功能、功效、包装、价格等商品基本信息，以及生产加工工艺、产品优势等有利于销售的商品信息。如图 3-33 所示的商品的品牌、型号、功能等信息详细清晰，这些都是消费者最想了解的内容，应该放在商品描述的最前面。

产品参数：　　更多参数

| | | |
|---|---|---|
| 证书编号：2009010713382565 | 证书状态：有效 | 申请人名称：九阳股份有限公司 |
| 制造商名称：九阳股份有限公司 | 产品名称：全自动家用豆浆机 | 3C产品型号：JYDZ-201, DJ12B-A11A,... |
| 产品名称：Joyoung/九阳 DJ12B-A11 | 品牌：Joyoung/九阳 | 九阳豆浆机型号：DJ12B-A11 |
| 颜色分类：白色 | 容积：1L(含)-1.2L(含) | 功能：保温 干豆 米糊 五谷 果蔬 绿豆沙... |
| 杯体材质：不锈钢 | 是否有网：无网研磨 | 功率：751W(含)-1000W(含) |
| 豆浆/榨汁/搅拌/料理机售后服务：全国... | 加热方式：底盘加热 | 是否有自动清洗功能：无 |
| 是否有保温功能：有 | 适用人数：2-3人 4人-5人 | |

图 3-33　商品的型号规格介绍

#### 2）交易说明

交易说明相当于交易双方的协议，今后在交易过程中一旦出现某种状况，双方有一个可以参考的依据，这也是独立于平台规则以外的一种双边协议，顾客一旦拍下商品代表对该条款的认可，同时，把合作条件放进交易说明里也是一种有效的纠纷规避方式，减少卖家的交易损失。

#### 3）配送说明

配送说明里最好用简单明了的方法告诉消费者配送周期是多长。一方面配送问题是消费者最多会向客服提出的问题，简单明了的配送说明可以大大地减少客服回复的工作量。另一方面预先告知既是商家的职责，也是优质服务的一种体现。

#### 4）服务保障

也有部分的消费者会比较关心包裹的包装以及运输过程中商品有可能被损坏的环节。优良的服务保障可以提升消费者对商品的产品认知度，也能够提升商品的品牌形象。服务保障包括质量承诺、售后维修、会员优惠等信息。如图 3-34 所示。

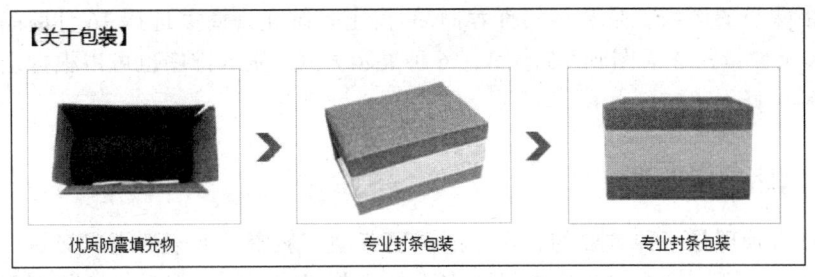

图 3-34　专业的商品包装

5. 宝贝管理

在店铺管理平台里可以操作的商品管理主要分为两个内容，一个是宝贝分类管理，一个是掌柜推荐。

1）宝贝分类管理

淘宝网将商品分为不同的属性类目，所有商品都可以找到归属的类目，这主要是为了方便顾客在站内进行分类查找。当一个店铺有几十上百、甚至上千件商品时，在店内设置商品分类便于顾客进行查找是非常必要的。

如图 3-35 所示的是宝贝分类管理。店铺分类分为一级类目和二级类目，这样的设置非常合理，可以方便商家在品牌下面再添加商品属性分类，引导顾客尽快找到他们需要的商品。

如图 3-35 所示的是宝贝分类管理。店铺分类分为一级类目和二级类目，这样的设置非常合理，可以方便商家在品牌下面再添加商品属性分类，引导顾客尽快找到他们需要的商品。

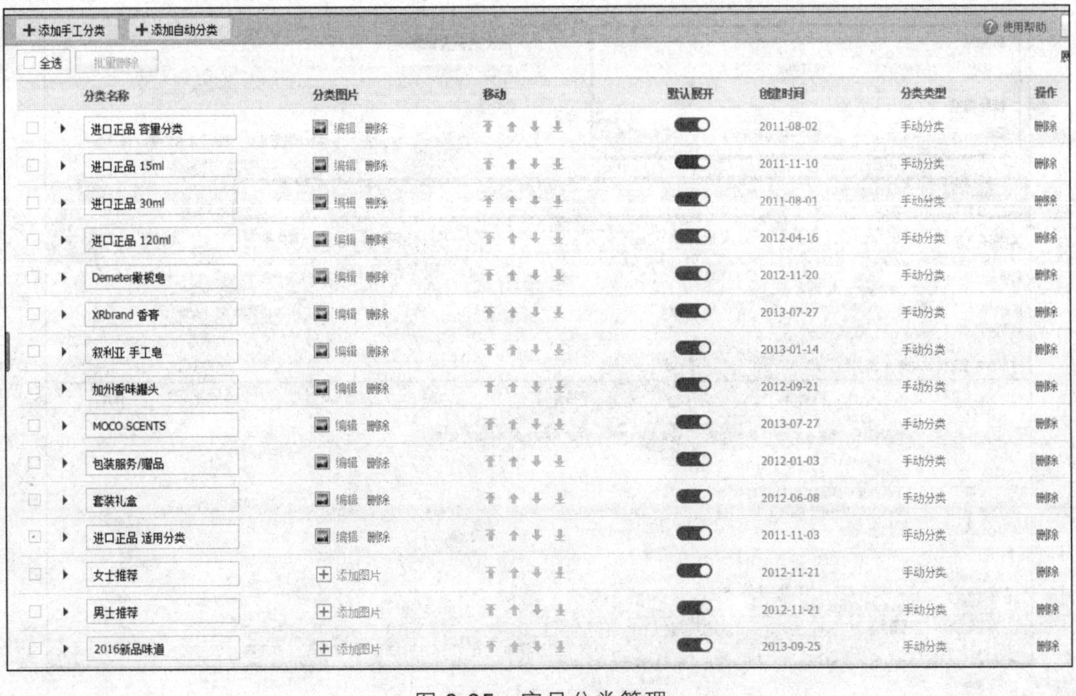

图 3-35　宝贝分类管理

2）掌柜推荐

店铺上最醒目的区域就是掌柜的推荐商品。淘宝系统允许商家选择 16 件商品作为店铺的推荐宝贝，显示数量从 3 大图到 16 小图有 6 种展示方式，显示排序也可以根据结束时间和价格高低等 4 种选择来确定。

### 3.3.2 网店日常管理

网店的日常管理是一种重要的、必需的重复劳动。从商品上架到完成交易，收到货款，最后得到顾客的好评，这个过程中要做很多重复而单调的工作。但不管这些管理工作多么枯燥无味，每一个店主都必须认真、负责地去做，否则顾客的好评就无法及时反馈，销售级别无法提升，成就感和满足感也就无从说起了。首先，商品上架了要完善宝贝描述；其次，还要进行宝贝分类，以便客户找到自己的产品，从而进入你的店铺；最后，必要的时候可以通过网络营销的方式进行店铺推广，让更多的网民知道你的店铺，有客户在线咨询的时候要实时的为他们解答，要服务到位，以提升交易率。

1. 商品管理

商品的日常管理和维护也是非常重要的。除了为不同的商品设置相应的运费模板，还需要为日常的运营活动进行策划，并配以相应的促销价格和商品图片。

淘宝系统为商家提供了橱窗推荐商品，如图 3-36 所示。淘宝会根据商家的信用等级和是否加入消保以及支付宝交易量等，确定橱窗位的数量，商品推荐的具体操作可以在这里进行。特别提醒和建议商家把这些商品设置为橱窗推荐，以便更大程度地提高的成交几率。前面在橱窗推荐规则里我们已经介绍过。

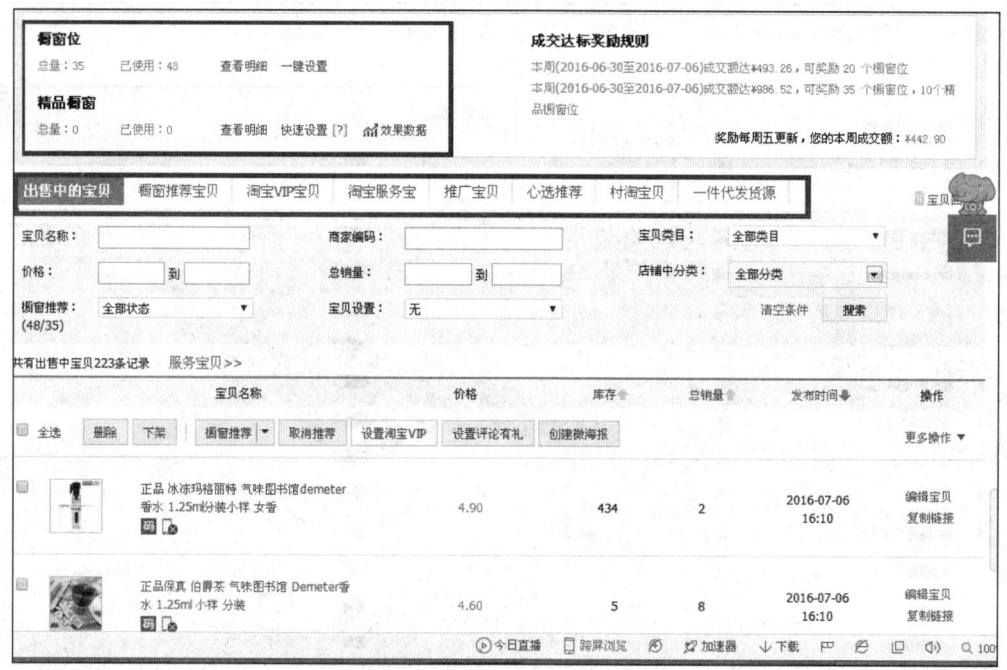

图 3-36　商品管理

2．交易管理

交易管理主要指对交易流程的管理，在交易过程中，买卖双方操作的环节不同，在"已卖出的宝贝"里，管理系统根据交易双方的完成情况，显示不同的交易状态。

1）等待买家付款

一旦顾客提交订单，交易状态就会显示出"等待买家付款"，此时可能会遇到的情况有两种，我们可以根据具体情况来处理。

① 关闭交易：因为商家缺货或者顾客的原因等，交易无法继续完成，此时需要作关闭交易的操作。流拍的商品，也会使商品的库存减少，所以要注意商品的真实库存。

提示：卖家关闭订单必须事先与顾客进行沟通。

② 修改价格：交易双方经过协商，对新的售价达成一致或是邮费重复计算，都需要在买方支付货款前先行修改成交价格。为了避免邮费重复计算，建议使用邮费模板来控制邮费。

在"等待买家付款"的交易状态下，点击"修改价格"进入编辑页面，在"涨价或折扣"一栏填入正数即代表在此价格基础上增加金额，填入负数则代表在此基础上减价的金额，由此生成新的交易价格，点击"确认"按钮，交易管理页面里以前的价格就会被新的价格所替代，如图 3-37 所示。

如果此时顾客已经进入网银支付环节，修改功能将暂停使用，需等待 15 min 以后才可以重新进行编辑，修改为新的交易价格。

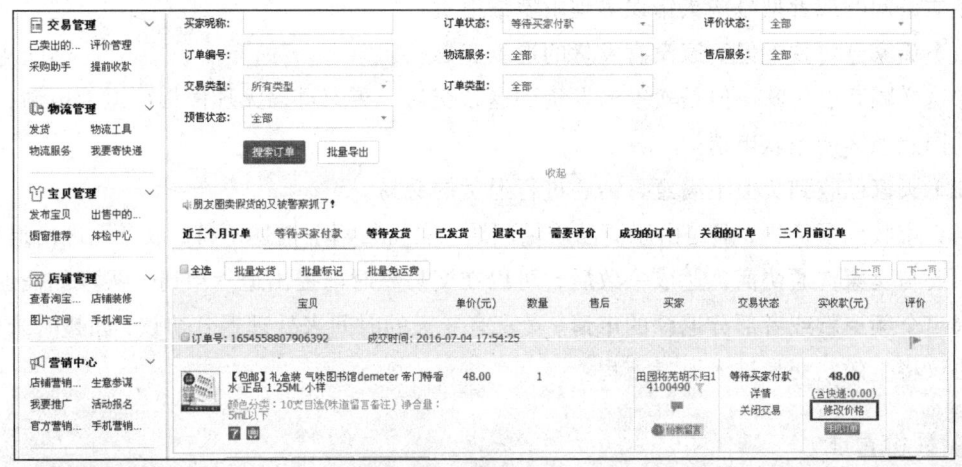

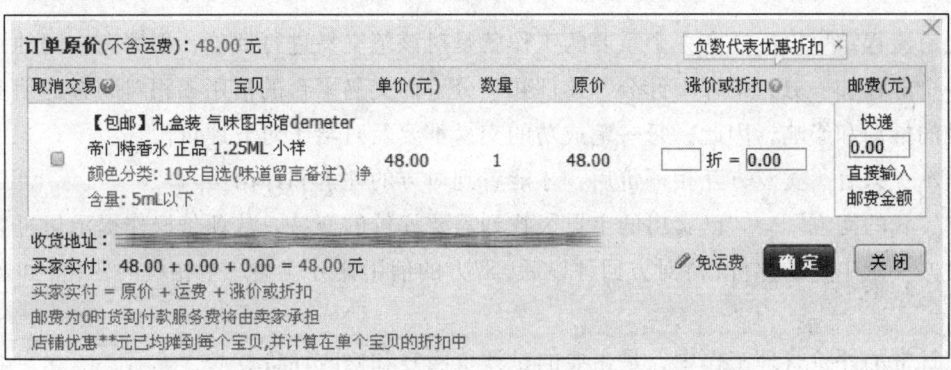

图 3-37　修改交易价格

2）买家已付款

买家付款以后，交易状态随之改变，这时可以与顾客核实订单内容和收货地址，并把需要备注的信息及时添加到该笔交易的备忘录里，提醒物流部门的同事在发货时要特别注意，以免造成顾客的不满和售后纠纷。

3）卖家已发货

通过物流公司发货以后，需要选择对应的物流公司，填入该笔交易的发货单号，及时将交易状态修改为"卖家已发货"，只有在此状态下，顾客才能操作确认收货，同意将货款支付给卖家。

4）交易成功

顾客收到商品以后，经核查无误就会确认收货，同意支付宝放款给卖家，交易状态改变为"交易成功"，则表示货款已经转到了卖家的支付宝账户里。

提示：从卖家点击发货之日算起，顾客自动确认的时间为10天。

5）退款交易

一旦有顾客提出退货退款申请，我们就要根据他们的退货理由来进行处理，比如在支付了货款以后才发现缺货或者因为个人原因决定取消交易，也有一些顾客是在收到商品以后，以商品质量问题或者型号购买错误等理由申请退货。

（1）买家已付款，但卖家没有发货的退款交易。

像这样顾客已付款，但是卖家未发货的退款交易，买家可以无理由提出退款申请，且卖家必须同意顾客的退款申请。

（2）买家已收到货但不满意，需要进行退货的交易。

当买家收到了货物，但是由于商品质量问题、实物与网上描述不符、或者无理由退货等，那么只要与卖家沟通协商，达成一致后，可以在交易超时前提出退货申请。买家如需退货，可以提出全额退款或者部分退款的申请。卖家有3天的时间来处理退款协议，如超时未处理，退款协议将生效，交易进入退货流程。

3. 评价管理

交易流程结束以后还有一个重要的工作就是对该笔交易进行评价，根据淘宝网的评价规则，一个好评加一分，中评不计分，差评扣一分，而交易平台的信用累积对顾客的消费行为有积极的推动和影响，因此，每一笔成功的交易都要及时给予对方评价。

提示：只有买卖双方互相评价后，才能看到对方的评价和评语。

在"我的淘宝"→"已卖出的宝贝"找到需要评价的交易，从评价操作提示里进去就可以给对方一个中肯的评价，待对方回评以后，双方的信用评分就会产生相应的变化，如图3-38所示。

在日常的评价管理工作中，最主要的是评价回复和修改评价。

图 3-38 评价

1）评价回复

只要从"我的淘宝"→"评价管理"入口进入，就会看到所有在有效期内的评价后面都有一个如图 3-39 所示的"回复"按钮，点击按钮就可以进入解释操作页面，我们可以根据顾客的评价或者自己对交易的感受来对该评价做出回复。

图 3-39 评价回复

2）修改评价

有时候交易双方会因为一些误会和争议给出负面的评价，如果经过沟通和协商，达成一致，冰释前嫌，愿意将中差评修改为好评，此时可以不用求助于淘宝客服，自己就能轻松地修改评价。

如果我们需要修改给他人的评价，可以找到"我的淘宝"→"评价管理"入口，进去以后，不仅可以看到别人给自己的评价，同时也能看到自己给别人的评价，找到自己给出的那个需要修改的评价，会看见后面有一个"修改评价"的提示，点击进入就能将中差评改为好评。需要注意的时，顾客如果要修改评价，只能在15天以内修改，否则淘宝就关闭修改入口。

3）应对"差评师"

所谓"差评师"，就是靠给别人差评生活的人，是由淘宝网催生的网络交易敲诈行为。淘宝上有很多恶意买家做起差评师，专门以给网店差评为手段索要网店钱财，甚至还出现多人合作的"团伙作案"，给淘宝卖家造成巨大伤害。

遇到差评师有两种方法修改评价。第一种是：花钱消灾。这一种应该是大家不想看到的结果。第二种则是：按恶意差评找淘宝进行介入处理。联系淘宝客服处理，需要相关证据，证据的主要依据是阿里旺旺聊天记录、短信记录、手机通话记录等，千万不要按照"差评师"的要求转移到其他聊天工具。

收集好证据后，进入淘宝网客服中心，搜索"恶意评价在线受理"，按照系统要求提交订单号、会员ID、证据等信息，提交后，淘宝客服会在1-2个工作日回复处理。

### 3.3.3 客户服务

在网店的日常管理中，还有一个非常重要的环节——客服工作，相当于实体店中的导购。怎样才能让网店客服为网店创造最大的价值，尽可能为网店服务好，是我们现在探讨的问题。

网店客服是指在开设网店这种新型商业活动中，利用各种通讯工具、并以即时通讯工具（如旺旺、QQ等）为主的，为客户提供相关服务的人员。在整个网购的过程中，网店客服显得格外的重要，对于最后的下单成交来说，临门一脚，尤其关键。

网购，客户看不到商家本人，也看不到商品本身，看到的都是一张张冷冰冰的图片，客服的服务，一句亲切的问候，会让客户放松戒备，从而在客户心中树立良好的店铺形象。客户多数是在自己不清楚商品信息或者是咨询优惠措施的情况下找到客服，有着专业知识和销售技巧的客服可以消除客户的疑问，打消客户的犹豫，促成购买行为。在一次愉快的交易后，客户体会到良好的服务、商品及物流，二次需要购买的时，会倾向选择自己熟悉的店铺进行交易。具有专业知识和良好沟通技巧的客服，能给客户提供购物建议，更高效的做好售后及问题反馈，从而提高店铺整体服务水平。

1. 客服的基本要求

1）客服应具备的基本能力

一个合格的客服，应该能够灵活处理紧急情况，临危不乱；有平和的心态，能接受各方面的挫折及打击，能自我掌控和调节自身情绪，有积极进取、永不言败的拼搏精神，并且具有一定的工作能力，如表3-2所示。

表 3-2  客服基本能力

| | |
|---|---|
| 工作能力 | ・文字表达及排版能力 |
| | ・良好的倾听及口语表达能力 |
| | ・资料收集及分析能力 |
| | ・团队的协调及合作能力 |
| 自身能力 | ・适应随时的变化能力 |
| | ・思考与总结的能力 |
| | ・耐心、细致、认真的心态 |
| | ・终身的学习能力 |

**2）客服应掌握的基本知识**

店铺商品及商品周边：商品的种类、材质、尺寸、用途、注意事项以及产品周边的相关属性、同类商品的差异，可以做到给客户解答商品疑问和合理的推荐搭配。

平台的交易流程及规则：不仅要能指导买家下单、网上支付等操作，还要熟悉卖家后台的修改价格、退款等相关操作，准确有效地引导客户完成交易。

店铺活动及相关政策：要对店铺策划的活动、发货的流程、物流具体情况及售后的相关政策了如指掌，在整个服务过程中，提供给客户全面的信息。

**3）客服应具备的沟通技巧**

耐心与热情的态度：网店客服必须具备良好的工作态度。我们常常会遇到一些打破沙锅问到底的客户，对此要有足够的耐心和热情给予回复，给客户一种专业感，给下单客户的购物过程带来满足与热情，给未下单的客户留下积极的态度，树立店铺良好形象。

微笑服务：微笑是对客户最好的欢迎，当客户询盘时，一句轻声的问候或者一个笑脸，都能让客户倍感舒适。交谈结束，一句感谢您的惠顾带个微笑，能让整个交谈过程在轻松的环境中结束。

语言表达方面：礼貌待客，是交谈的基本要求，交谈中多用敬语（您、请问、请稍等）并尽量避免负面用语（我想我帮不了您、但是这样是不行的之类的），以免让客户感觉您拒绝为他服务，应该委婉地说出不能这样的原因，取得客户的理解，让客户感觉到我们的真诚。

聊天工具使用技巧：合理使用各个平台的即时聊天工具，灵活运用对应的功能技巧，例如：可以将常用的 FAQ 保存起来，提高回复类似问题的效率。离开时，设置自动回复语，让客户知道自己不是受冷漠，从而耐心等待客服回来为自己解答。

应对商品的咨询：面对客户对商品的询问，客服首先要判断客户对商品的了解程度。对不是很了解的客户，需要非常详细的讲解且还要有合理的推荐；对知道一些的客户，要站在专业的角度讲解，让客户全面清楚的了解；对非常了解的客户，不要过分的虚夸，只需实话实说，侧重说店铺活动或者优惠，增加客户购买欲。

应对砍价：砍价是网购中不可避免的，客服面对客户的砍价首先要用平和的心态来对待，客户既然跟你砍价，证明他已经有非常强的购买欲了，在这关键时刻，一方面要坚持原则，切勿随意降价，另一方面可以通过其他方式让客户满足自己的砍价心理，比如送个小赠品或者下次消费的代金券等。

应对客户的责问：在交谈中，不免会有客户因为回复慢、商品问题、物流问题等责问客服，客服遇到类似问题要多检讨自己，切勿指责对方，要先应该弄清问题原委，以最快速度拿出解决方案征求客户的同意，此时客户首先不会考虑解决方案是否满意，而会觉得自己的问题受到重视，气就会消一半，接下来协商解决方案就容易多了。

2. 客服的售后处理

1）如何做好售后

（1）树立售后服务的概念。

售后服务是整个服务的重点之一，好的售后服务可能会把客户演变成店铺的忠实客户，售后应做到"真诚为客户服务"，珍惜每次与客户交流的机会，只有这样才能与客户建立良好的感情，树立店铺的形象。

（2）交易过程与交易结束时对客户订单的跟踪。

客户下单付款后，并不是意味着服务就结束了。从客户下单到客户收到商品、对商品作出评价，期间，客服需要一直跟踪，如果出现特殊情况需要及时与客户取得联系并及时处理解决。

在客户收到商品作出评价后，客服应该客观真实的对客户作出评价。

（3）搜集客户资料，维护客户资料。

客户每次交易都会产生一定的信息，所以需要及时搜集并定期更新客户的资料，建立客户资料库，以方便后期发展忠实客户及二次消费。

（4）发展潜在忠实客户。

开发一个新客户的成本远远高过维护老客户，利用店铺的客户资料库，定期给老客户EDM或者是电话问候及店铺活动促销信息，往往可以带来不少的销量。店铺VIP会员制，对老客户来说也是非常具有诱惑力的。

2）如何处理投诉

你若身为客户，对商品或者所受到的服务不满时，你是会向服务人员提出抱怨投诉，还是转而向其他朋友诉苦，叫他们千万别上当受骗？如果你决定提出抱怨投诉时，你希望服务人员怎么处理？在什么样的情况下，你才可能再度成为这个服务对象的客户？

这几个问题，牵引出的是客服对于客户投诉抱怨处理的服务能力。

要成功地处理客户投诉，先要找到最合适的方式与客户进行交流。很多客服人员都会有这样的感受，客户在投诉时会表现出情绪激动、愤怒，甚至对你破口大骂。此时，客服要明白，这实际上是一种发泄，把自己的怨气、不满发泄出来，客户忧郁或不快的心情便得到释放和缓解，从而维持了心理平衡。此时，客户最希望得到的是同情、尊重和重视，因此你应立即向其表示道歉，并采取相应的措施。

（1）快速反应、认真倾听。

交易出现问题，客户都会特别焦急，怕自己的问题不能解决，此时的心情也不是很高兴。客服接到信息后，要立马对客户做出反应，让客户觉得事情还是有人管的，他是受重视的。接下来，需要认真倾听客户反馈的所有信息，记录下相关的信息，客户阐述结束后，需要复述一遍征求客户是否正确,以确保信息的准确性。

(2)认同客户感受、诚恳给客户道歉。

客户认为出现了问题,才会出现抱怨或者投诉,客服接到信息后,要站在客户的立场上认真考虑下客户反馈的问题,客户此时的情绪与要求是真实的,客服只有与客户的世界同步,才能了解客户的问题,找到恰到的沟通方式。先不考证过错方是谁,客户是因为这次购物而出现不愉快,客服都应该诚恳的道歉。

(3)安抚客户,表示愿意提供帮助。

客户在阐述完自己的抱怨和投诉信息后,往往心情还是非常激动的,这时客服要给出适当的安抚,缓和客户的激动情绪。但客户找客服抱怨投诉,不是发泄一番就可以结束的,客户都希望店家能有所行动,所以此时客服应该表示非常愿意提供帮助来解决问题,非常愿意通过某种方式让客户满意。这样客户心里的不愉快会大大减少,起码看到店家的真诚态度。

(4)提出处理方案 征求客户同意。

在安抚客户后,根据客户提供的信息,结合店铺的政策等实际情况,给出合理的处理方案,转述给客户,"您看这样处理可以吗?""您对这样的处理是否可以接受?"类似这种的方式询问客户,客户会觉得店家是尊重他的,考虑他的感受。在取得客户的同意后,别忘记承诺客户处理时间,给客户吃定心丸,最后,给客户真诚地说声谢谢。

(5)跟踪处理方案的实施、与客户保持联系。

后续方案的实施,客服需要密切的跟踪,以防出现意外情况,如果出现特殊情况,需要及时与客户联系,说明原因,征求客户同意更改处理方案或者是延长时间,让客户感觉自己的抱怨或投诉在店家看来是件大事,店家的态度是积极的。

(6)回访客户、针对处理结果询问满意度。

事情处理完毕后,联系客户,首先对于整个问题做个自我批评,询问客户对整个网购过程的满意度,适当的时候,客户会提出自己的意见或者建议,客服需要记录,以便后期提高店铺整体服务水平。一次不愉快的网购,经过中间的处理环节后得到妥善解决,往往会给客户留下比较深刻的印象,客户满意度提高了,这个客户成为忠诚客户的机会也就大了。

3)客服常用语

您好,欢迎光临******专卖店,YY很高兴为您服务,请问有什么可以帮您?

您好,请您稍等片刻,我这边帮您查询下具体情况。

非常感谢您的耐心等待,这边给您查询到的情况是******。

您好,我们店铺的商品是厂家直销,保证每件商品都是全新正品,您可以放心的选购。

您好,我们统一使用中通快递,中通不到的地方自动隔天转陆运 EMS!中通一般 3-5 天到货,陆运 EMS 一般 5-7 天到货。

您好,我们接受七天内无条件退换货,您在签收商品后,如有退换货需求,请勿损坏商品包装,及时与我们取得联系。

您好,由于这两天店铺活动火爆,订单成倍增长,所以导致发货有所迟缓,还请您多多谅解,我会尽快与仓库沟通,尽快给您发货的。

您好,我们专卖店所有商品均明码市价,厂家直销,已经是折扣后最优惠价格,暂不接受任何形式的议价,请谅解,谢谢。

您好，给您带来的不便请您多谅解，希望您提出宝贵意见或者建议，我们将反馈到相关部门，以提高我们店铺的服务水平。

希望这次购物令您愉快，感谢您对我们店铺的支持，欢迎您再次光临。

## 3.4 网店装修与美化

网店的美化与实体店面的装修一样，都是为了让店铺变得更加吸引人，使顾客流连忘返。店铺美化和装修就是在淘宝平台允许的结构范围内，尽量通过图片、程序模板等让店铺更加丰富和美观，因为网购的顾客都是从网上的文字和图片来了解商家和产品的，所以，店铺设计得好不仅能增加顾客的信任感，甚至还能对店铺品牌的树立起到关键的作用。

普通店铺结构基本上是固定的，只能做少量的装饰处理，功能性也不强，而旺铺自由度则非常大，店内营销功能也很多，而漂亮、功能强大的店铺往往可以使顾客停留更长的时间，如果店内营销引导也做得很到位的话，那么，顾客在网页停留的时间越长，成交的可能性也就越大。

### 3.4.1 网店旺铺介绍

淘宝旺铺是淘宝网开辟的一项增值服务和功能，是一种更加个性豪华的店铺界面，它可以让您的店铺更加专业，提供更佳的用户体验和更多店铺功能，是帮助卖家更好的经营店铺提高人气的一种手段。淘宝旺铺分为三种：基础版、专业版、智能版，如图 3-40 所示。

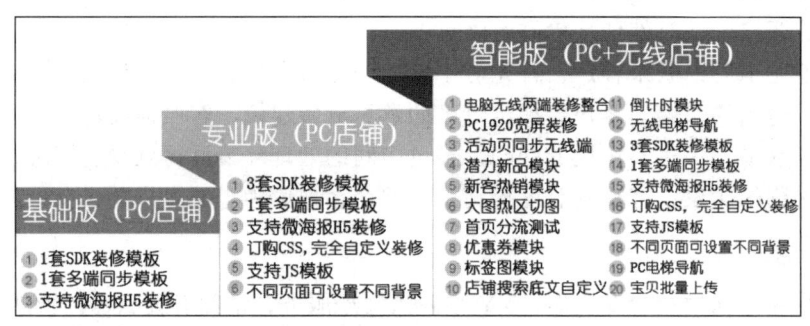

图 3-40　各旺铺版本功能对比

1. 免费旺铺（即创业扶植版旺铺）

此版本如其名，淘宝旺铺创业扶植版，只对 1 钻及以下卖家开放订购，旨在更好地扶植低星级卖家成长。相对于标准版，固定了店铺首页的模块，不赠送图片空间服务，不赠送免费域名。

2. 付费旺铺（即专业版旺铺）

购买付费旺铺后可以享受旺铺的服务，包括：

（1）提升宝贝浏览量，更好地留住买家。

（2）宝贝图片更大，店铺更漂亮。

（3）旺铺卖家免费赠送20G图片空间等。
（4）自定义装修等。

3. 旺铺智能版（PC+移动端）

（1）电脑无线两端装修整合。
（2）自定义模块。
（3）宝贝批量上传。
（4）活动页同步无线端。
（5）首页分流模块等。

4. 订购旺铺

如果您的卖家信用为一钻及一钻以下，且未订购旺铺，可以进入"卖家中心"—"店铺管理"—"店铺装修"页面，直接使用免费的基础版旺铺。

如果您的卖家信用为一钻以上，原来的基础版旺铺会自动失效，回到普通店铺，这个时候需要订购旺铺，详细操作如下：

（1）点击"卖家中心"—"我订购的应用"—"服务订购"进入卖家服务平台。
（2）选择"旺铺专区"，选择旺铺产品，进入选中就可以进入选购流程，如图3-41所示。

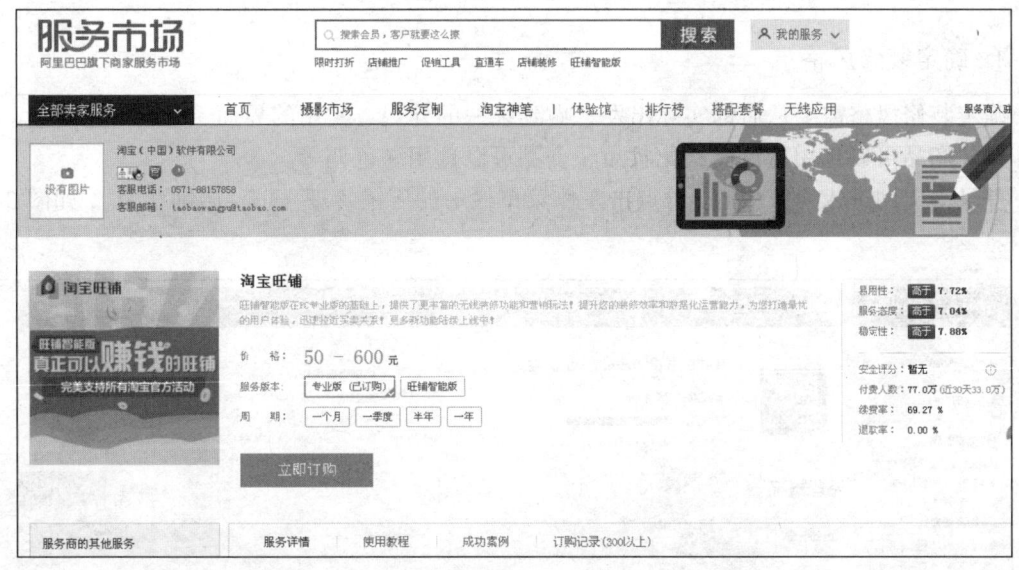

图 3-41 订购旺铺

## 3.4.2 网店首页美化

网店的装修美化，是为网店的营销服务的，网店装修的目的就是获得更多的客源和更高的转化率，所以我们必须了解网店装修的标准流程和装修知识。为了掌握网店装修的基本概念，需要掌握 PhotoShop 和 dreamweaver 来实现各种功能和表现，解决在网店美工装修网店时遇到的各种装修效果问题，从而设计装修出常见的各种风格的店铺首页以及商品详情页。

淘宝店铺的装修要遵循简单、实用的原则,要让消费者一进我们的网店就能看到我们的所有商品分类,在分类导航的帮忙下能随时找到自己想找的商品。其次,网店装修的色彩要靓丽,要让消费者进来后有焕然一新的感觉。只有做到这两点,才有可能调动消费者的购买欲望。

淘宝网店的页面都是由网店首页、搜索页、详情页组成,如果分开页面来学习装修的话,应该会更容易些。以下是装修的流程,如图 3-42 所示。

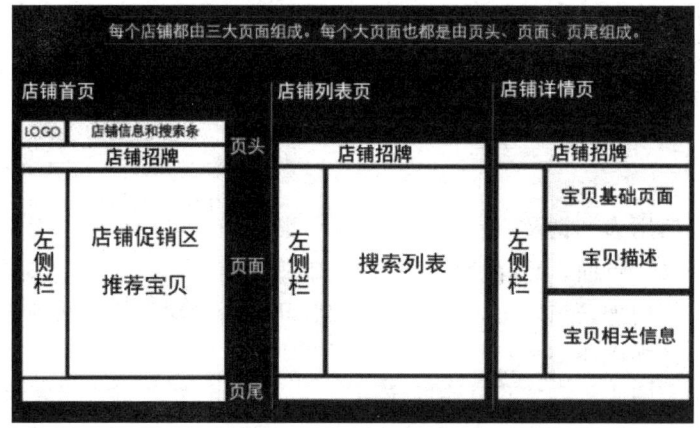

图 3-42　店铺装修

1. 确定装修风格

确定装修风格需要从店铺实际出发,做到统一的外观、实用的界面、醒目的主题色。例如,科技产品可以选用蓝色调;化妆品、食品可以选用绿色调等。

登录淘宝网进入卖家中心,再点击左侧菜单栏中的店铺管理——"店铺装修",如图 3-43 所示。

图 3-43　店铺装修

进入装修页面→"布局管理",增加或者删减自己需要的页面,完成后,点击保存,卖家就可以在布局管理里自定义首页的模块了。但是为了取得更好的展示效果,我们建议在首页按照由上往下的顺序展示以下模块:店铺招牌、宝贝横向导航、图片轮播、宝贝排行、宝贝竖向导航、搜索店内宝贝、自定义内容模块、宝贝推荐模块(至少4个)等,如图3-44所示。

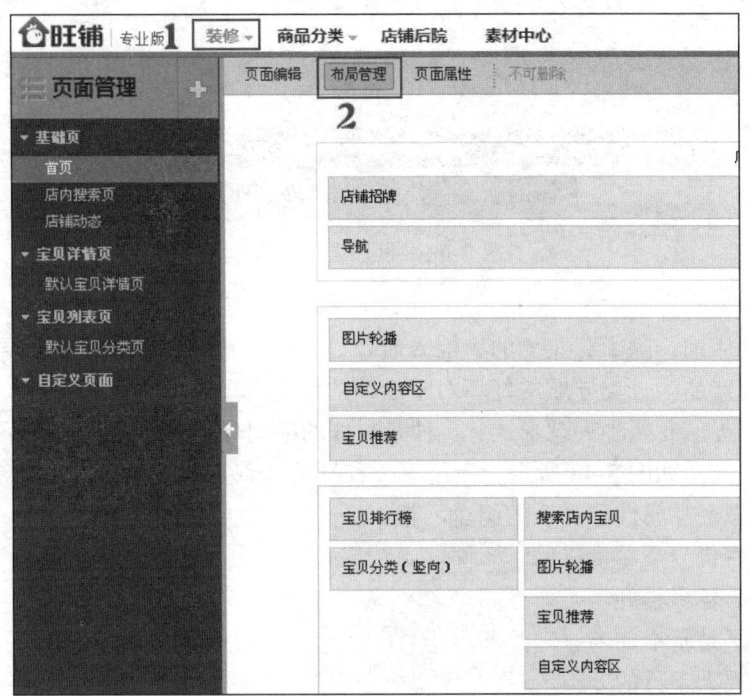

图 3-44　页面布局管理

2. 店铺招牌

店铺首页或者是列表页、详情页,最上方显示的都是我们的店招,就像实体店的店招一样,如图3-45所示。这个位置标示了我们网店的名字、定位、促销等信息,是一个重要的黄金广告位,所以我们一定要利用好。设计店铺招牌时应注意以下几项:

① 和店铺出售的宝贝相关联;
② 和店铺的整体风格相统一;
③ 要有LOGO、店铺名字、产品形象图片、适当加上促销语;
④ 店招的图片尺寸统一为 950px×150Px。
设置店铺招牌的方法如图3-46所示。

图 3-45　店铺招牌

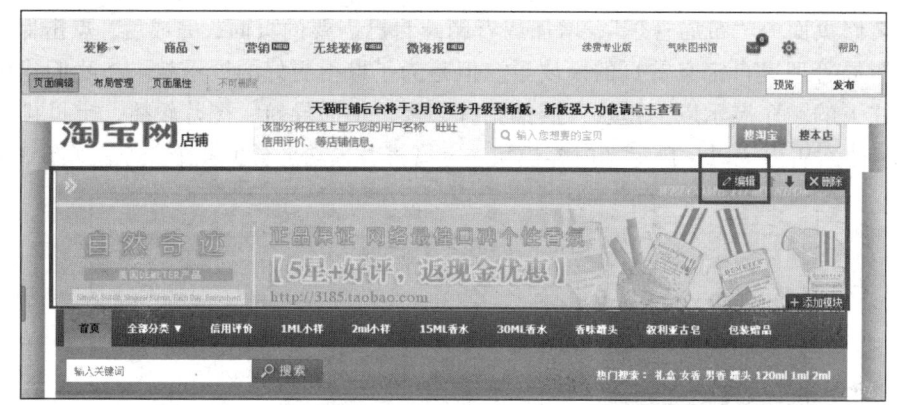

图 3-46 设置店铺招牌

3. 宝贝分类

很多优秀的店铺，除了有左侧的店铺导航外，在店铺首页顶部也设置了导航。以便顾客浏览想要了解的产品。分类导航的好坏对于店铺的转化率也有很重要的影响。一般情况下，淘宝网店的分类导航有两种表现形式：一种是顶部的横向导航，如图 3-47 所示；另一种是页面主体的竖向导航，如图 3-48 所示。无论哪一种导航，都需要按照标准的方法设置：

① 充分考虑产品属性和受众的浏览习惯。
② 新品和特价分类尽量靠前。
③ 分类不是越多越好。
④ 清晰明了是基本要求。
⑤ 不要出现无宝贝的分类。

图 3-47 宝贝横向向导航设置

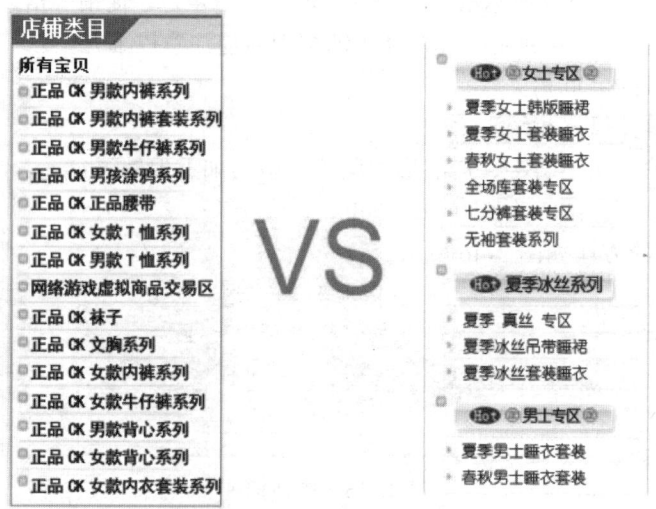

图 3-48 宝贝竖向导航设置

设置方法：点击"卖家中心后台"—"店铺管理"模块—"宝贝分类管理"，如图 3-49 所示。

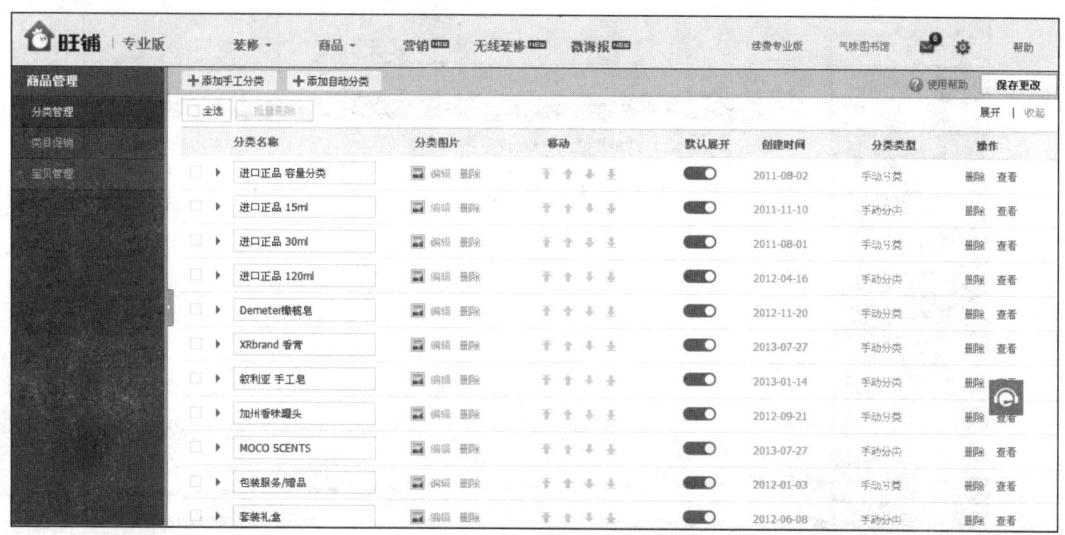

图 3-49　宝贝分类设置

4. 自定义模块

自定义模块支持旺铺基础版／专业版／天猫版，所有模板都是通用模板，支持各行业。

① 定义块需要添加自定义内容区并放代码进去保存，不能直接跟宝贝详情放在一起。

② 安装时使用 IE 浏览器可能会遇到图片不显示的问题，请换个浏览器重试，如还未解决请联系客服。

进入店铺装修首页，新增模块添加自定义模块，如图 3-50 所示。

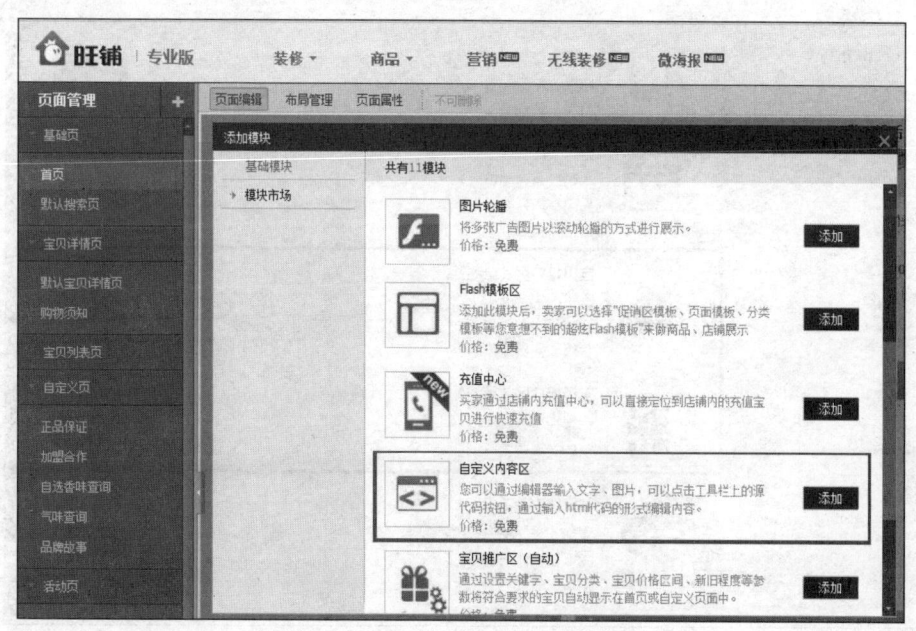

图 3-50　添加自定义模块

编辑自定义模块，可以借助 Dreamweaver、Photoshop 等网页制作工具辅助设计，有纯 HTML 编辑模式和视图编辑模式。如图 3-51 所示。

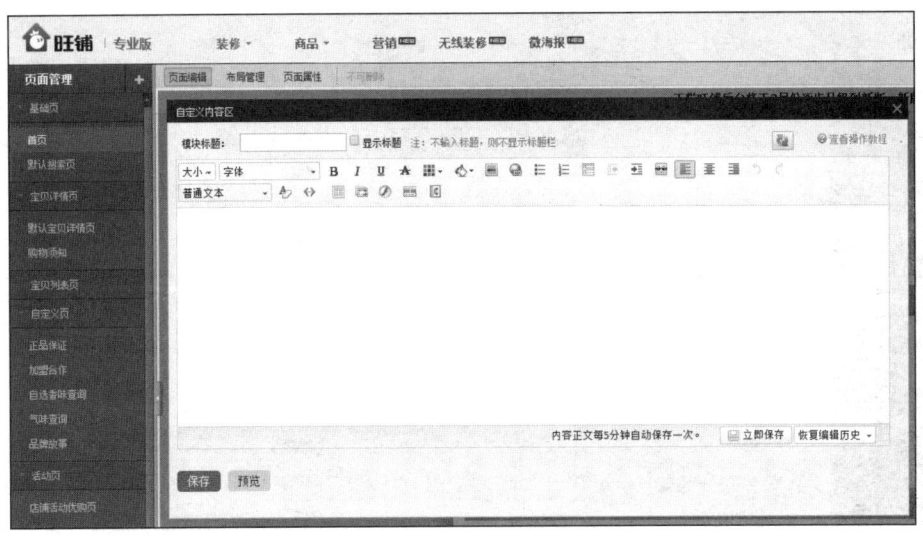

图 3-51　自定义编辑区

5．宝贝推荐模块

淘宝网店所有页面的商品展示模块，都是通过宝贝推荐完成的。所以，需要我们去编辑设置成自己的商品。淘宝新版的宝贝推荐模块分为"宝贝推广区（自定）""宝贝推广区（手动）"，如图 3-52 所示。

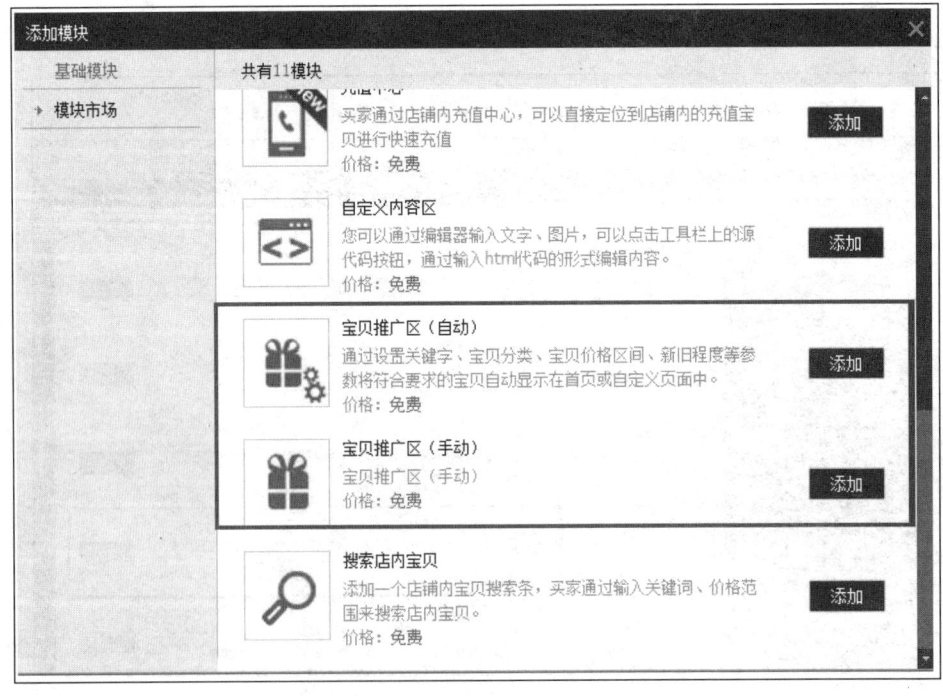

图 3-52　宝贝推荐模块

宝贝推广区（自动）：建议根据宝贝的分类来设置宝贝推荐。例如：上衣、裤子、T恤等不同的商品设置不同的推荐模块，而且商品一定不要混合展示。如图 3-53 所示。

宝贝推广区（手动）：可以混合显示不同分类的商品，显示灵活度更高，对于有一定经验的卖家，可以推荐使用此模块。如图 3-54 所示。

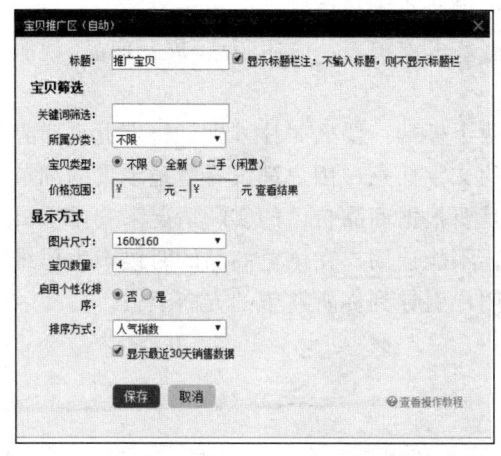

图 3-53　宝贝自动推荐　　　　图 3-54　宝贝手动推荐

### 3.4.3　网店搜索页美化

搜索页也叫列表页、栏目页、分类页，该页面用于展示宝贝指定分类的商品列表，无论网店设置了多少宝贝分类，所有搜索页的展示效果都是一样的，而且首页当中用到的所有装修模块在搜索页一样可用，所以我们只需要对搜索页装修一次，即可应用于所有宝贝分类列表页。搜索页的模块装修要符合大部分顾客的浏览习惯，建议按图 3-55 所示进行设置。

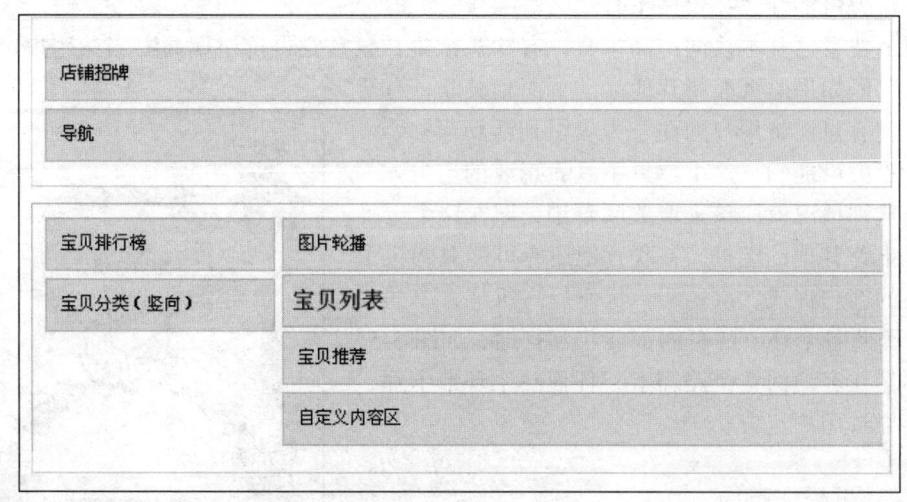

图 3-55　搜索页布局

### 3.4.4　网店宝贝描述页美化

淘宝交易的整个过程，没有实物，没有营业员，不能口述也不能感觉。宝贝描述页面（详情页）就承担起推销一个宝贝的所有工作。在整个推销过程中是非常静态的，没有交流，没有互动，客户在浏览宝贝的时候也没有现场氛围来烘托购物气氛。客户在这个时候也会变得相对理性。

宝贝描述页面在重构宝贝的过程中，只能通过文字和图片。这种静态信息类的沟通方式要求卖家在整个宝贝详情页面的布局中注意一个关键点：阐述逻辑。

客户在第一次接触宝贝页面的时候，宝贝页面基本承担着：描述商品>展示商品>说服客户>产生购买这么一整套的营销思路。

在制作宝贝描述的时候，许多卖家喜欢走向两个极端。要么照片堆砌，将宝贝页面弄的很长，用户看到的都是重复信息。要么就是很少的文字信息，用户都没看清楚宝贝的细节。不是说宝贝页面越长越好，也不是越少越好，而是要根据商品自己的实际情况来安排宝贝详情页面的布局模式。每个布局的模块要相互关联，不能让用户在浏览商品的时候产生思维障碍或者思维断档。如此才能随着你的表述思路将用户引导到你所期望的方向上去。

1. 描述页装修概述

（1）大逻辑：详情页和其他页面的关系。

在规划店铺布局时，各个页面要相互链接，要打通每个页面的联系，不要让客户丢失在某个环节。要让客户尽可能久的停留在自己的店铺，就需要分析客户流失的种种可能，然后弥补。

（2）流失可能性一：对店铺的整体服务没有概念。

消费者觉得宝贝还可以时，下一步就是考虑宝贝的品质，这个光看宝贝描述可能还不够，还需要对店铺总体实力有一个比较明确的把握。而最能体现店铺实力的就是店铺首页，所以要有地方让客户很容易的去到首页。除此之外，买家还会考虑如何降低邮费成本。因此首页到专题页面和到各个类目的链接就相当重要。

（3）流失可能性二：价格不合适。

此时消费者已基本认同产品本身，有购买欲望，只是觉得价格偏高。当然用户可以通过旺旺砍价，但如果此页面与其他活动页面相关联，有活动信息，就有可能将用户的注意力吸引到活动当中。

（4）流失可能三：这个宝贝不是我想要的宝贝。

针对这种情况就应该采取关联营销，即在这个宝贝的页面里推荐其他的宝贝。关联营销还有可能对购买了一个宝贝的客户促成二次购买，从而提高每笔订单的成交单价。因此各个环节的页面都要相互打通，如图3-56所示，不然在客户的整个路径上，任何一个环节卡住，都有可能导致用户流失。

2. 描述页模块布局

（1）宝贝展示模块。

用户购买宝贝最主要看的就是宝贝展示的部分，在这里需要让客户对宝贝有一个直观的感觉。通常这个部

图 3-56 宝贝描述页的各个模块

分是使用图片的形式来展现的。分为摆拍图和场景图两种类型。

摆拍图能够更直观地表现产品，拍摄成本相对较低。大多数卖家自己也能够实现。摆拍图的基本要求就是能够把宝贝如实的展现出来。走平实无华路线，有时候这种态度也能打动消费者，如图3-57所示。摆拍的图片通常需要突出主体，用纯色背景，讲究干净、简洁、清晰。这种拍摄手法比较适合家居、数码、鞋、包等小件物品。

图 3-57　宝贝图片

场景图能够在宝贝展示的同时，在一定程度上烘托宝贝的氛围。通常需要较高的成本和一定的拍摄技巧。这种拍摄手法适合有一定经济实力，有能力把控产品的展现尺度的客户。因为场景的引入，运用得不好，反而会增加图片的无效信息，分散主体的注意力。场景图需要体现出产品的功能，一个唯美有意境的图片可以衬托商品，而不是影响商品展示。

（2）宝贝细节模块。

细节是让客户更加了解这个商品的主要手段。因此在宝贝展示模块里，宝贝细节要尽可能的展示商品细节、材质，让客户可以找到产品的大致感觉，如图3-58所示。客户熟悉商品，才能对最后的成交起关键推动作用。

图 3-58　宝贝细节图片

(3）产品规格参数模块。

商品的参数是用户判断商品整体感觉的主要方式。图片是不能反映宝贝的真实情况的，因为图片在拍摄的时候没有参照物。经常有买家买了宝贝以后要求退货，原因就是比预期相差太多，预期就是照片给的。所以我们需要加入产品规格参数的模块，如此才能让客户对宝贝有正确的预估。如图 3-59 所示。

图 3-59　宝贝产品规格

（4）客服体系模块。

客服体系可以让买家找到该找的人，提高效率。客服体系是指在整个销售过程中，售前咨询、售后服务、问题投诉等一整套沟通渠道的建立。完善的客服体系能够极大的提高客服工作效率，让客户找到对的人问该问的问题。也许普通店铺的流量并没有达到需要分客服体系的地步。在宝贝详情页面也可以直接点击旺旺，但是在页面里合适的位置放置咨询旺旺能够更快地将客户购买意识转化为交易。

（5）品牌增值模块

品牌介绍可以增加用户对商品品质的认同感。"品牌增值"顾名思义就是将品牌信息引入到宝贝描述里，从而论证该宝贝是有别于其他店铺普通宝贝的事实，如图 3-60 所示。不过需要展示品牌信息的，通常都是消费者并不熟知的品牌。

图 3-60　产品品牌展示

（6）店主个性模块。

但凡成功的店铺都有自己的独特个性，这个个性主要通过店主来体现。有个性的文案描述或者阐述店主推荐宝贝的理由，从某程度上讲都是试图和买家之间进行沟通，建立一种相互的认同感。一个有个性的店铺，更能够为客户所接受。在标准化的宝贝描述页面中，加入店主的性格阐述，能够起到意想不到的效果。

（7）关联营销模块

关联营销主要有两种作用：一是当客户对该宝贝不认可时，可以通过关联营销推荐相似的另外几款，因为我们相信，客户既然点击到这个宝贝，那么对这个宝贝还是有部分认同的，因此推荐相似款，能够在一定程度上挽回这次交易；另一种是当客户确定要购买这件宝贝时，推荐与之搭配的另外一个宝贝，让客户购买更多的宝贝，提高成交的客单价。因为客户在确定购买一个宝贝的时候，会下意识的降低邮费成本，那么多选购几个宝贝就是不错的方法。

（8）会员营销模块。

目前，在淘宝上的推广成本已经越来越高了，每争取一个客户所要花费的成本也在逐年增加，这就迫使卖家需要想尽办法留住已经争取来的客户。积累好自己的用户群体，是当前竞争的核心环节，未来淘宝的竞争就是客户之争。积累自己客户最主要的手段就是会员营销。组建自己的粉丝群，开设各种会员活动，都需要在宝贝详情页面里有一个好的体现，从而不断丰富自己的粉丝群。帮派、会员折扣，这些能够让会员尽可能长期关注的手段使用得好，就会让店铺进入一种良性积累。

（9）搭配展示模块。

搭配是时下最流行的词，客户在淘宝购物已经不仅仅是购买商品，而是寻找自己的风格。大多数人对于搭配的感觉并不是很敏锐，他们更相信专业店主的搭配推荐。一旦买家对店主推荐的搭配风格接受的话，那这个客户很可能就会成为你的长期忠实客户。如图3-61所示。

图3-61　展示模块

（10）包装展示模块。

包装是服务的重要组成部分。一个好的包装还能体现店铺的实力，给卖家放心的购物延续体验，如图 3-62 所示。

图 3-62　包装展示

（11）活动信息模块。

详情页面里的宝贝促销信息，能够在用户的购买决策中起到临门一脚的作用，如图 3-63 所示。

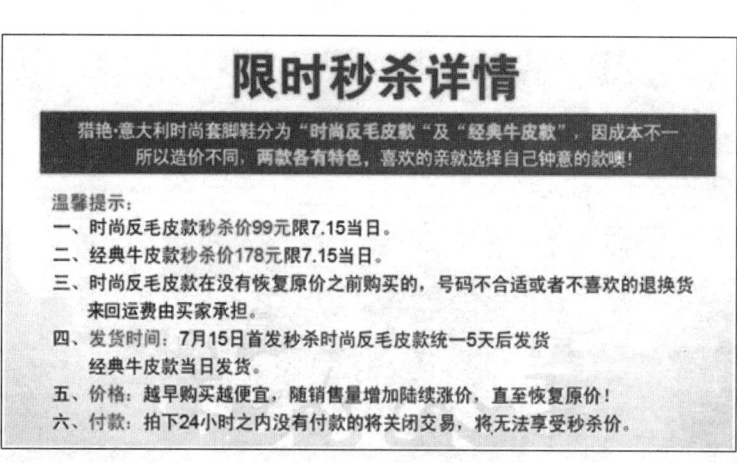

图 3-63　促销活动

（12）功能展示模块。

功能展示模块的主要作用是对宝贝各个功能做详细的解析。因为图片是无法动态地展示商品使用情况的，所以需要在图片上对宝贝的其他功能做更详细地说明。时下最流行的说明方式是看图说话，这种方式能够进一步展示细节，同时对细节进行补充说明。这样能大大地提高用户对宝贝的认知。但是这种形式对卖家处理图片的能力要求非常高。如图 3-64 所示。

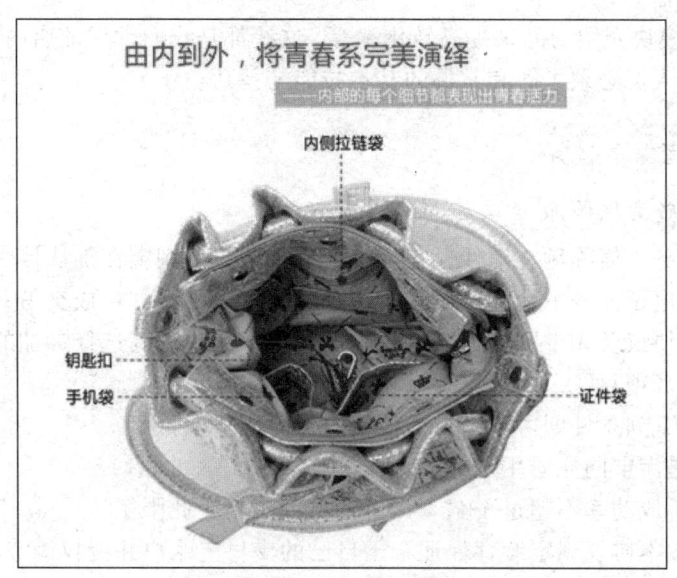

图 3-64 产品功能展示

（13）运用各模块间的组合方式。

模块间的相互组合，就像是语法中的主、谓、宾一样。有的模块是整个宝贝描述最主要的组成部分；有的模块则起修饰的功能，让宝贝看上去更加的诱人，给人更多的购买理由。

通常来说，用户对标准化产品（如3c数码、手机、相机、电脑类目的商品）会理性购买，对商品的功能需求关注度非常高，这就要求卖家在做这类宝贝描述时，更偏向于细节展示、宝贝参数、功能展示这几个模块信息内容的丰富和详细化。这方面的信息越多，越能吸引买家的注意力并让其花更多的时间在你的宝贝上面。

对于非标准化产品，如女装、包包、饰品等类目，用户在购买的时候，冲动消费的因素影响会大一些。这些商品就需要格外强大的宝贝展示模块，场景、氛围烘托能怎么抓住目标群体的眼球就怎么拍；淘宝店主个性模块，能做好的要尽量做好。说到底，现在淘宝网上的竞争体现在用户之争，用户对于店铺的认可越多，店铺的发展前景就越好。服装等类目无疑是个性店主们发挥最好的主战场。

上面这些模块并不是要求卖家们全部照搬到自己的网店，而是要根据自己的特色和实际情况，在扬长避短的原则下适当组合。当然，这些模块之间的逻辑顺序一定要理顺。

# 3.5 网店推广运营

## 3.5.1 店内营销与推广

网店的推广与营销分为店内、站内和站外这几种类型，这样划分的目的是因为我们采用的工具适用范围和运用的推广平台不同，所以为了方便介绍推广的方式，这些网店推广和营销方式分为上述三种类型。

商品名称、商品图片、商品价格和商品描述是商品发布时的四要素，我们在之前的章节很详细地介绍了如何使用标题关键字增加商品曝光度，如何增加商品的详细展示图来促进销售,以及在描述分模块介绍商品来提高转化率等,这些都是我们常用的店内推广和营销方式,也是一个网店运营人员必须了解和掌握的基本技能与技巧。

1. 加入消费者保障服务

1)什么是消费者保障服务

消费者保障服务,简称淘宝消保,是指经商家申请,由淘宝在确认接受其申请后,针对其通过淘宝网这一电子商务平台同其他淘宝用户(下称"买家")达成交易并经支付宝服务出售的商品,根据本协议及淘宝网其他公示规则的规定,用户按其选择参加的消费者保障服务项目(以下称"服务项目"),向买家提供相应的售后服务。

商家只要达到下列条件即可申请加入消费者保障服务项目:

① 用户必须是淘宝网注册用户;

② 用户被投诉成功率不超过 1%;(淘宝商城商家不受此限)

③ 用户同意按本协议规定缴存保证金于自己的支付宝账户并授权淘宝冻结;

④ 用户不是腾讯 QQ 专区和成人用品/避孕用品/情趣内衣店铺类目的卖家;(淘宝商城商家不受此限)

⑤ 用户是淘宝商城商家;

⑥ 用户的申请未被淘宝或支付宝公司否决。

满足上述要求即可通过"卖家中心"→"客户服务"模块→"消费者保障服务"通道,自行提交申请加入消费者保障服务,如图 3-65 所示。

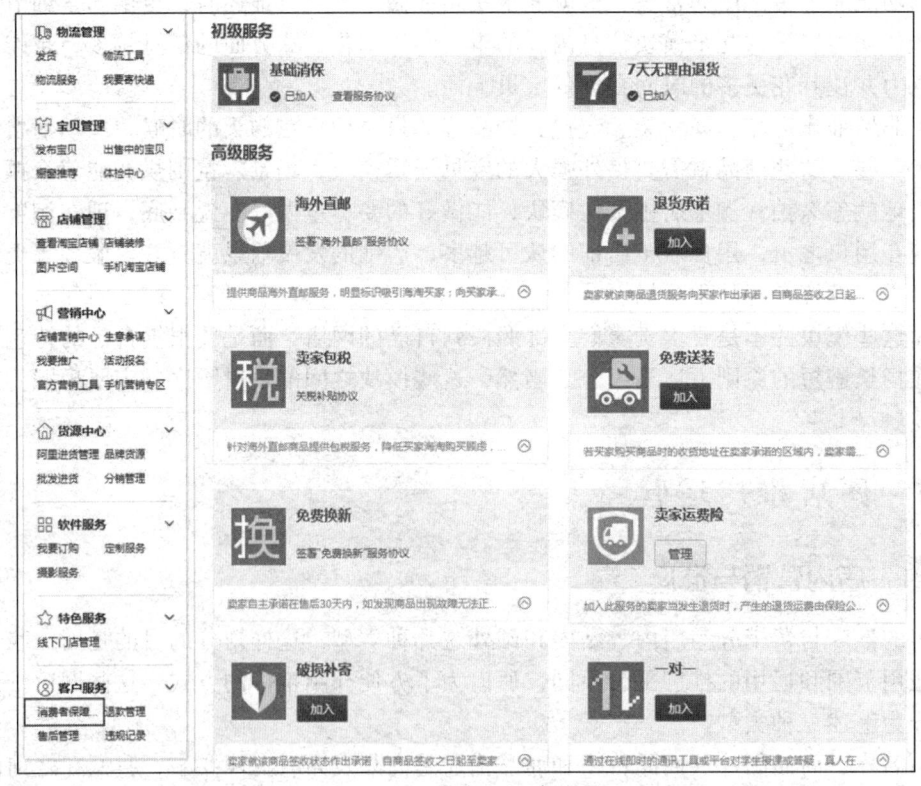

图 3-65　消费者保障服务

2）加入消保的优势

消费者保障服务是淘宝网推出的旨在保障网络交易中消费者合法权益的服务体系。"商品如实描述"，为加入消费者保障服务的必选项。

加入"消费者保障服务"可以给您带来的优势有：

① 在您的商品上加上特殊标记，并有独立的筛选功能，让您商品可以马上被买家找到；
② 拥有相关服务标记的商品，可信度高，买家更容易接受；
③ 为提高交易质量，淘宝网单品单店推荐活动只针对消保卖家开放；
④ 淘宝网橱窗推荐位规则针对消保卖家有更多奖励；
⑤ 淘宝网抵价券促销活动只针对消保卖家开放；
⑥ 淘宝网其他服务优惠活动会优先针对消保卖家开放。

3）项目类型

消费者保障服务项目通常有"商品如实描述""7天无理由退换货""假一赔三""虚拟物品闪电发货"等种类，卖家可自行选择加入不同的项目种类。如图3-66所示。

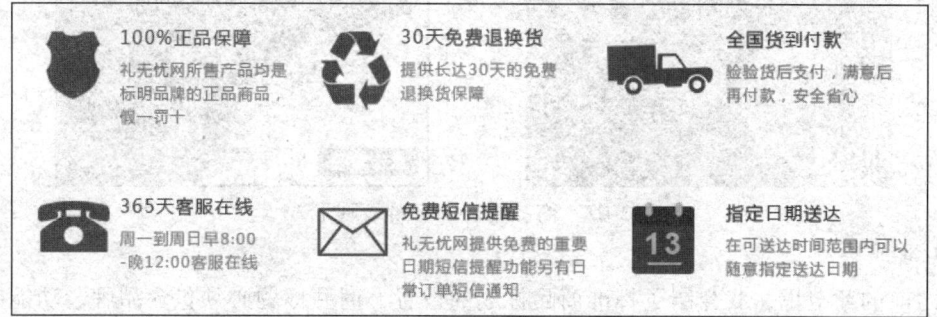

图3-66　部分服务项目

① 如实描述：消费者购买支持此服务的商品，如果被发现和卖家描述的不一样，可以申请赔付。
② 七天无理由退换货：消费者购买支持此服务的商品后，如果在签收货物后的7天内不想买了，卖家有义务向客户提供退换货服务。
③ 假一赔三：消费者购买支持此服务的商品，如果被发现是假货，就能申请三倍赔偿。
④ 闪电发货：消费者购买支持此服务的商品，能够享受"闪电发货"，要是卖家发货不及时，买家可以申请赔偿。
⑤ 正品保障：卖家承诺提供"正品保障"服务，可以使顾客放心购买！

2. 符合店内营销的装修美化

1）商品主图

图片远比文字带给我们的视觉冲击力大，我们可以将优势和卖点体现在商品主图上。从一张小小的图片上，就能看到品牌、产品功效、大量现货销售、专柜正品、热销情况、使用前后对比等信息，很显然，这样的做法更加容易打动顾客，引起他们购买冲动的概率也更大。如图3-67所示。

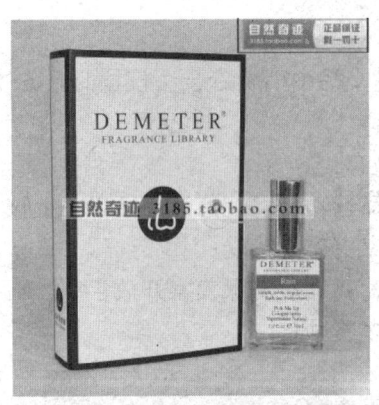

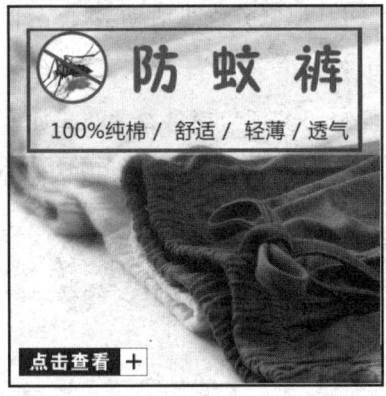

图 3-67 商品主图的各种表现形式

2) 商品标题

在之前的章节里，我介绍了标准商品标题的设置，商品标题必须包含品牌、功能属性、促销、评价等。如果要进一步细化商品标题的设置，建议在商品标题里可以写上"明星同款""正品""X折包邮"，更加促进消费者的购买欲望。如图 3-68 所示。

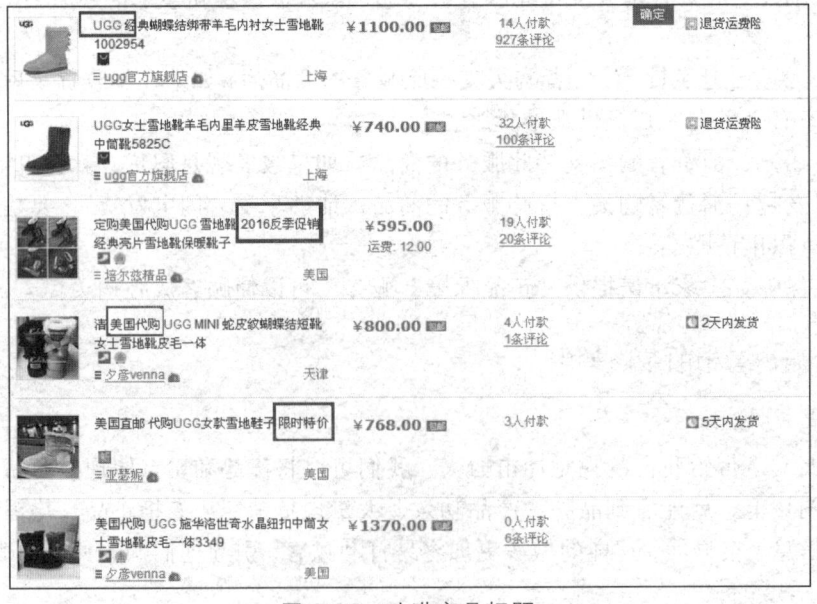

图 3-68 改进商品标题

3）商品描述

对于商品描述，我们在之前的章节介绍了标准商品描述的模块，除此之外，将商品的特点和优势总结出来作为购物建议和提示，是一种能有效促进销售的方法。例如，营造一种商品销售火爆、顾客评价良好的销售气氛，引导更多的顾客购买。如图3-69和图3-70所示。

图 3-69　展示火爆销售记录

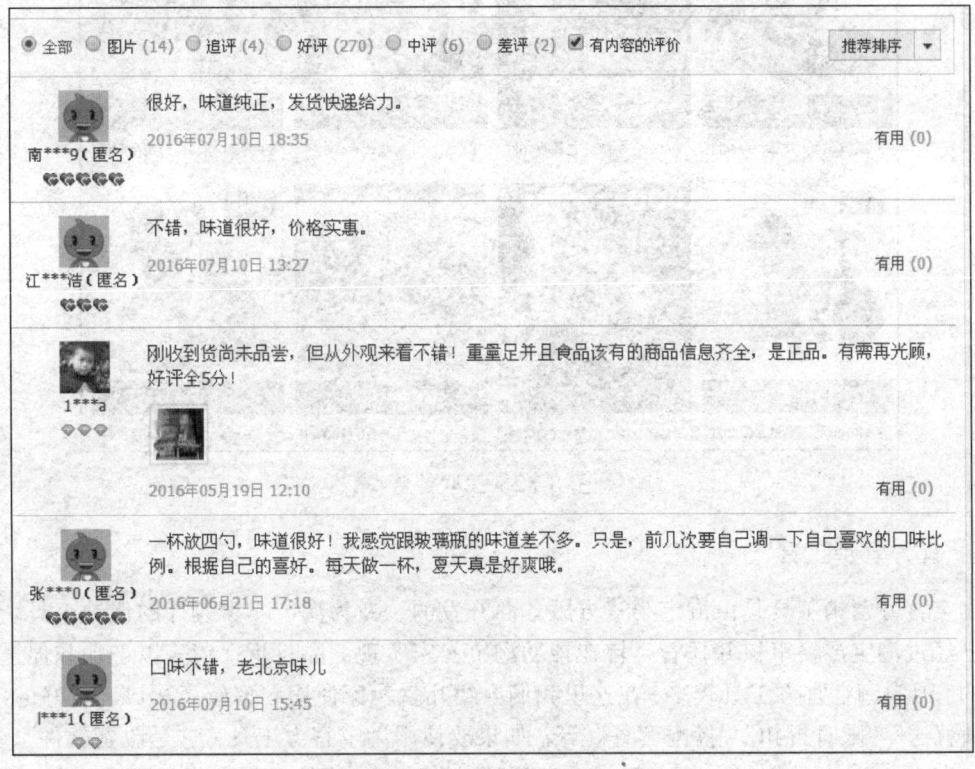

图 3-70　展示良好的评价

商品描述的容量更大，有利于我们全面、完整地介绍整个促销互动的参与方法和活动细则，在商品描述页面里介绍店铺的促销活动，如换购、送代金券、赠品等，使整个促销活动规则一目了然，如图3-71所示。如果店铺有相关商品可以进行组合式的关联销售，也可以在商品描述里做相关商品的推荐，这样做可以使商品的推荐更加直观和直接，如图3-72所示。

图 3-71　商品描述页的促销广告

图 3-72　关联销售

### 3. 官方营销工具

淘宝官方营销工具是由淘宝第三方服务商开发的、专为淘宝卖家设计的促销工具。这些工具已经过淘宝严格审核并托管，旨在帮助淘宝卖家实现商品打折促销，以增加和促进销售为目的。因为淘宝官方工具较多，在这里我们介绍几款卖家使用频率较高和口碑较好的工具，如"满就送""限时折扣""搭配套餐"等，如果要使用淘宝官方工具（这是收费软件），可以在"卖家中心"—"营销中心"模块—"店铺营销中心"订购，如图3-73所示。

图 3-73 订购淘宝官方营销工具

1）满就送

满就送：(满就减，满就送礼，满就送积分，满就免邮费)

基于旺铺，给卖家提供一个店铺营销平台，通过这个营销平台可以给卖家更多的流量。让卖家的店铺促销活动可以面向全网推广，将便宜、优惠的店铺促销活动推广到买家寻找店铺的购物路径当中，缩减买家购物途径的购物成本。买家在店铺内一次性购满了我们指定范围内的一定数量（件数或金额）的宝贝，我们就送给该买家指定的礼品。

功能：提高店铺销售转化率（更多顾客购买），提升客单价（购买更多），提升流量，淘宝网会做大型的满就送活动去推广，参与满就送有机会上淘宝推荐。

"卖家中心" — "营销中心" 模块 — "店铺营销中心" — "满就送"，如图 3-74 所示。

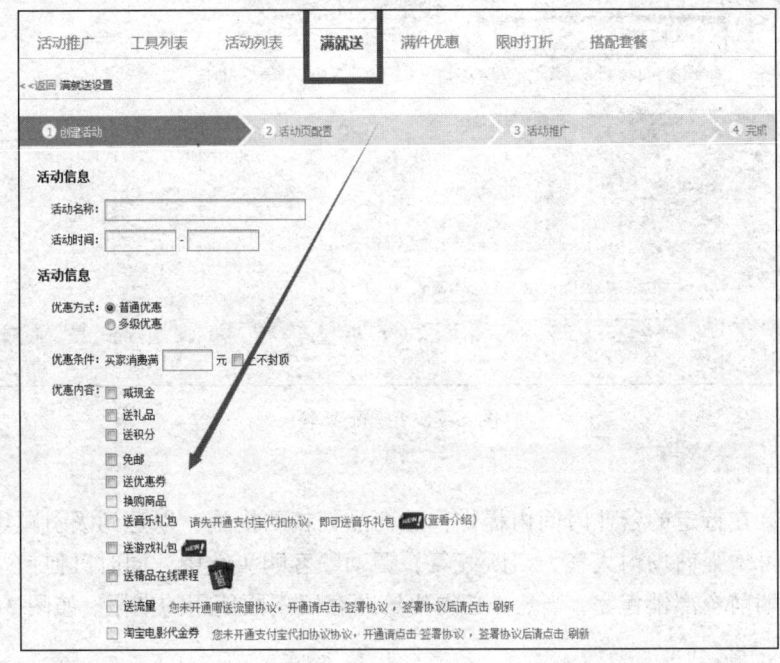

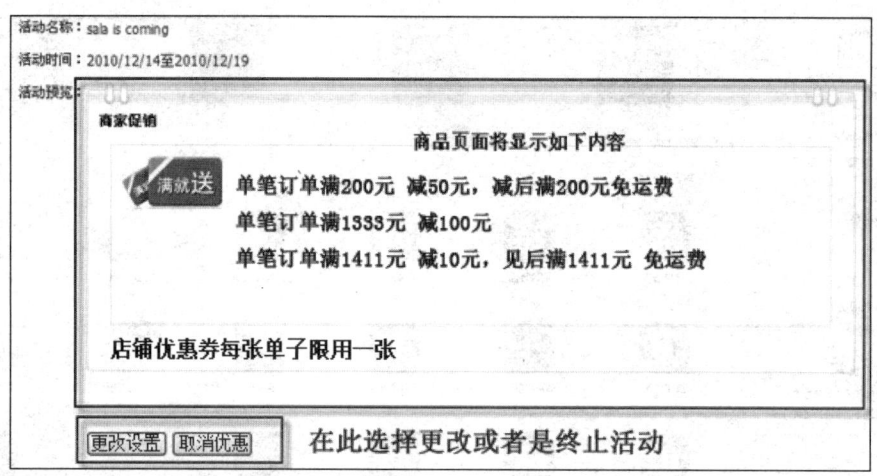

图 3-74 满就送

2)搭配套餐

搭配套餐：买家在店铺内购买宝贝，按我们规定的商品组合来搭配购买，我们给予一定的优惠。功能：提高买家下单。

点击"卖家中心"—"营销中心"模块—"店铺营销中心"—"搭配套餐"，即可进入"搭配套餐"界面，如图 3-75 所示。

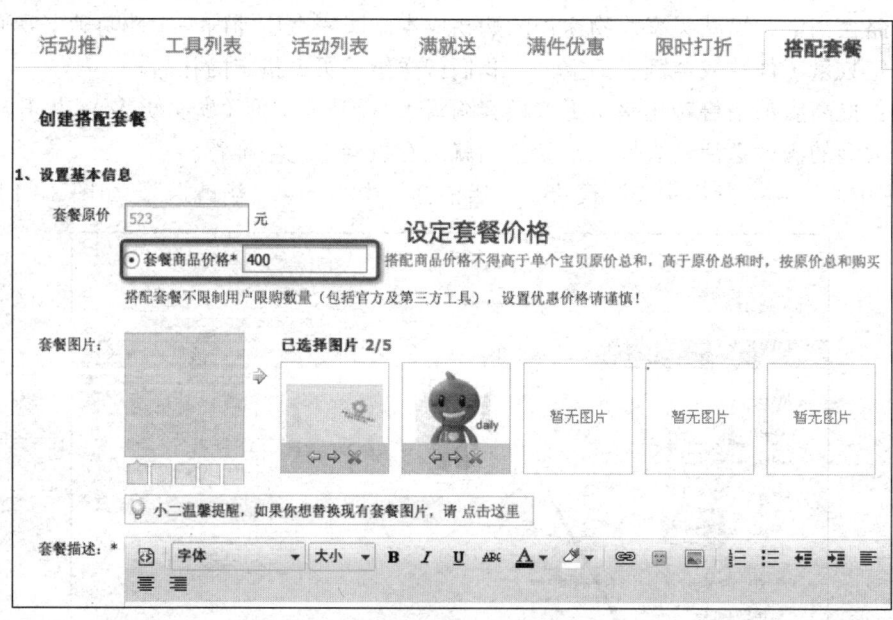

图 3-75 搭配套餐

3)限时打折

限时打折：在特定的营业时间内提供优惠商品销售的措施，以达到吸引顾客的目的。限时折扣一方面可增强商场内人气，活跃气氛，调动顾客购买欲望，同时可促使一些临近保质期的商品在到期前全部销售完，当然，必须要给顾客留一段使用的期限。如图 3-76 和图 3-77 所示。

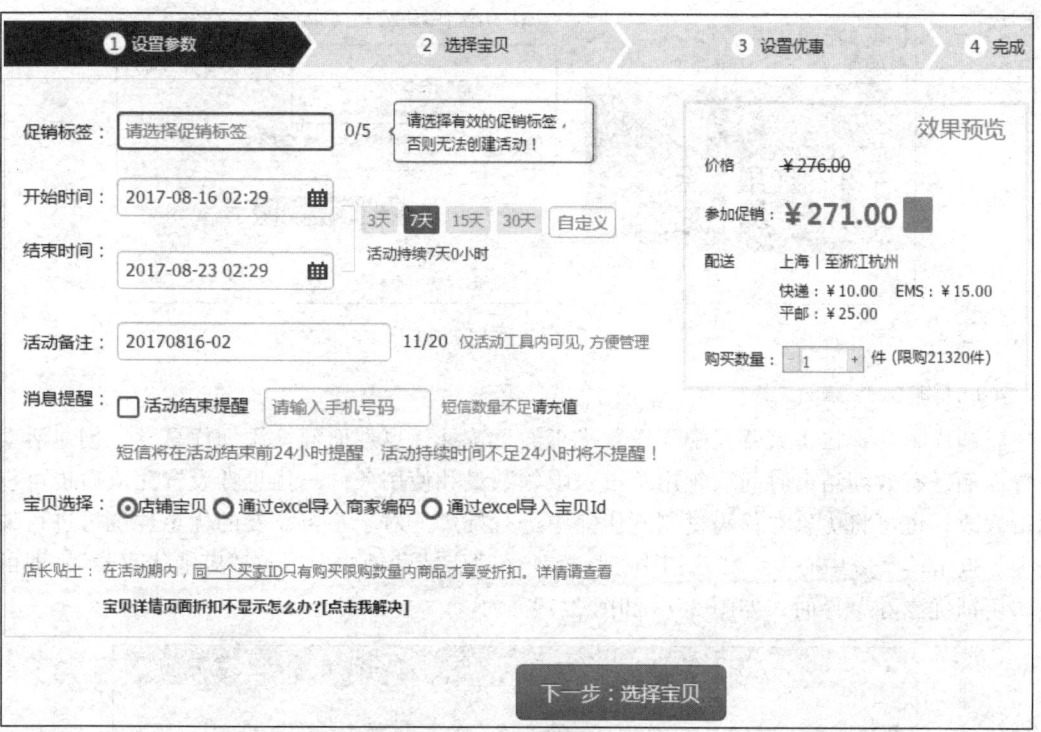

图 3-76 限时折扣

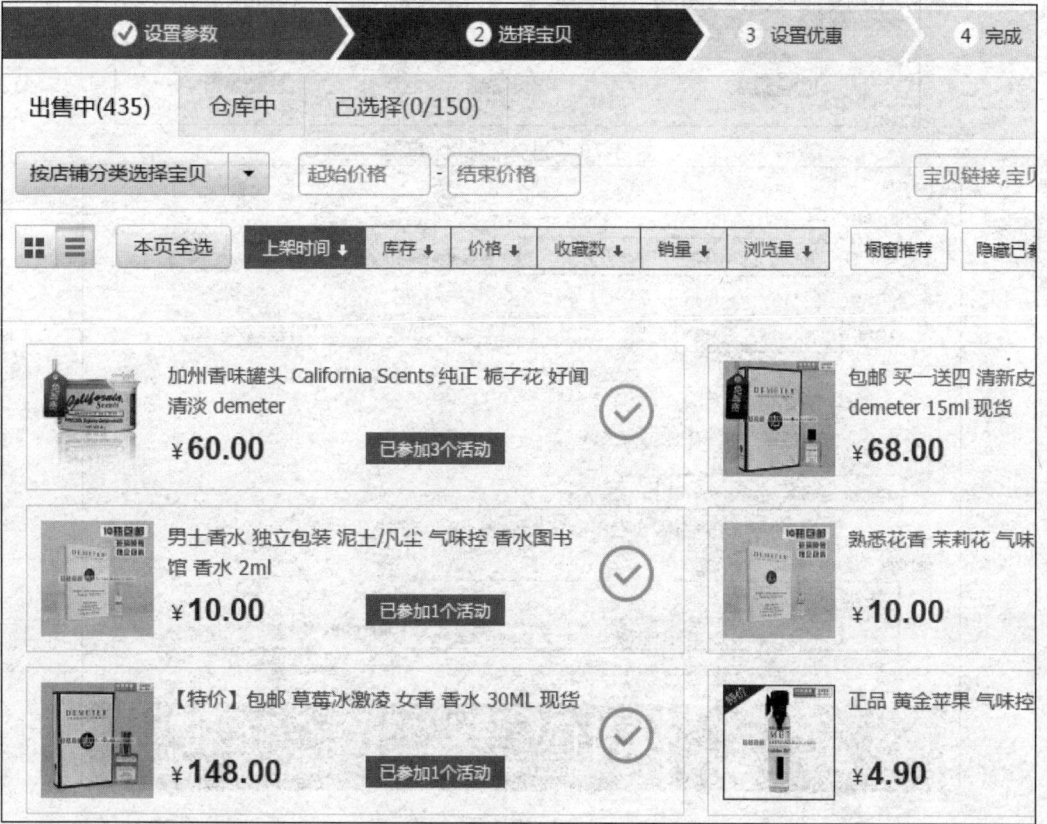

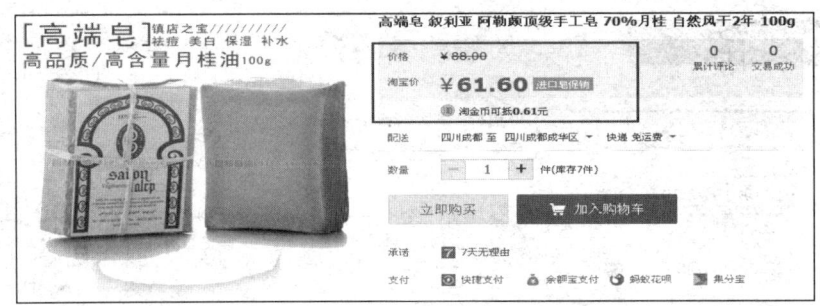

图 3-77 限时折扣

**4）店铺优惠券**

店铺优惠券：在卖家营销中心设置优惠券，选择优惠券面额。添加优惠券，创建活动，设置面额、有效期结束时间、领用总量、限领数量和使用条件。优惠券设置完成后也可重新编辑修改，也可将优惠券代码复制到店铺中进行推广。对于不再需要的优惠券也可进行失效处理。点击"卖家中心"—"营销中心"模块—"店铺营销中心"—"店铺优惠券"，即可进入"店铺优惠券"界面，如图 3-78 和图 3-79 所示。

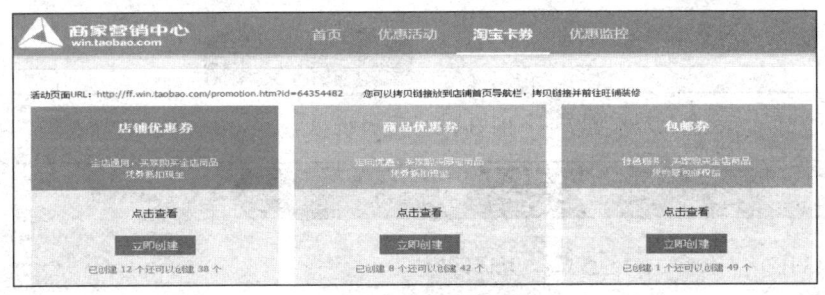

图 3-78 进入店铺优惠券

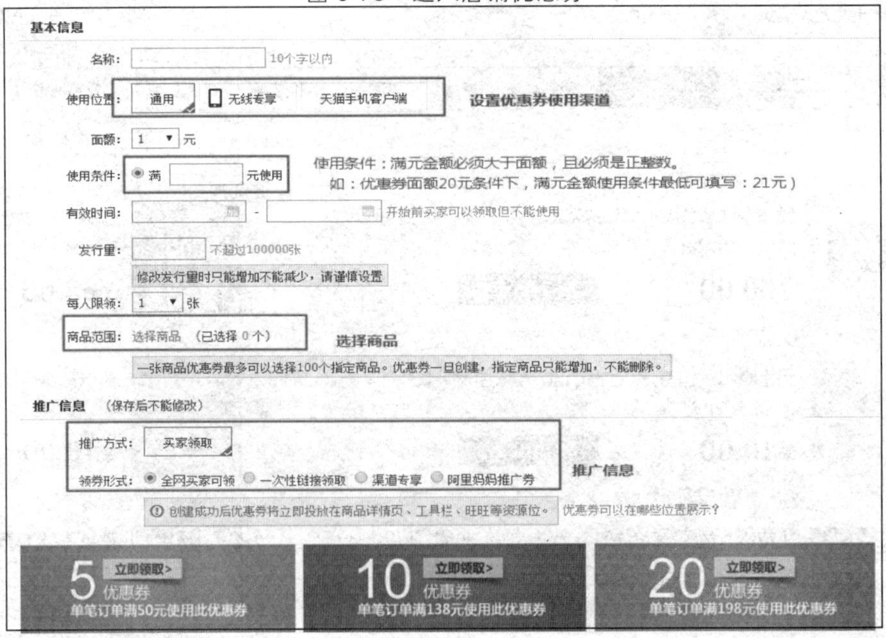

图 3-79 店铺优惠券

4. 第三方营销工具

除了淘宝官方提供的营销工具外，还有第三方软件开发商提供的工具，第三方软件商的营销工具种类繁多，涉及营销推广、短信服务、物流服务、客户服务等。在这里，我们介绍一款用户量较大、评价较好的第三方工具，叫"超级店长"。

"超级店长"之所以有这么大的用户群体，是因为它拥有28个功能，包含店铺管理、促销活动、数据分析淘宝运营的三大模块，全面管理我们的店铺，而且软件的费用比淘宝官方工具更便宜。订购方法：点击进入"卖家中心"—"我订购的应用"—"服务订购"，如图3-80所示。

图3-80 订购超级店长

"超级店长"众多的功能中，最常用的是"限时折扣""满就送""店铺优惠券""自动上下架""互动营销""物流管理"等，如图3-81所示。"超级店长"的使用非常简单，这里就不再赘述。

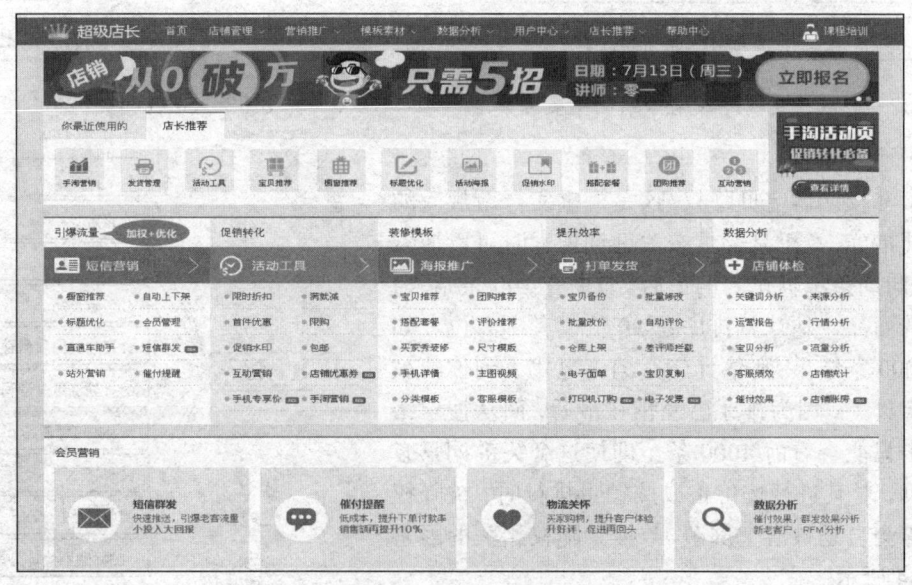

图3-81 超级店长界面

### 3.5.2 站内营销与推广

**1. 站内 SEO**

淘宝 SEO 即淘宝搜索引擎优化，通过优化店铺宝贝标题、类目、上下架时间等来获取较好的排名，从而获取淘宝搜索流量的一种新型技术。

广义的淘宝 SEO 是指除去淘宝搜索引擎优化以外，还包括一淘搜索优化、类目优化、淘宝活动优化等，我们也把它叫做淘宝站内免费流量开发，即是最大限度的吸取淘宝站内的免费流量，从而销售宝贝的一种技巧。

1）影响宝贝排序的主要因素

淘宝搜索排名对于任何一个店铺来说都是非常重要的，直接影响到店铺的销量以及运营策略。如何提高淘宝的宝贝排名是我们需要重点学习的。与搜索排名相关的因素有很多，但是影响最大的有以下几个方面，如图3-82所示。

（1）相关性。

三大相关是淘宝 SEO 优化的基石，包括类目相关、属性相关和标题相关。其中很多人以为标题是淘宝 SEO 的一切，这种说法是非常不正确的。目前，90%的卖家在不懂淘宝 SEO 的情况下，只要掌握了这三大相关，都可以取得非常显著的效果，如图3-83所示。

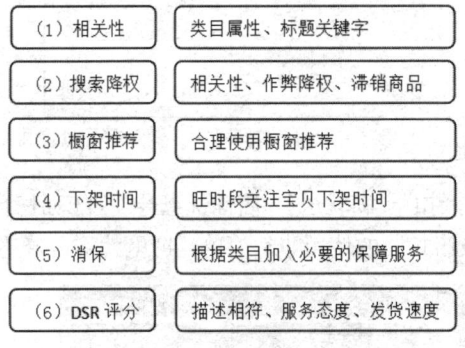

图 3-82 影响淘宝商品搜索排名的主要因素

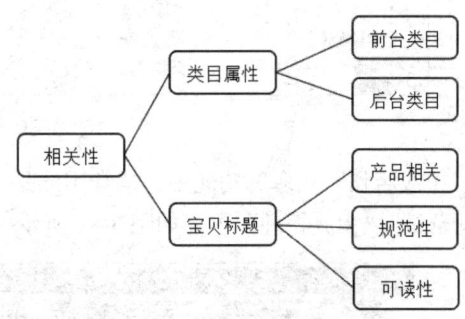

图 3-83 SEO 相关性

（2）搜索降权。

搜索降权又名宝贝降权，这是淘宝实行新规后的一项处罚措施，意思是宝贝按关键词搜索时可以搜索到，但在同词条宝贝排名的最后。如果有 100 条结果，被降权的商品，估计就排序在 99 位或者 100 位。如果有 10000 条结果，那估计怎么浏览也找不到你的被降权的宝贝了，因为排序已经排在最后，而从搜索结果上点击只能查看前 4000 条。即使这个关键词只有一个宝贝，对其进行按价格或按销量排行时，被降权的宝贝也会自动被淘宝屏蔽。与搜索降权相关的因素如图3-84所示。

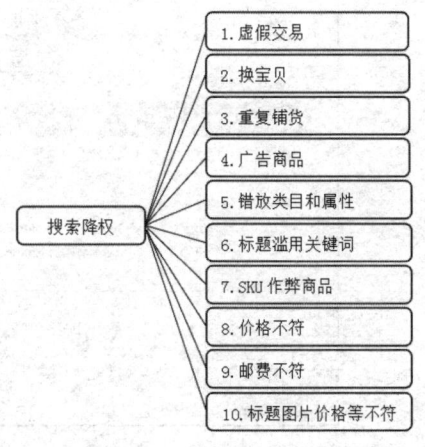

图 3-84 搜索降权影响因素

（3）橱窗推荐。

淘宝橱窗就好比掌柜们实体店中的橱窗，可以摆放一些商品，用来吸引顾客进自己的店，可是又不可能摆下店里所有的商品。橱窗推荐位是帮助卖家成交的重要工具，推荐位的数量是根据店铺的经营情况来定的，比如好评率、营业额等，经营情况好、评价好的店铺，淘宝给的推荐位就比较多。

点击"卖家中心"—"宝贝管理"—"橱窗推荐"，即可进入"橱窗推荐"界面，如图3-85所示。

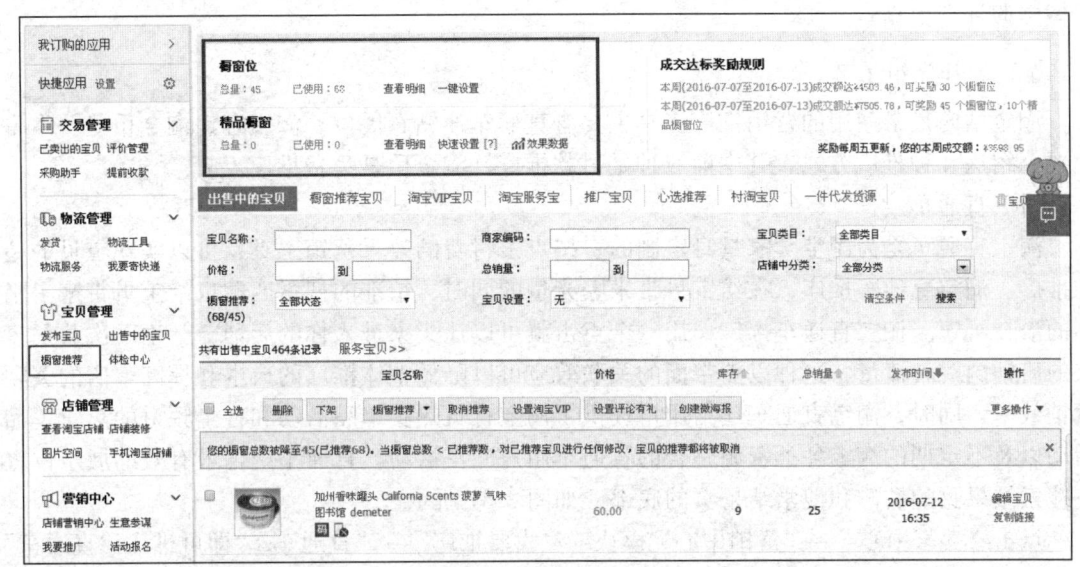

图 3-85　橱窗推荐

（4）宝贝上下架时间。

宝贝上下架时间是商品排名的一个重要参数，搜索一款商品时，即将下架的宝贝排名会比较靠前，比较容易被搜索到，所以，如何设置店铺宝贝的上下架时间争取更多的自然流量是至关重要的。

淘宝商品上下架周期为一周，刷新时间为 15 min。例如：某款宝贝上架时间是周一上午 10 点 10 分，那么在第二周周一上午 10 点 10 分前 15 分钟搜索这款商品，它的排名会非常靠前。上下架最优日期：一周 7 天，商品最好的上下架时间是周一到周五，其中周一和周五两天又最好，如图 3-86 所示。

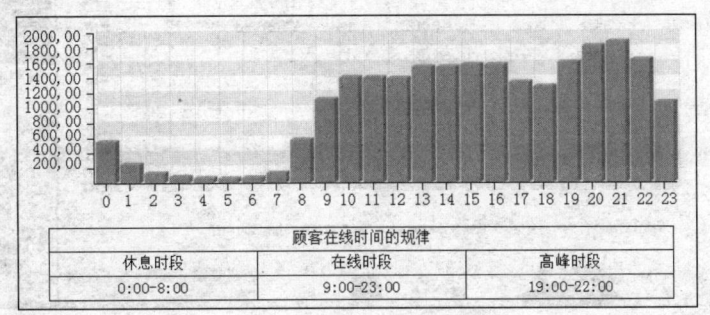

图 3-86　顾客网店购物时间表

（5）店铺动态评分。

店铺动态评分是会员在淘宝网交易成功后，仅限使用买家身份的淘宝网会员对本次交易的使用卖家身份的淘宝网会员进行如下三项评分：宝贝与描述相符、卖家的服务态度、卖家发货的速度。虚拟类卖家只有三项评分：宝贝与描述相符、卖家的服务态度、卖家发货的速度。只有使用支付宝并且交易成功的交易才能进行店铺评分，非支付宝的交易不能评分，每项店铺评分取连续六个月内所有买家给予评分的算术平均值。淘宝上线店铺动态评分的目的，是让卖家真真切切的为顾客做好服务，所以，做网店运营的时候在这方面不要投机取巧，不要做虚假评分数据。

2）站内营销工具

淘宝站内最常使用的营销推广工具主要有直通车、钻石展位、淘宝客、淘金币等。本章主要介绍这4种推广方式，其中前三种是付款推广，淘金币是免费推广。

（1）直通车。

淘宝直通车是为淘宝卖家量身定制的、按点击付费的效果营销工具，可以实现宝贝的精准推广。淘宝直通车推广，在给宝贝带来曝光量的同时，精准的搜索匹配也给宝贝带来了精准的潜在买家。淘宝直通车推广，用一个点击就可以让买家进入你的店铺，产生一次甚至多次的店铺内跳转流量，这种以点带面的关联效应可以降低整体推广的成本和提高整店的关联营销效果。同时，淘宝直通车还给用户提供了淘宝首页热卖单品活动和各个频道的热卖单品活动以及不定期的淘宝各类资源整合的直通车用户专享活动。直通车广告最有效的展示位置在搜索结果页的右侧和搜索结果页的底部，如图3-87所示。

点击"卖家中心"—"营销中心"模块—"我要推广"—"直通车"，即可进入"直通车"界面，如图3-88所示。直通车没有任何服务费，第一次开户预存500元，全部是自己的广告费，当你开始做广告后，点击费用就从这里面扣除。直通车广告的费用，与关键词的热门程度、点击量相关，如何选择适合自己店铺的关键词，也是很重要的方面。

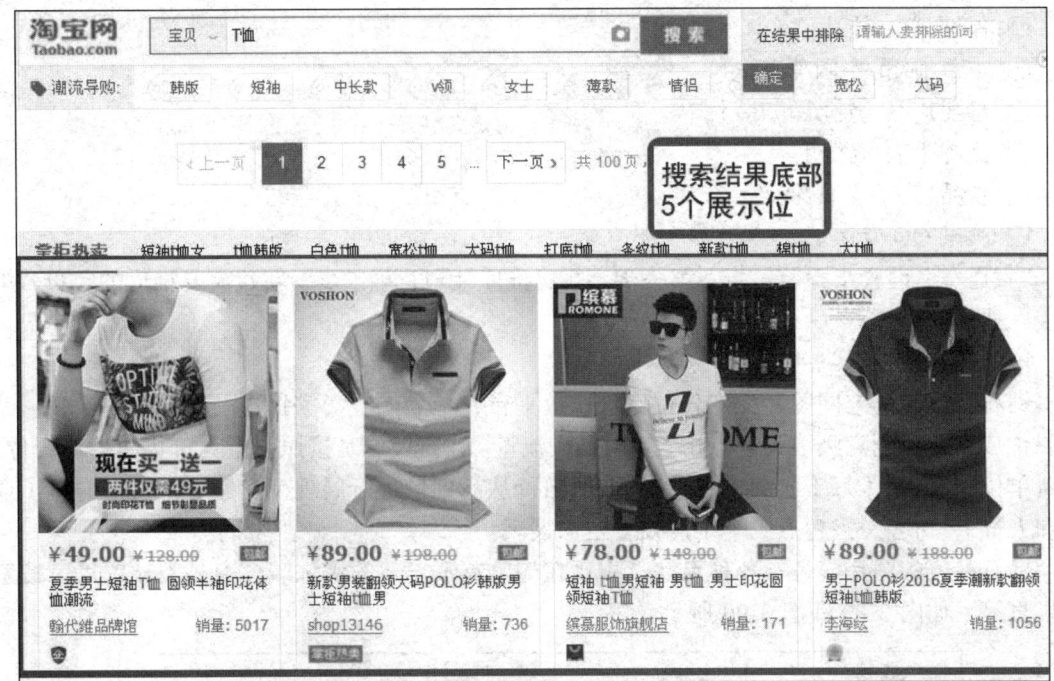

图 3-87 直通车广告展示位

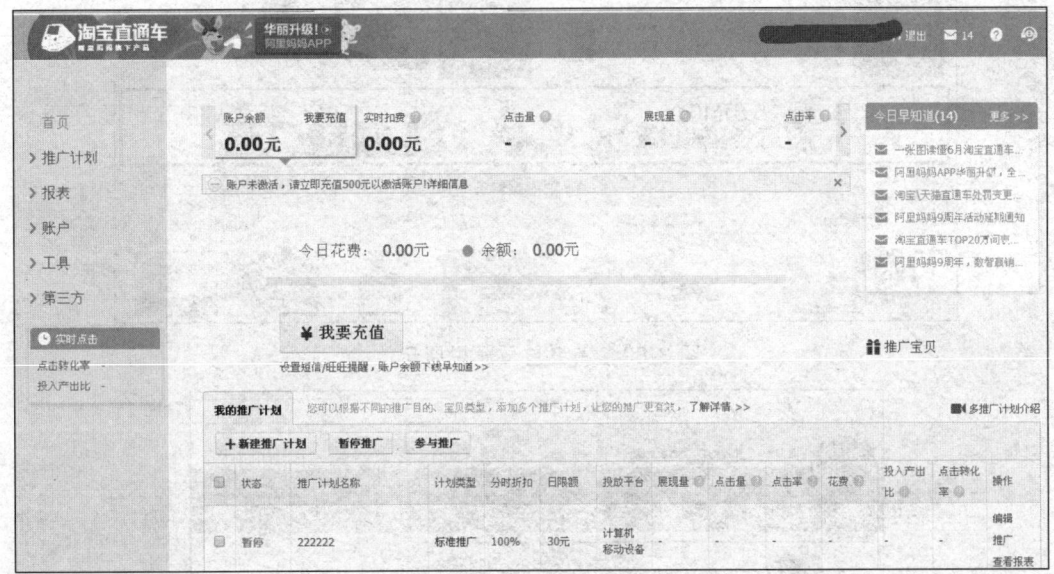

图 3-88 直通车用户界面

直通车是付费的推广工具,效果是非常明显的,但是要使用直通车也有一定的门槛:

① 只有卖家级别达到两颗心(11 个好评)以上的淘宝卖家才能加入,商城用户或无名良品卖家可不受级别限制。

② 店铺动态评分各项分值均在 4.4 分或以上,同时店铺好评率在 97%或以上。

③ 以下几个主营类目的卖家需要先加入消保并已缴纳消费者保障服务保证金才能开通直通车:

- □ 保健品/滋补品；
- □ 古董/邮币/字画/收藏；
- □ 母婴用品/奶粉/孕妇装；
- □ 品牌手表/流行手表；
- □ 食品/茶叶/零食/特产；
- □ 腾讯QQ专区。

"直通车"设置步骤分三步：第一步，新建推广计划；第二步，新建需要推广的宝贝；第三步，选择关键词。

（2）钻石展位。

钻石展位是淘宝网图片类广告位竞价投放平台，是为淘宝卖家提供的一种营销工具。钻石展位依靠图片创意吸引买家点击，获取巨大流量。钻石展位是按照流量竞价售卖的广告位。计费单位为CPM（每千次浏览单价），按照出价从高到低进行展现。卖家可以根据群体（地域和人群）、访客、兴趣点三个维度设置定向展现。

钻石展位的图片广告有各种尺寸，主要在淘宝首页、我的淘宝、各商品类目首页、搜索结果页等，如图3-89和图3-90所示。

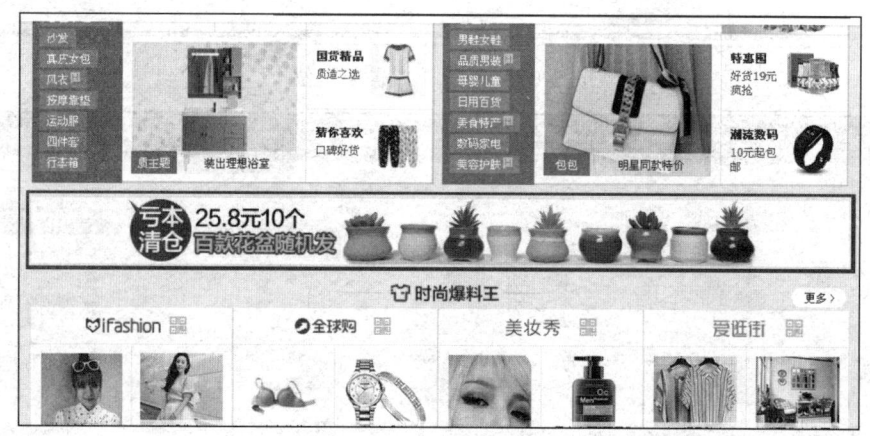

图3-89 淘宝首页通栏展示位

图3-90 类目首页展示位

（3）淘宝客。

淘宝客推广是一种按照成交来计费的推广模式，由淘宝客帮助淘宝卖家推广商品，买家通过推广的链接进入完成交易后，淘宝卖家支付一定比例的佣金给帮助推广的淘宝客。淘宝客分为个人（博客主，论坛会员，聊天工具使用者，个人站长）和网站（博客，门户，资讯，购物比价，购物搜索等网站）两类。淘宝客推广流程如图3-91所示。

① 卖家通过淘客平台设置商品佣金，淘宝客通过淘客平台提取商品代码；
② 淘宝客提取代码后通过自己的资源发布链接广告；
③ 买家看到广告点击进入卖家的商品页面；
④ 买家通过淘宝平台与卖家发生交易关系；
⑤ 交易成功后，淘客平台系统扣除卖家的佣金；
⑥ 淘宝客通过淘客平台系统提取属于自己的本次交易佣金。

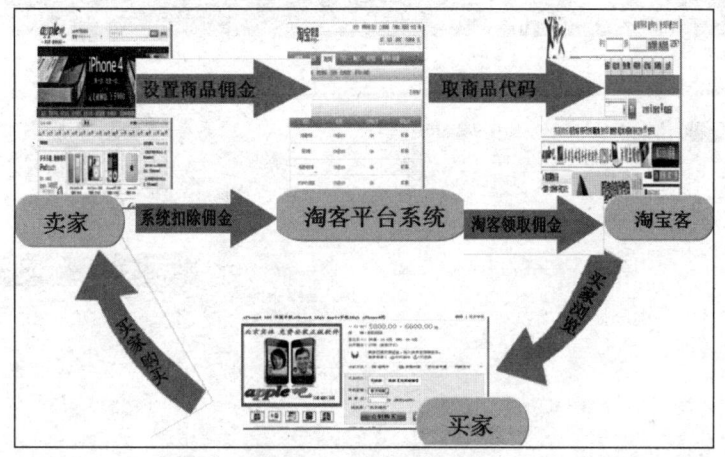

图3-91 淘宝客推广流程

点击"卖家中心"—"营销中心"模块—"我要推广"—"淘宝客"，即可进入"淘宝客"用户界面，如图3-92所示。设置步骤分两步：第一步，新建CPS计划；第二步，新建需要推广的宝贝。

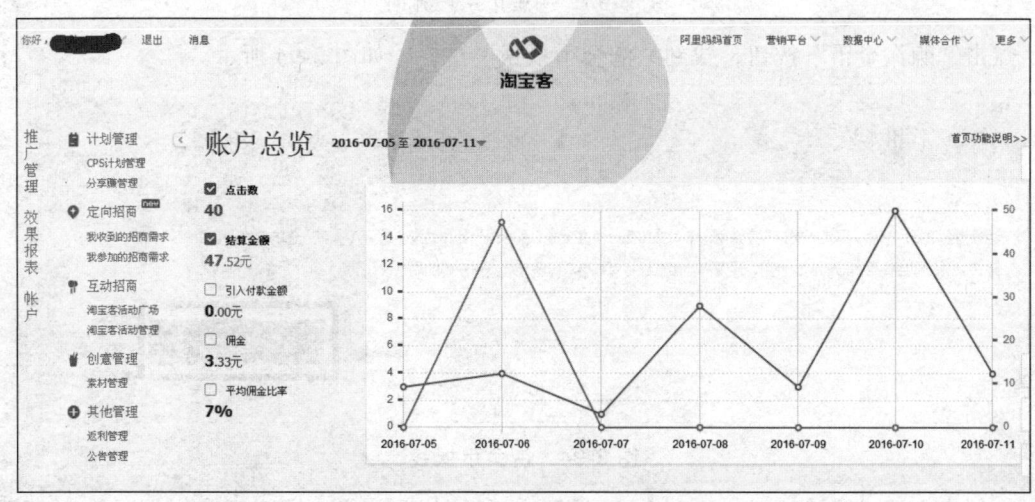

图3-92 淘宝客用户界面

（4）淘金币。

淘金币是淘宝网的虚拟积分，在淘金币平台上，买家能够兑换、竞拍到全网品牌折扣商品；也可以兑换、抽奖得到免费的商品或者现金红包，并可以进行线上线下商家的积分兑换。淘金币有多种用途，但是最常用的功能是买家购物的时候用淘金币抵扣现金。另外，卖家如果设置了淘金币抵钱，可以在商品搜索排名提高宝贝曝光率。

淘金币营销是给淘宝卖家打造的店铺营销工具，我们可以通过卖家身份赚金币，给买家发金币，打造自己店铺的运营体系，提高买家黏性和成交转化率。

点击"卖家中心"—"营销中心"模块—"我要推广"—"淘金币"，即可进入"淘金币"界面，如图 3-93 所示。

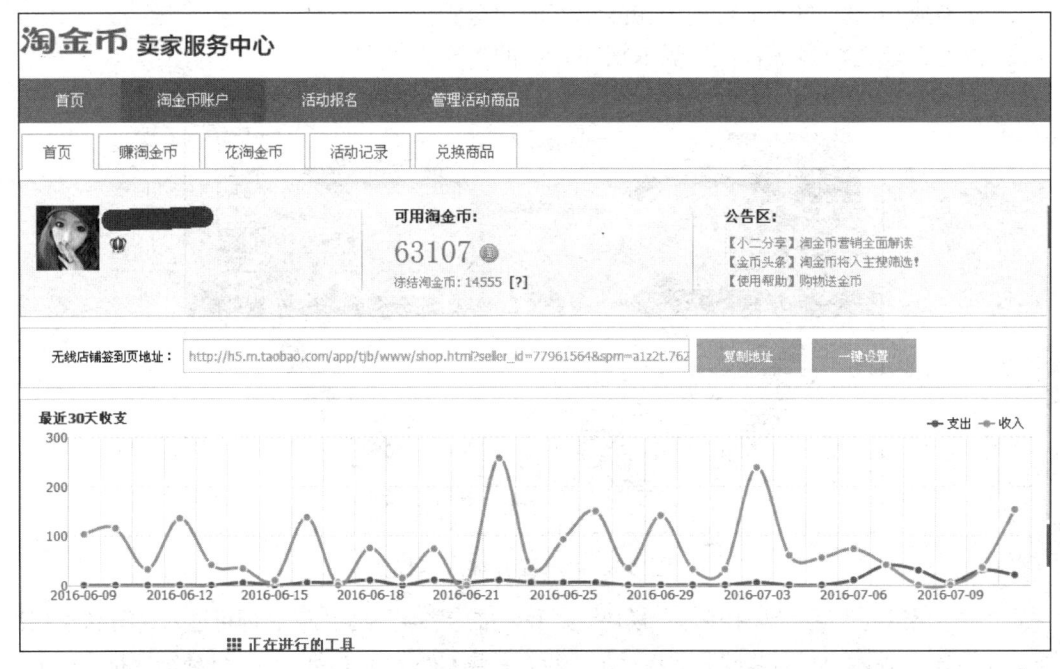

图 3-93　淘金币用户界面

点击"赚淘金币"按钮，找到"淘金币抵钱"这栏，如图 3-94 所示。

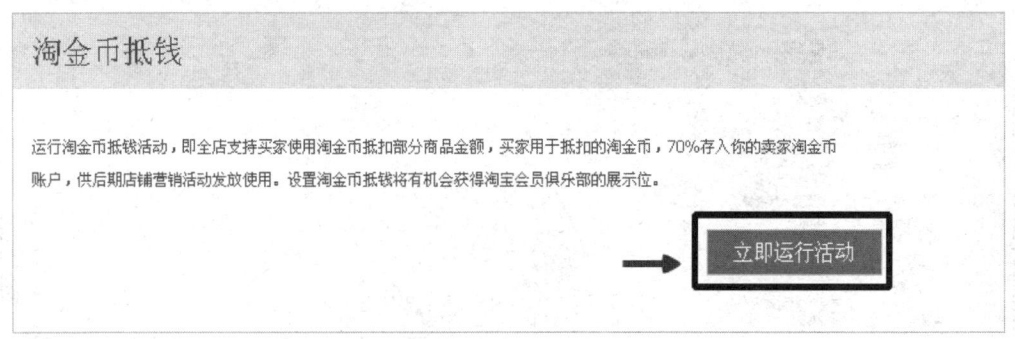

图 3-94　淘金币抵钱

在编辑面页设置【可抵扣比例】，再设置【活动时间】，点击同意开通，如图 3-95 所示。

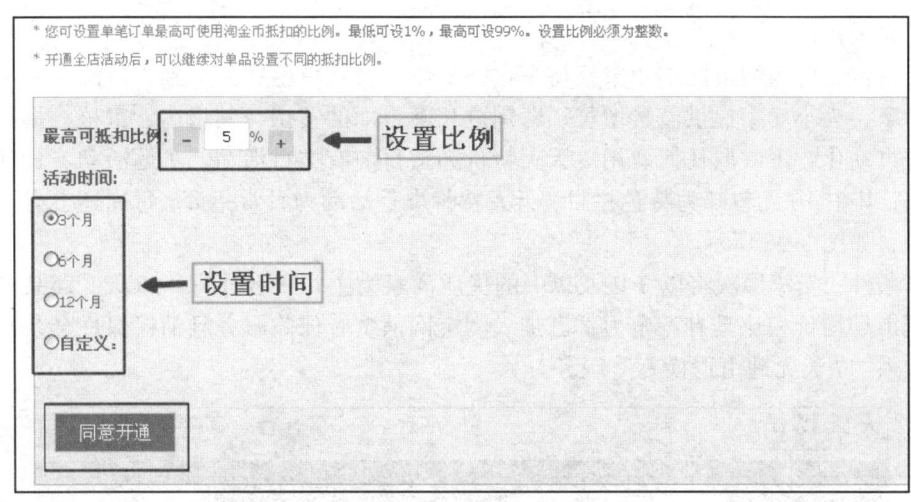

图 3-95　淘金币编辑页面

3）报名官方促销活动

在站内推广中，报名参加淘宝官方活动，是非常有效的促销方式，能在短期内带来巨大的流量和销量，快速积累信用评价，打开市场销路。点击进入"卖家中心"—"营销中心"模块—"活动报名"，可以看到淘宝组织的所有活动，目前淘宝的部分活动会作为增值服务进行适当收费，但有3个最热门的淘宝活动是免费的，作为新卖家非常有必要利用起来。

（1）聚划算。

淘宝聚划算是阿里巴巴集团旗下的团购网站，聚划算依托淘宝网巨大的消费群体，已经成为展现淘宝卖家服务的互联网消费者首选团购平台，并已确立了国内最大团购网站地位。如图3-96所示。

报名条件：C店要求是3钻及以上、好评率98%及以上的消保旺铺；B店要求综合动态评分4.5及以上；店铺"宝贝与描述相符"项动态评分4.5及以上；店铺不得在处罚期内，不得涉嫌信用炒作，若店铺是虚拟物品转实物交易，虚拟物品交易比例应<50%。

图 3-96　聚划算

（2）天天特价。

天天特价定位为淘宝网小卖家扶持平台，专门扶持有特色货品、独立货源、一定经营潜力的小卖家，为小卖家提供流量增长、营销成长等方面的支持，其报名、审核、排期和展现均为系统自动化，不收取任何费用。天天特价频道目前有类目活动、主题活动、10元包邮3大块招商，其中10元包邮为特色栏目，天天特价类目活动为日常招商，每周还会有不同的主题性活动，如图3-97所示。

报名条件：卖家层次将以3星及以上的优质商家为主，开店时间≥90天，商品务必质优价廉，同市场均价相比具有竞争力；已加入淘宝网消费者保障服务且消保保证金余额≥1000元，需加入"7天无理由退换货"服务。

图 3-97　天天特价

（3）试用中心。

淘宝试用中心是全国最大的免费试用中心，最专业的试客分享平台。试用中心聚集了上百万个试用机会以及亿万消费者对各类商品最全面真实客观的试用体验报告，为消费者提供购买决策。试用中心作为集用户营销、活动营销、口碑营销、商品营销为一体的营销导购平台，为数百万商家提升了品牌价值与影响力。如图3-98所示。

图 3-98　试用中心

报名条件：
① 集市店铺：1 钻以上，加入消保，店铺综合评分 4.6 分以上，90 天内没有因产品质量被投诉；
② 商城（良品）店铺：店铺综合评分 4.6 分以上；
③ 商家确保报名的所有试用产品必须为原厂商出产的合格、全新产品，在良好保质期内，谢绝分装、DIY 自制、无商标无品牌。

### 3.5.3 外部营销与推广

网店商品上传和装修美化完成后，接下来就应该推广运营了！做淘宝最重要的当然是产品和服务，但是酒香也怕巷子深，要想让自己的商品从淘宝上数以百万计的商品中脱颖而出，就必须做好店铺推广。对于站内推广如直通车、钻展、搞促销、上团购等卖家们都耳熟能详了，但是我们有没有想过怎么做好站外推广呢？虽然站外推广成交率不是很高，但从长期来说，它的作用更能深入人心，因而也是不可小觑的。下面就介绍一些淘宝站外推广。

1. 百度站外推广

1）百度空间站外推广

进入相关产品贴吧，对贴吧的用户点击私信，发送产品私信。私信内容一定要软文，不可硬性的打广告。每天勤快一点，写好高质量的软文"复制""粘贴"，用少量的时间发出广告信息。

要写一篇好的文章，比较费时。我们推荐方法就是，搜索比较热的帖子转贴到自己的博客，以便百度搜到自己的帖子，从而间接提升自己的流量。但要注意的是一定要在博客里留下自己的店铺信息，以方便访问的人们直接进入自己的店铺。

2）百度知道

关于这一点，简单来讲就是人家问、我们回答。点下面的"我要回答"，系统就会自动为我们推荐问题。也可以设置回答自己比较擅长的问题或者是关于自己店铺的信息，把"百度知道"页面往下拉，点"编辑关键词"就可以了。

3）加入百度贴吧

方法如下：
① 打开百度页面，点击"贴吧"。
② 打开后，在导航栏搜索相应贴吧名称进入。
③ 进入后点击"我喜欢加入该贴吧"，然后在贴吧里积极发言提高等级，先期不要做广告，等时间长了可以适量的做点广告，规模大的贴吧人数都是很多的，但是管理规矩也多，所以这个工作需要长期做，坚持做好，后期还是会有回报的。

2. 腾讯站外推广

1）QQ 邮箱

QQ 软件的普及率现在是中国第一，强大的用户人数代表着强大的潜在消费群体。大多数的人可能会用邮件群发，但是这个群发是把双刃剑，搞得不好就会引起反感。其实可以漂流瓶推广：

① 首先打开自己的邮箱。
② 点击左侧的漂流瓶。
③ 点击后出现"扔一个"或"捞捞看"（每天能扔 6 个，捞 3 个）。
④ 选择自己扔的瓶子类型，一般选择的是祝愿瓶，因为本身是产品推销，先祝愿人家，不会引起对方反感。
⑤ 再编辑自己需要传递的内容，扔出瓶子就可以了。

2）QQ 送礼

打开自己的 QQ 空间，找到送礼功能，这时我们可以点送礼，并送上自己的祝福。腾讯里的送礼功能是免费的，传递了祝福，还能留下自己在她生日那天提供的特价"产品"，相信，很多朋友都会光顾吧。

3）热点话题

比如：点击一个热点话题进去，就可以将合适的话题转载，留下自己店铺信息。QQ 来源的流量主要就是这里，大家应该引起重视。当然，这个做法也同样适用于新浪微博话题。

3. 论坛推广

这是我们经常使用的办法。两个问题：① 版主会删，发完不到半分钟就没了。② 帖子的维护，别人顶了帖子，帖主要附和。基于这两点要求，写好软文，要多回来跟帖，与跟帖网友互动。在一个流量大的论坛做好广告比在若干个小论坛发很多贴的效果要好，所以大论坛一定要细心经营，尽量让你的帖子和其他人有互动，提高曝光率。

4. 求购市场

慧聪网、阿里巴巴等不仅能免费发布供应信息，而且还有很多大宗求购信息哦。只要先注册，就能搜索到求购信息，每天还能针对求购信息免费发布多条对应的供应信息。而且慧聪网还能随时提醒给你最新求购信息，让你第一时间掌握商机。关于求购网还有 3158、中国黄页等，每天的维护视自己的时间定，尽量每个版块每天都能维护。

5. 问答推广

和"百度知道"一样，在天涯、搜狗、有道等各大问答网站搜索与你商店产品相关的问题，如"购买""便宜""价格"一类，耐心回答，积极提供帮助，最后留下联系方式，等待有人加好友。加好友之后要细心回答并帮助客户，到一定程度可以发出推广链接。如果有客户不会上淘宝，要耐心教他注册、支付等细节，不要嫌麻烦，如果你一步步的教他购买，那他一定会是你的忠实客户。

6. 导购网

只要加入"淘宝客"就能发现很多导购网，加入方法为：打开"我的旺旺"，点击"我的淘宝",再点击"我要站外推广",最后点右侧"淘宝客"加入就可以了。

7. 买家分享网站

类似"蘑菇街""美丽说"等,这类网站的日均 PV 量和 UV 量非常惊人,做得好的话可以为你带来优质客户和流量数。

8. 博客推广

无论是淘宝博客、新浪博客、阿里博客还是专业对口的网站,你都可以用你的店铺名或产品名做你的笔名,然后定文章,文章标题要醒目,内容要丰富,这样才容易被搜索引擎关注,从而达到推广的目的。

9. 间接网站推广

在各地的地方城市网站、二手买卖市场、财经、跳蚤市场里发布信息,距离不远可以直接送货上门,这样更容易谈成生意。

10. 搜索引擎提交

在百度等搜索引擎提交网站,让店铺被百度收录。在百度网站提交网店信息的入口为 http://www.baidu.com/search/url_submit.html。如图 3-99 所示。

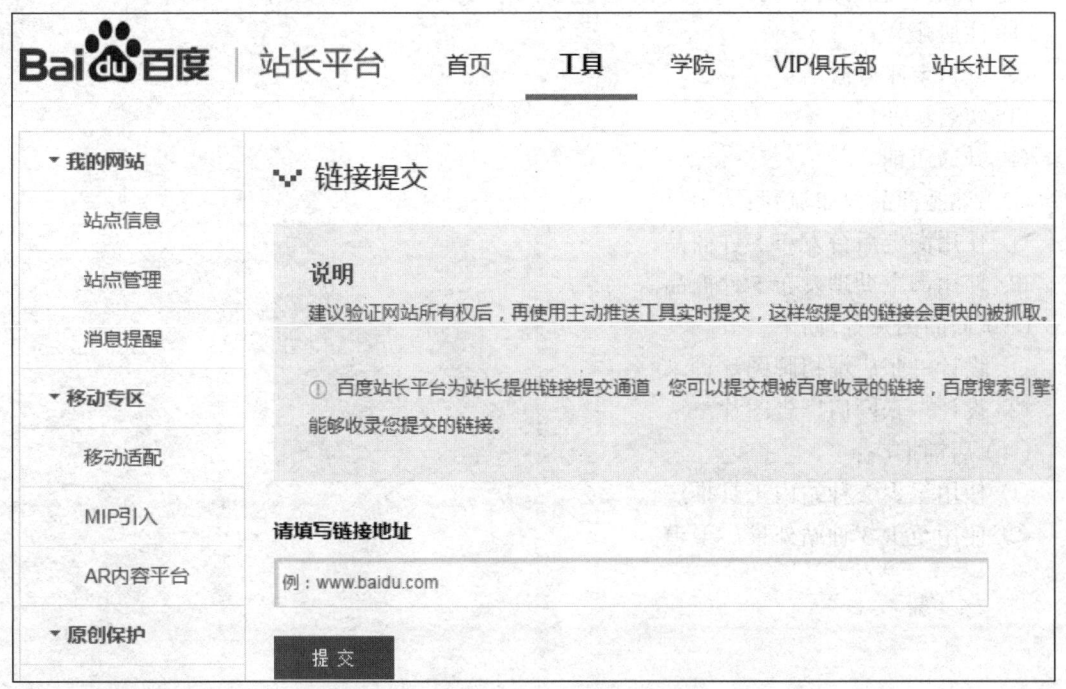

图 3-99 百度推广入口

上面这些站外推广方法都是常用的,推广成本低,对于没有太多资金做广告的中小卖家,长期使用这些方法,效果肯定会好。

【思考与练习】

1. 填空题

（1）淘宝网商品的名称最大可以输入_____个汉字，_____个字节。根据顾客的消费需求，将商品的名称关键词分为_____、_____、_____、_____等几种类型。

（2）淘宝官方提供的旺铺有_____、_____、_____三种。

（3）商品描述页是网店最重要的页面，必须科学合理的介绍商品，包含的介绍模块有_____、_____、_____、_____、_____。

（4）淘宝网店有三种页面，分别是_____、_____、_____。

（5）设计网店的店铺招牌，必须包含的内容有_____、_____、_____、_____。

（6）设计一张网店广告图片，必须包含的内容有_____、_____、_____、_____。

2. 问答题

（1）支付宝交易分为哪几种交易状态？这些交易状态分别代表什么意思？

（2）淘宝站内推广的工具有哪些？它们的作用是什么？

（3）网店的客服在线接待流程有哪几个步骤？客服的基本要求有哪些？

3. 技能实训

（1）熟悉淘宝开店流程：

① 注册账号；

② 支付宝账号激活；

③ 实名认证；

④ 开通店铺。

（2）熟悉商品发布流程：

① 使用淘宝后台发布 5 件商品；

② 使用淘宝助理发布 5 件商品。

（3）商品图片处理：

① 设计一张店铺招牌图片；

② 设计一张网店广告图片。

（4）店铺推广：

① 使用至少 2 种站内工具推广；

② 使用至少 3 种站外推广渠道。

# 第 4 章  B2B 电子商务平台运营

## 4.1  B2B 电子商务平台概述

B2B（Business to Business）是企业与企业之间通过互联网进行产品、服务及信息的交换。网站的主要模式分为三类：大型企业的 B2B 网站，第三方经营的 B2B 网站，行业生态型的 B2B 网站。这里我们介绍的是第三方经营的 B2B 网站，此类网站是为买卖双方提供信息交流的网络商业平台，并为用户提供网上交流的条件，促成交易的机会。目前主流的 B2B 电商平台有：阿里巴巴、慧聪网、中国制造网等，如表 4-1 所示。

表 4-1  国内 B2B 电子商务公司对比

| 上市服务商 | 内贸平台 | 内贸平台 | 行业咨询调研服务 | 线下展览或买家见面会 | 认证服务 |
| --- | --- | --- | --- | --- | --- |
| 阿里巴巴 | 中国交易市场 | 国际交易市场 | 无 | 网货交易会网商大会 | 供应商身份认证 |
| 生意宝 | 中文站 | 全球站、韩国站、日本站 | 部分优势行业有 | 自办或合作办展、组团海外参展 | 中国供应商资料认证 |
| 慧聪网 | 国内站 | 国际站 | 合资公司，多行业有 | 供需见面会 | 身份认证 |
| 环球资源 | 内贸网 | 外贸平台 | 无 | 视频买家单独见面会 | 认证供应商 |
| 中国制造网 | 中文版 | 英文版 | 无 | 无 | 认证供应商 |

### 4.1.1  阿里巴巴

阿里巴巴集团旗下的阿里巴巴中文站（www.1688.com）以批发和采购业务为核心，通过专业化运营，完善客户体验，全面优化企业电子商务的业务模式。目前阿里巴巴中文站已经覆盖原材料、工业品、服装服饰、家居百货、小商品等 16 个行业大类，提供从原材料采购、生产加工、现货批发等一系列的供应服务，如图 4-1 所示。

阿里巴巴发展历程：

1999 年 6 月，以马云为首的 18 人在马云位于杭州市的公寓内创立阿里巴巴集团；集团的首个网站是英文全球批发贸易市场阿里巴巴。

2002 年 3 月，为从事中国贸易的卖家和买家推出"诚信通"服务。

2004 年 2 月，阿里巴巴集团从数家一线投资机构融资 8 200 万美元，成为当时中国互联网界最大规模的私募融资。

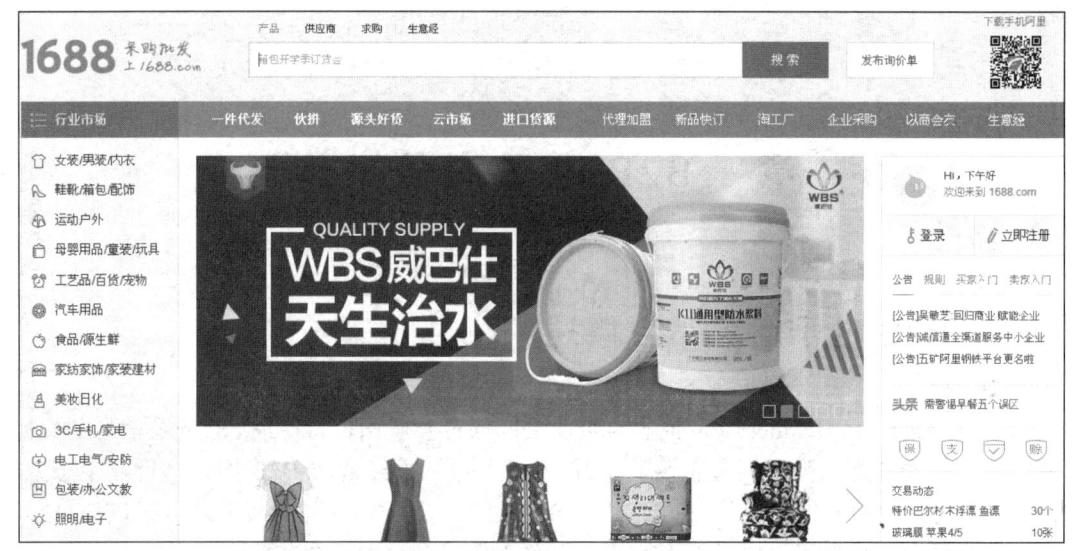

图 4-1 阿里巴巴中文站

2005 年 10 月，阿里巴巴集团收购中国雅虎。

2010 年 3 月，阿里巴巴中文站正式改名为"1688"。

2014 年 7 月，1688 无线客户端上线，从此 1688 业务进入无线时代。

### 4.1.2 慧聪网

慧聪网（www.hc360.com）是国内领先的内贸 B2B 电子商务运营商之一，凭借专业的信息服务与先进的互联网技术，为中小型企业搭建可靠的供需平台，提供全面的商务解决方案。如图 4-2 所示。

图 4-2 慧聪网

慧聪网发展历程：

1991 年 12 月，在《计算机世界》开辟计算机产品报价版，慧聪模式的商情业务迅速展开。

2002年12月，新浪网正式采用新版慧聪新闻搜索引擎和网页搜索引擎。

2004年3月，成功举办"中国行业门户宣言"新闻发布会，将慧聪商务网正式更名为慧聪网，开通40余个行业频道和76个行业搜索引擎。

2004年9月，慧聪网与腾讯科技合作，联手为商务人士推出即时通讯工具"买卖通 TM"。

2010年7月，慧聪网等企业共同承办由北京市商务委员会支持、北京电子商务协会主办的北京2010电子商务B2B高峰论坛暨"首都商网 服务中国"发布会。

2015年3月18日，慧聪网用15亿元人民币，收购ZOL中关村在线。

### 4.1.3 中国制造网

中国制造网（cn.made-in-china.com）是一个中国产品信息荟萃的网上世界，面向全球提供中国产品的电子商务服务，旨在利用互联网将中国制造的产品介绍给全球采购商。中国制造网汇集中国企业产品，面向全球采购商，提供高效可靠的信息交流与贸易服务平台，为中国企业与全球采购商创造了无限商机，是国内中小企业通过互联网开展国际贸易的首选B2B网站之一，也是国际上有影响的电子商务平台。如图4-3所示。

图4-3　中国制造网

中国制造网发展历程：

1998年2月，中国制造网（Made-in-China.com）正式创办，向国际贸易各方提供高效、可靠的电子商务服务。

2004年10月，经过多年踏实的经营积累，中国制造网有效访问量、注册会员数、海外会员数、高级会员数等各项运营指标均稳居行业前列。同年，中国制造网B2B电子商务平台被认定为高新技术产品，焦点科技被评定为高新技术企业。

2008年9月，中国制造网于创立10周年之际，推出十周年全新版本，改版后的网站以十大新亮点为广大中小企业用户提供更全面、更便捷、更人性化的服务。

2012年12月，中国制造网内贸站与知名采购平台百卓采购网携手发展。

2014年4月，中国制造网荣获2013年度"中国B2B行业网站影响力大奖"。

## 4.2　阿里巴巴中文站注册与登录

传统的企业间的交易往往要耗费企业的大量资源和时间，无论是销售、分销还是采购都要占用产品成本。通过 B2B 的交易方式，买卖双方能够在网上完成整个业务流程，从建立最初印象，到货比三家，再到讨价还价、签单和交货，最后到客户服务。B2B 使企业之间的交易减少许多事务性的工作流程和管理费用，降低了企业经营成本。网络的便利及延伸性使企业扩大了活动范围，企业发展跨地区跨国界更方便，成本更低廉。

在国内众多的 B2B 平台中，阿里巴巴中文站使得阿里巴巴集团在互联网电子商务领域更具影响和号召力。同时，也使阿里巴巴在网络零售、批发、网络外贸、销售均占有了一席之地，使得互联网电子商务涵盖了全部的商务领域，从创立之初到现在，市场占有率始终保持第一。下面我们以阿里巴巴中文站为例，详细介绍平台的构成，学习相应的规则和了解交易流程，为今后步入电商 B2B 网店运营打下基础。

### 4.2.1　网站用户类型

阿里巴巴有普通会员和诚信通会员两种会员类型。普通会员可以免费注册，可以查询网站发布的所有供应信息和联系方式；诚信通会员是年收费制，需要公司营业资质才可加入。

1. 普通会员

普通会员是免费注册的，完成实名认证后，可以发布产品信息；发布公司信息；加入商人论坛；可以使用阿里旺旺在线生意洽谈工具。因为普通会员的所有服务都是免费的，所以网站提供的一些服务功能有所限制，比如：没有配套的网站；信誉度也比较低等，对求购信息只有三次报价机会，且无法查看求购信息对方的联系方式等。为了得到更好的网站服务体验，建议升级为诚信通会员。

2. 诚信通会员

诚信通是阿里巴巴针对内贸企业量身打造的，以企业诚信体系为内核的电子商务会员服务。为中小企业提供更多生意机会、开拓生意渠道、创新营销方法和全套网上贸易服务。升级后的诚信通服务以 1688.com 为主，打通多个商业场景（如搜索、社交、lbs、企业工作台、云等），帮助企业实现 360 度商机触达。2016 年 1 月之后加入的诚信通会员年费为 6688 元～16688 元。

1）主要功能

（1）为企业进行搜索优化、生意参谋等智能电子商务服务；

（2）基于阿里巴巴网上大市场，提供建站、优先展示、独享买家信息等基础型网络贸易服务；

（3）为企业建立诚信档案、提供信用查询及诚信保障等服务；

（4）为企业提供采购、物流、贷款等尊享服务。

2）专享服务

（1）旺铺特权：同步拥有三大旺铺，阿里旺铺、企业官网和移动旺铺。

（2）营销特权：提供四个营销方案。

a. 询盘特权。帮你获取询盘者的信息；锁定高意向买家；跟进老客户。

b. 生意参谋。获得相关市场和自己店铺的各项分析数据，包括访客数、购买量等。

c. 精准营销。获得访客身份和行为，提供访客资料。

d. 全网引流。诚信实力全网推广，全网流量商机变现。

（3）市场特权：搜索页面优先展示、买家报价优先推荐、市场活动优先报名。

（4）信用特权：拥有企业信用特权，让买家与您放心交易。

（5）促成交易：建立买家信任，智能化交易工具，快速促成交易。

3）普通会员与诚信通会员的区别

诚信通会员和普通会员权益有很大的区别，如表4-2所示，阿里巴巴在会员功能上的区别，目的是引导更多的会员升级为诚信通会员。

表4-2 普通会员与诚信通会员所有权益对比

| 所有权益对比 | | | |
|---|---|---|---|
| ·旺铺特权 | | | |
| 功能与特权名称 | 免费会员 | 诚信通会员 | 功能说明 |
| 旺铺类型 | 入门版 | 超级旺铺 | 包含80套网站主题风格，50个自定义板块 |
| 独立官网 | × | √ | 轻松打造独特网站，免费获得技术支持，稳定云服务 |
| 移动旺铺 | × | √ | 手机二维码直达企业官网 |
| ·营销特权 | | | |
| 功能与特权名称 | 免费会员 | 诚信通会员 | 功能说明 |
| 精准营销 | 试用版 | 精准营销2.0 | 全面记录访客，智能识别访客身份，获取访问联系方式 |
| 询盘管理 | 试用版 | √ | 精准锁定意向买家 |
| 生意参谋 | 试用版 | 生意参谋2.0 | 详细分析访客动向 |
| ·信用特权 | | | |
| 功能与特权名称 | 免费会员 | 诚信通会员 | 功能说明 |
| 第三方权威认证 | × | √ | 第三方认证公司，对企业的合法性进行全面审核 |
| 诚信档案 | × | √ | 每笔网上交易信用累计 |
| 实地认证 | × | √ | |

① 身份不同：普通版是阿里巴巴免费会员，诚信通是阿里巴巴收费会员。

② 网站不同：普通版是简单的静态的网站，诚信通是动态的网站。不仅新增了60套模

板，您还可以根据自己行业特点来定制自己的网站，让您的网站更个性更专业，吸引更多买家的眼球。

③ 推广范围不同：两种版本诚信通都包括"关键词搜索排名"推广，不同的是普通版以阿里巴巴网站为主，诚信通中包括"搜索优化"这个功能，此功能实现了历史性突破，第一次帮您把推广从阿里巴巴优化到百度、谷歌、雅虎、搜狗、搜搜5大搜索引擎，让您的客户在搜索引擎上也可以优先找到您，从而带来更多的曝光量和询盘，为您带来更多的生意机会。并且操作简单方便，只需鼠标轻轻一点。

④ 推广效果不同：诚信通不但可以帮您分析出现有客户的特点，帮您维护好现有客户；还可以根据阿里巴巴的海量数据分析出您的行业发展趋势及高质量的客户所在地，从而帮您把握好未来的生意机会。

### 4.2.2 普通会员注册

阿里巴巴普通会员有两种，一种是企业账号，另一种是个人账号。先说企业账号，进入企业账户注册页面后，验证账号信息，点击"同意条款并注册"，即可注册成功。

1. 企业账号注册

（1）阿里巴巴免费注册的流程：打开阿里巴巴中文站网页—点击"免费注册"并填写信息—验证信息—登陆激活。如图4-4所示。

图4-4 注册企业账号

（2）注册成功后，完善基本信息，如您的姓名、联系方式以及公司基本信息，填写好后单击"确认"按钮。如图 4-5 所示。

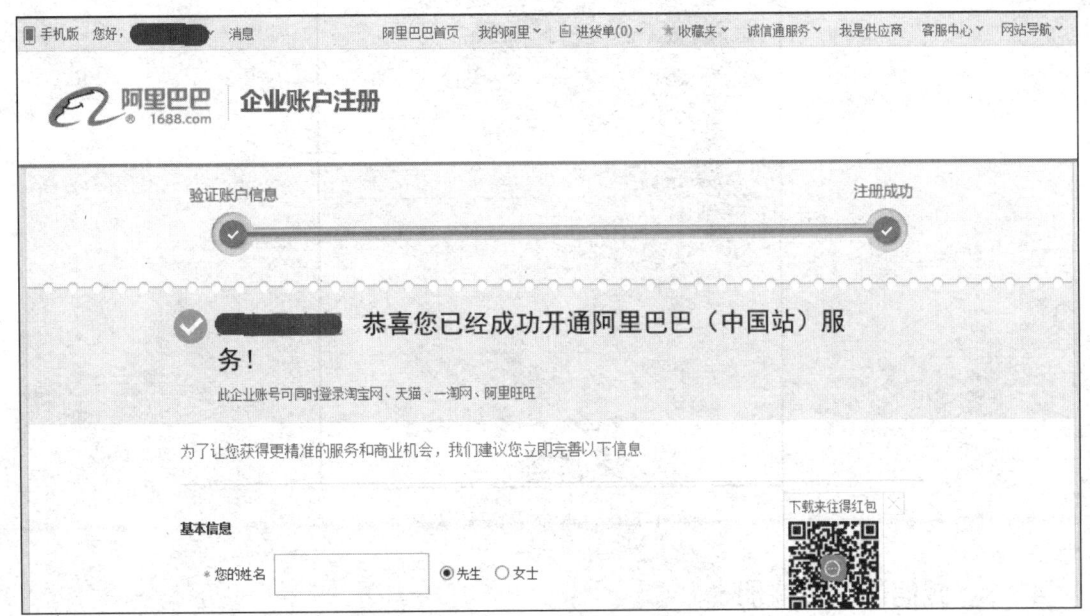

图 4-5　完善企业资料

2. 个人账号注册

个人注册账号有两种，一是普通方式，另一种就是手机注册。普通方式就是点击"切换成个人账户注册"按钮，进入个人账户注册页面，如图 4-6 所示。

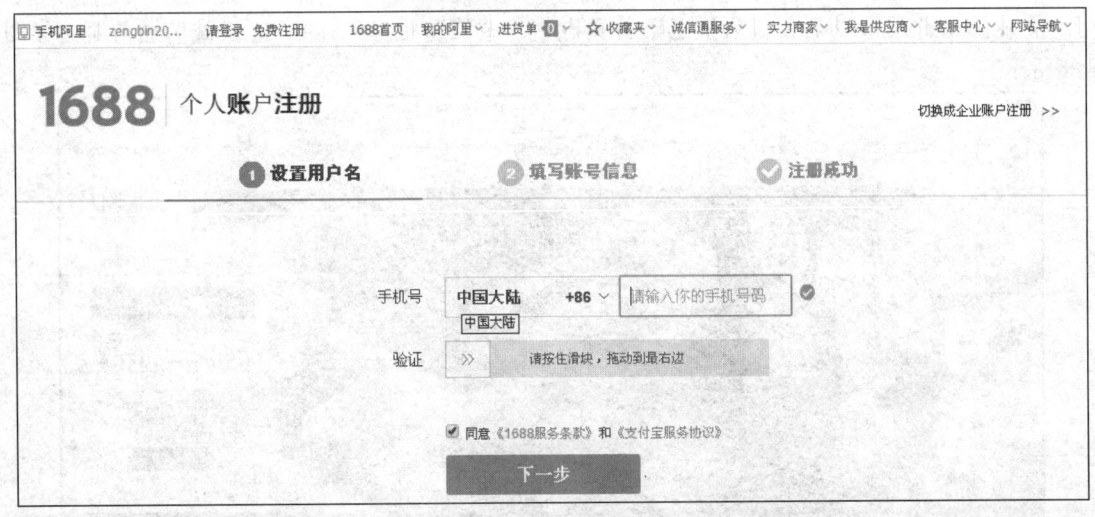

图 4-6　个人账号用手机注册

填写个人会员名、密码等个人信息，然后点击"立即注册"，完成个人账号注册。如图 4-7 所示。

提示：如果已经有了淘宝和支付宝账号，可以直接通过淘宝账号登录阿里巴巴中文站。

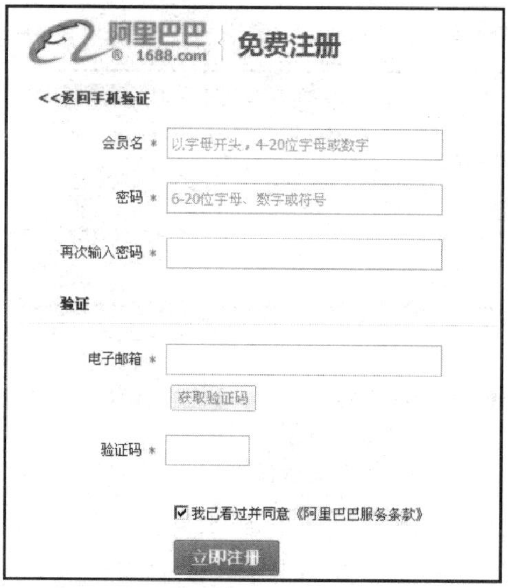

图 4-7 完善个人账号信息

### 4.2.3 诚信通会员注册

诚信通是阿里巴巴为从事中国国内贸易的中小企业推出的会员制网上贸易服务。诚信通会员可在阿里巴巴网站享四大服务特权，有效提升品牌宣传及产品推广效果，快速促成在线交易；获得权威第三方认证机构核实资质，独享诚信标识，并拥有自己的网上信用档案。

#### 1. 如何开通诚信通

企业账号注册成功后，从阿里巴巴首页点击"诚信通服务"，即可进入诚信通首页，如图 4-8 所示。

图 4-8 诚信通服务首页

（1）提交订单并付款。用户可以通过支付宝或其他方式支付诚信通服务费用，诚信通会员年费费用为 6 688 元~16 688 元，用户可以根据企业情况选择不同的服务类型。开通流程为"提交订单并付款→提交认证信息→第三方认证→办理成功"。

（2）提交认证信息。开通诚信通服务的会员必须具有企业资质，需要提交企业法人信息、营业执照、办公场所等资料。

（3）第三方认证。企业会员提供的所有认证资料，都由阿里巴巴授权的第三方认证公司认证（认证周期一般为5~7个工作日）。

（4）办理成功。认证通过后，阿里巴巴将开通用户的诚信通会员权限。

2. 诚信通登录

（1）进入网站首页（www.1688.com），点击左上角"请登录"链接，如图4-9所示。

图 4-9　会员登录

（2）填写用户名和密码，登录成功后，进入会员后台管理平台，进入"我的阿里"—"卖家中心"，如图4-10所示。

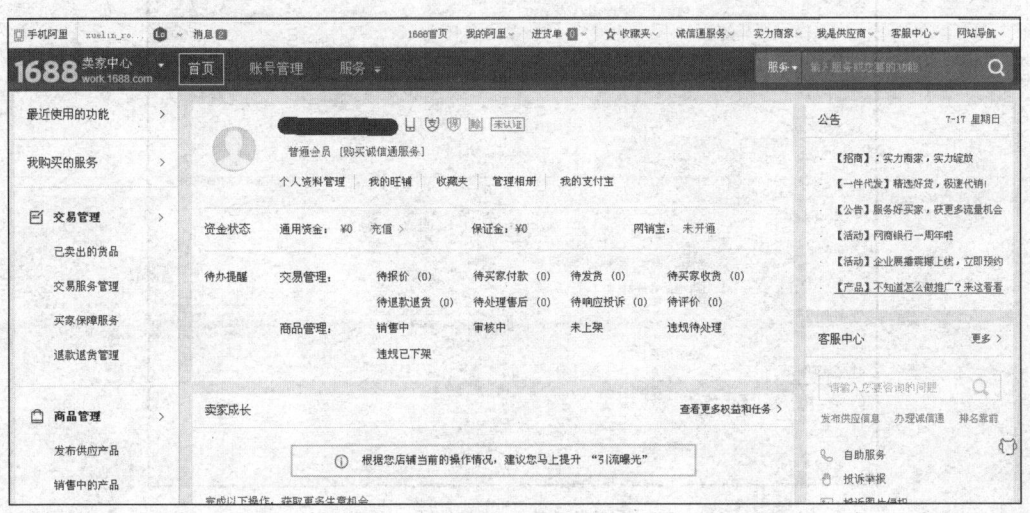

图 4-10　卖家中心页面

## 4.3 信息发布与管理

### 4.3.1 发布高质量的信息

**1. 高质量信息的定义**

信息质量标准贯穿于从买家看到卖家的信息，到买家选择跟卖家交易的整个过程中。发布高质量的信息，不仅可以让买家在阿里巴巴搜索产品时，更容易找到该条信息，同时也会提高买家选择合作和交易的意愿和几率。例如，填写合适的标题、详细而全面的产品参数、正确的联系方式等。

买家更希望看到介绍详尽、内容充实的优质信息，这样的信息更有助于买家做出采购决定。所以，卖家为了提高信息的质量，从而提高获得反馈和交易的机会，应该在公司基本信息、产品介绍、相关图片等方面，采用合理的信息发布方式。

**2. 高质量信息的优势**

（1）能够提升网站搜索流量，让买家第一时间找到你。
（2）能够让买家优先选择和你合作，更容易赢得买家信任。
（3）能够带来更多的询盘，提高买家下单订购的几率。

### 4.3.2 发布企业介绍信息

企业在阿里巴巴认证后，接下来的工作就是将公司信息发布出去。阿里巴巴中文站（www.1688.com）发布信息的要求是比较严格的，需要先填写企业的完整信息才能发布产品。进入"卖家中心"，在左下角的"店铺管理"模块，点击"公司介绍"链接，如图4-11所示。

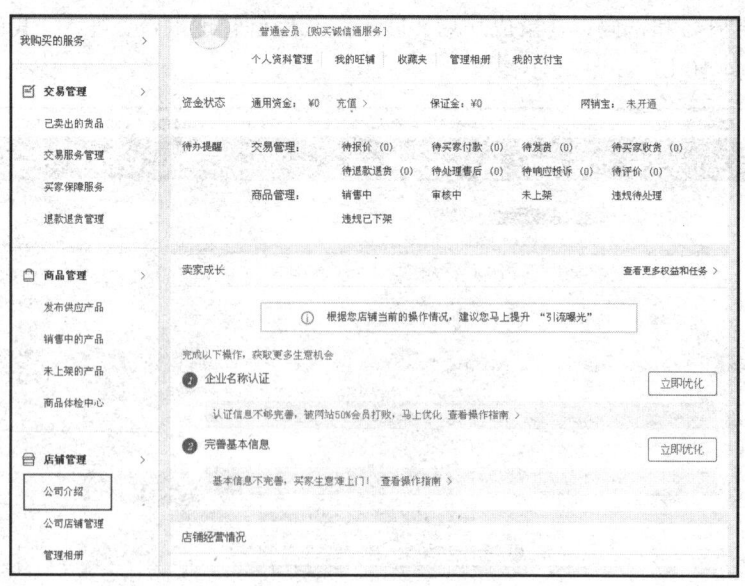

图 4-11　公司介绍

进入"公司介绍"页面，按照要求填写公司名称、工商注册号、企业类型、联系地址、公司简介等信息，然后点击"保存并发货"按钮，完成公司信息填写。如图4-12所示。

提示：个体工商户或公司资质才能填写工商注册号，已经保存提交的公司信息，也可以再次修改。

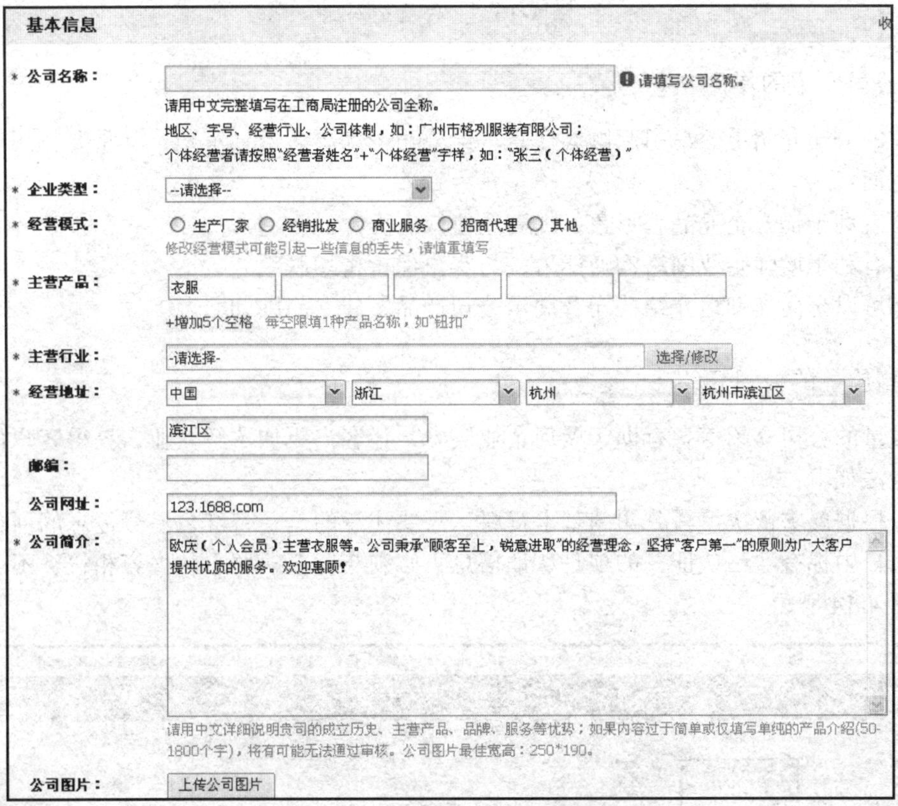

图4-12 填写公司信息

公司介绍不能胡乱填写，高质量的公司信息不仅能体现公司实力，而且也是赢得客户信任的因素之一。如图4-13所示为两家不同公司的介绍信息，假如你是买家，你更青睐哪一家呢？

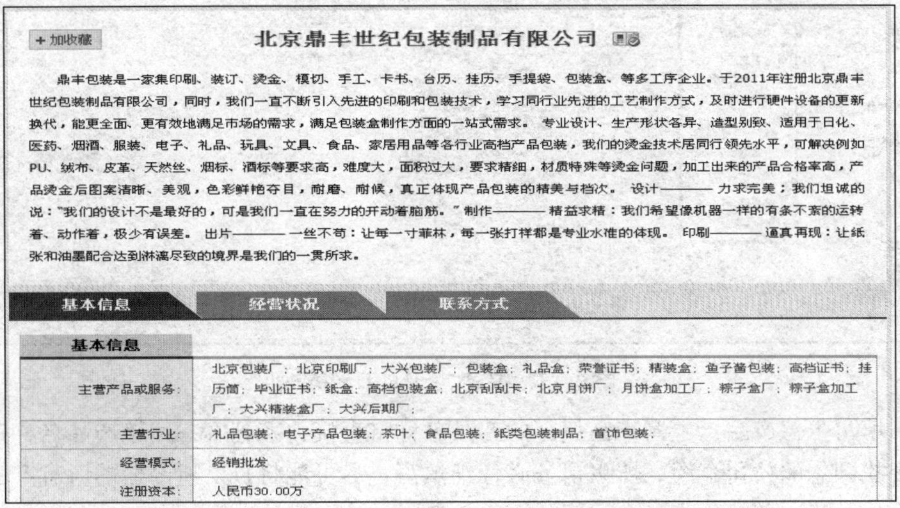

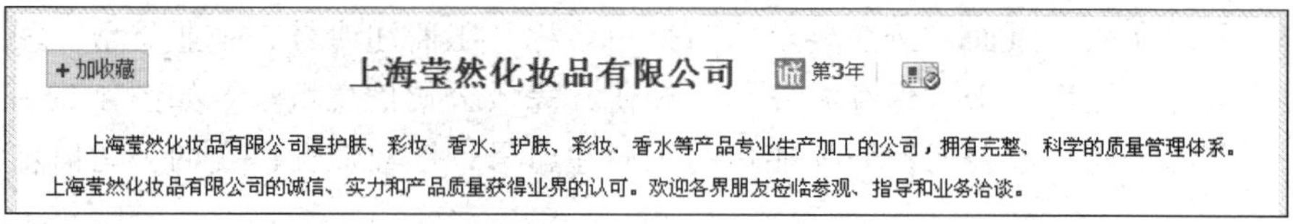

图 4-13 公司介绍对比

1. 公司介绍的作用

合理的公司介绍更容易引起顾客注意，给公司带来更多潜在客户，其重要作用体现在以下几个方面：

（1）有利于提升企业品牌形象，提高企业知名度。
（2）有利于增强企业网络沟通能力，与客户保持密切联系。
（3）可以全面详细地介绍公司及展示公司产品，建立品牌知名度。

2. 高质量的公司介绍

高质量的公司介绍信息有助于展现企业实力，让客户更加了解企业，赢得客户信任。具体操作方法如下：

（1）根据要求依次填写公司的基本资料。需要注意的是：带红色星号标志的项目是必填项，且项目中标有"已认证"的项是认证信息，必须与营业执照上的内容相符，不可随意更改。如图 4-14 所示。

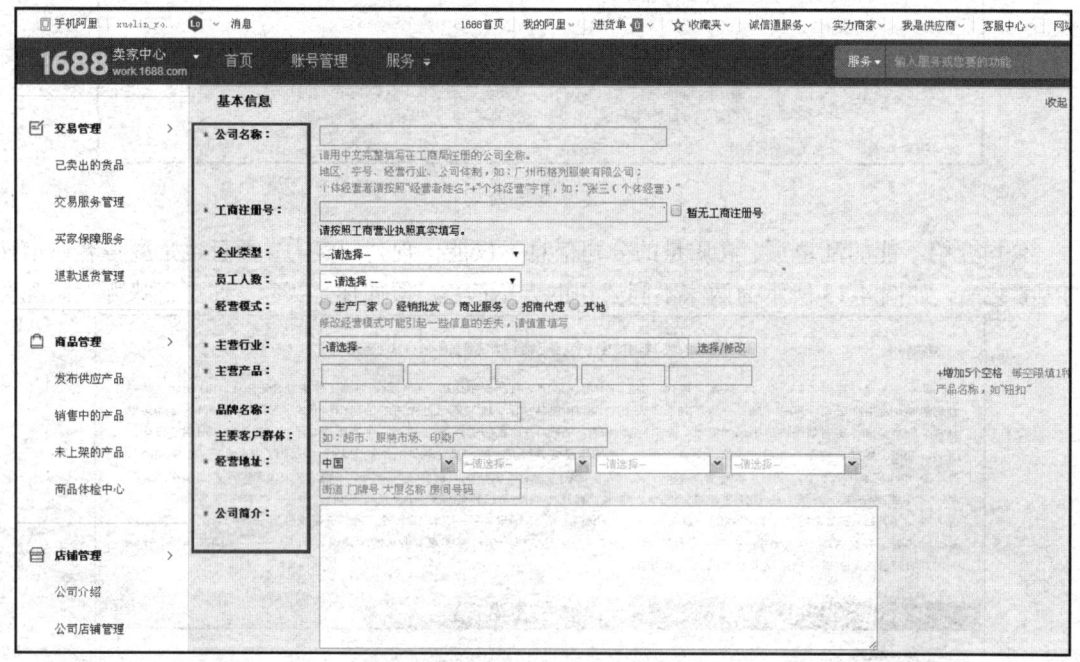

图 4-14 带*号的项目为必填项

（2）填写主营产品：主营产品填写的产品名称将直接关系到客户用该产品名称搜索公司库时能否找到您的公司介绍，所以请务必仔细填写，尽可能将自己所经营的所有产品都填写完整。同时在填写主营产品时，一个框内要做到只写一个产品名称，不要将多个产品词语挤在一起，以免造成搜索引擎无法识别。

（3）公司介绍的详细说明：如果说前面的主营产品将会影响到买家在公司库中是否能搜索到您，那详细说明则会影响到买家在看了您的公司介绍后是否信任您，从而来与您联系。所以在这一环节您可以详细描述公司的成立历史、经营理念、主营产品、品牌、服务等内容，尤其是和同行相比有哪些区别，以便更好地树立企业形象，加深买家对您公司的印象。当然公司介绍不是简单的文字的堆砌，而是需要突出一些优势和特点。如图4-15所示。

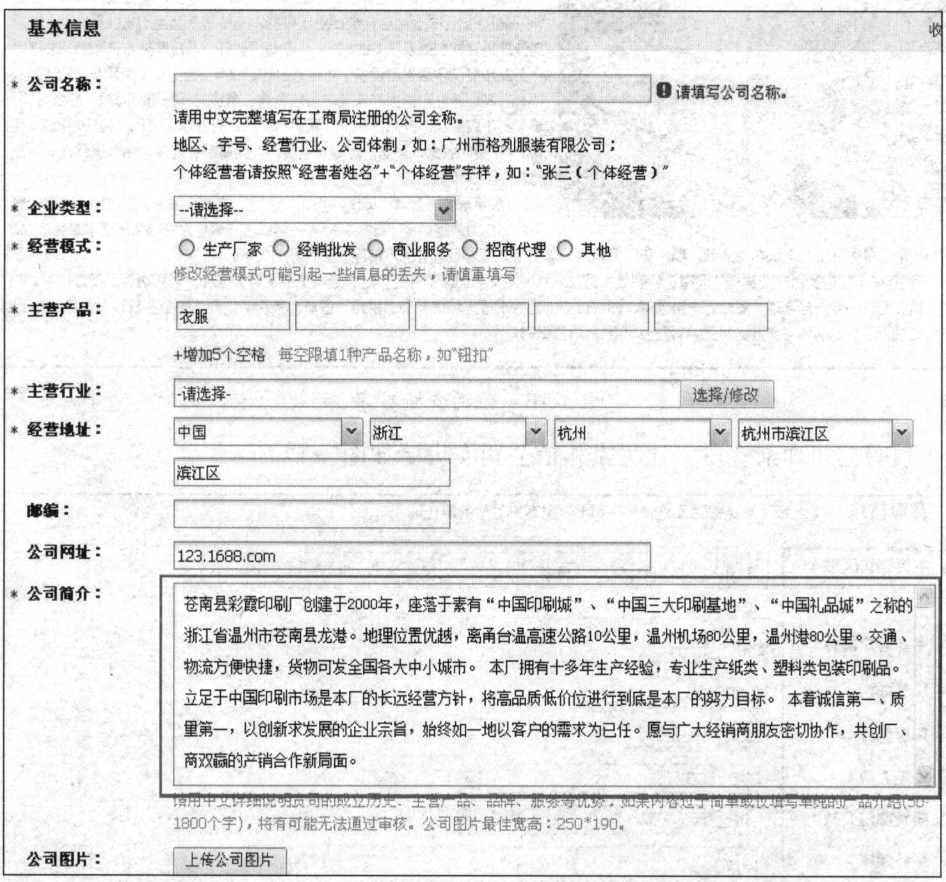

图 4-15 填写公司介绍正文

下面介绍公司介绍详细说明的一个参照标准，如图4-16所示。

① 该企业在第一段中突出了自己的地理优势——中国印刷城龙港。我国的中小企业量大面广、专业市场集聚度大、区域块状经济特色鲜明，比如"中国灯饰之都"，"中国水泵之乡"，如果您从事的行业是您当地的支柱产业或特色，请在公司介绍中率先说明。

② 第二段和第三段对企业的厂房设备以及主营产品进行了介绍。该版块内容务必写得简洁明了，不必像产品介绍那样对产品进行详细描述，只要把您目前能提供的产品和服务进行罗列即可，让客户一目了然地了解公司的经营范围。如果产品获得过荣誉证书，那就更要在公司介绍中体现出来，以证明产品的质量。

③ 第四段和第五段，对企业文化和合作过的客户进行介绍，这也是非常必要的。首先企

业文化是公司价值观和理念的很好传播，而公司曾经的合作客户，以及现有的经销商、加盟商的地区分布和介绍，包括客户对象的数量和知名度等都是公司实力的体现，对新进入网站浏览的客户很有吸引力。

图 4-16  公司介绍参考

（4）填写公司详细资质，让买家相信公司实力。如图 4-17 所示。

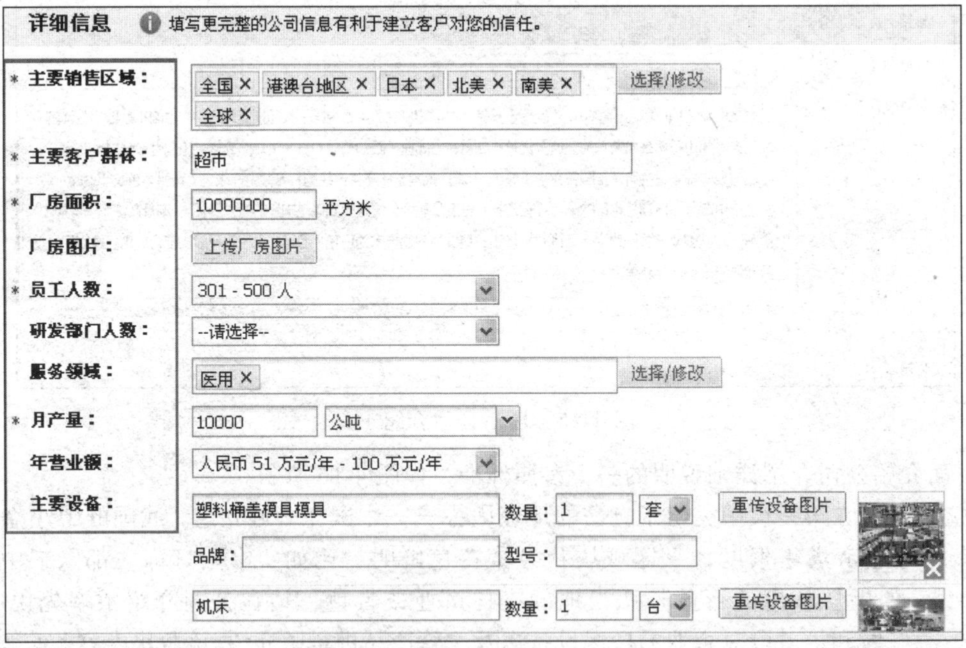

图 4-17  填写公司资质

① 认真填写生产能力：通过生产能力的展示可以让客户更加精准地找到你，另外"服务领域""加工方式""工艺"填写后有利于高质量信息的发布。

② 上传多张最能代表您企业形象的图片，如办公地点、设备、店面或摊位等照片，以便

提升您在买家心目中的真实感。操作时,点击上传"设备图片"按钮即可。其中该图片功能为诚信通会员独享,普通会员则无法上传。

③ 上传完图片后,依次填写详细资料页面的其余选项,虽然这些内容没有带红色星号标志,但一定程度上也会影响客户对您的信任感,建议尽量填写完整。操作到最后选择下方"保存并发布"按钮即可,如图4-18所示。

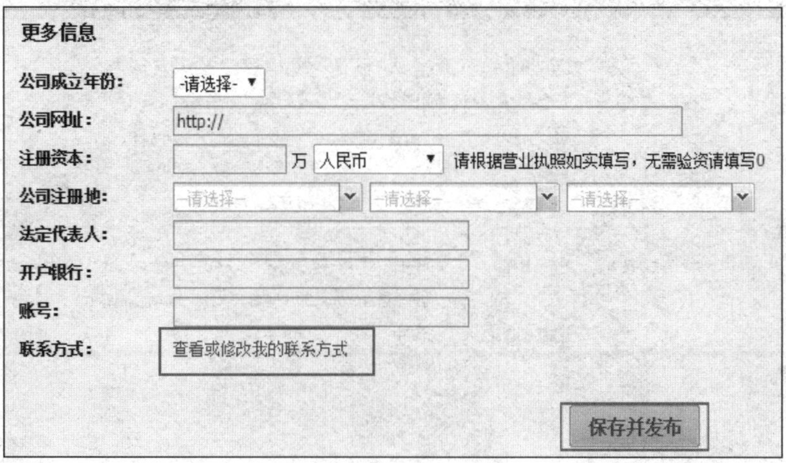

图 4-18 保存并发布

基本资料和详细资料确认提交后需要通过阿里巴巴的审核,审核时间需要24小时,申请通过后就发布上网。从此您的企业就正式加入到阿里巴巴公司库里面了,这样网站上的数千万买家就可以轻松地找到公司,从而帮助公司提升曝光率并获得更多的商机。

## 4.3.3 产品信息发布与管理

阿里巴巴中文站的诚信通会员可以直接在网站上发布供应产品,普通会员需要缴纳3000元保证金才可以发布供应产品。为了发布更多的高质量信息,阿里巴巴推出了针对供应产品的信息质量星级,星级的等级分为五档,星级越高,该供应产品的质量也相对越好。所以建议卖家发布4、5星的产品信息,利于排名靠前。以下是正确发布产品信息的操作方法。

1. 查看产品信息的星级

(1)了解产品信息的星级,可以给卖家发布供应产品的提供参考建议。
(2)登录"我的阿里"找到并进入"卖家中心",点击"销售中的产品"或"未上架的产品"中,可以查看到已上网或已过期的供应产品的质量星级展示,卖家也可以根据不同星级进行筛选和查看。

2. 发布供应产品

请登录"我的阿里"找到并进入"卖家中心",点击"发布供应产品",如图4-19所示。

1)类目要选择正确

在发布供应产品时,您可以通过输入产品名称、关键词等,快速查找并选择正确的产品类目，也可以按照类目结构逐级选择您产品所对应的类目。推荐系统自动匹配类目，比如您是做手机的，输入"手机"即可；然后点击"查找类目"，选择好类目后点击"下一步，填写信息详情"。如图 4-20 所示。

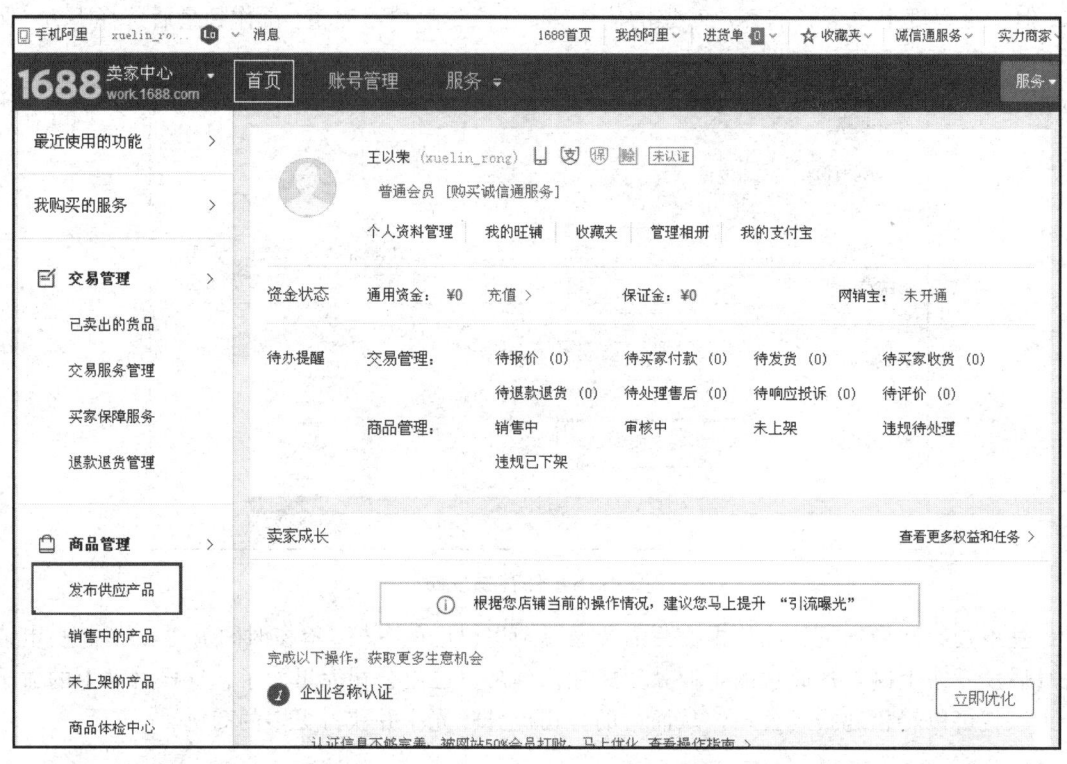

图 4-19 发布供应产品

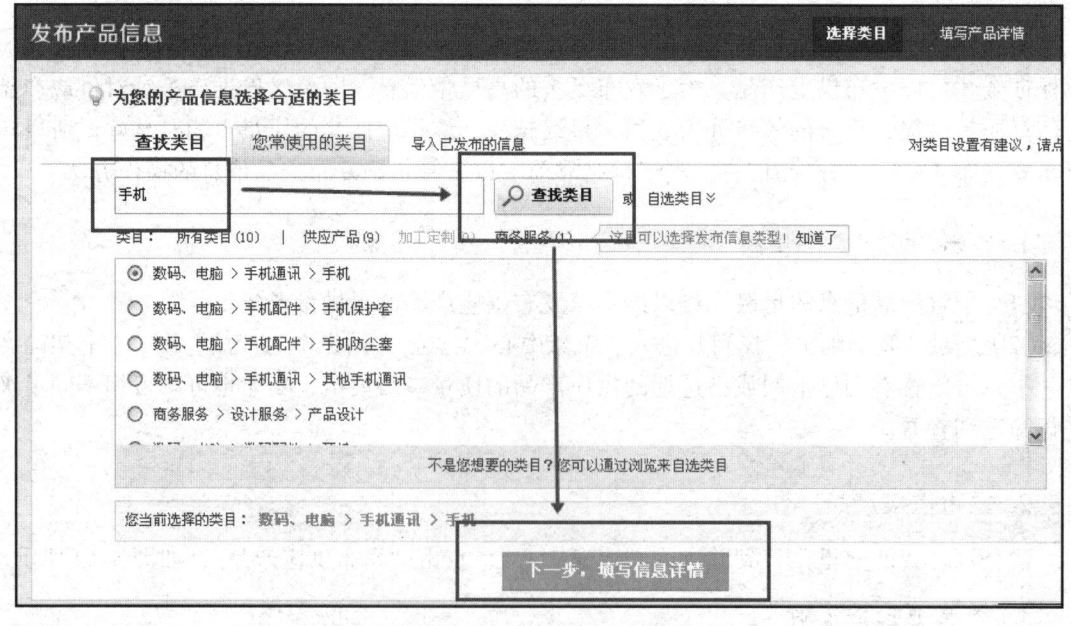

图 4-20 选择正确类目

2)信息标题

标题是信息内容的核心浓缩。表述清晰并且包含产品关键信息的标题,能够让用户更容易了解产品,从而吸引买家更多的兴趣。具体有以下几个方面:

① 一条信息一个产品,一个信息标题只描述一种产品,多个产品不要放在同一个标题中;
② 信息标题包含产品相关的关键字,如图4-21所示。

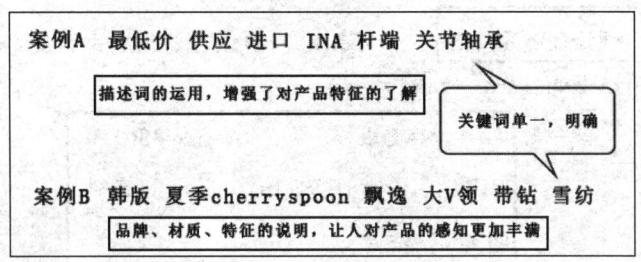

图4-21 合理的标题

③ 标题中增加和产品相关的描述性词,丰富标题内容,突出产品卖点。

例如:支持混批、支持支付宝、品牌、型号、款式、颜色、材质、功能、特性、促销折扣信息等。

3)产品属性

完整、正确的填写产品属性,可以提高信息在搜索时的命中率,大大提高产品曝光概率,也能够让买家在第一时间内更全面地了解产品。如图4-22所示。

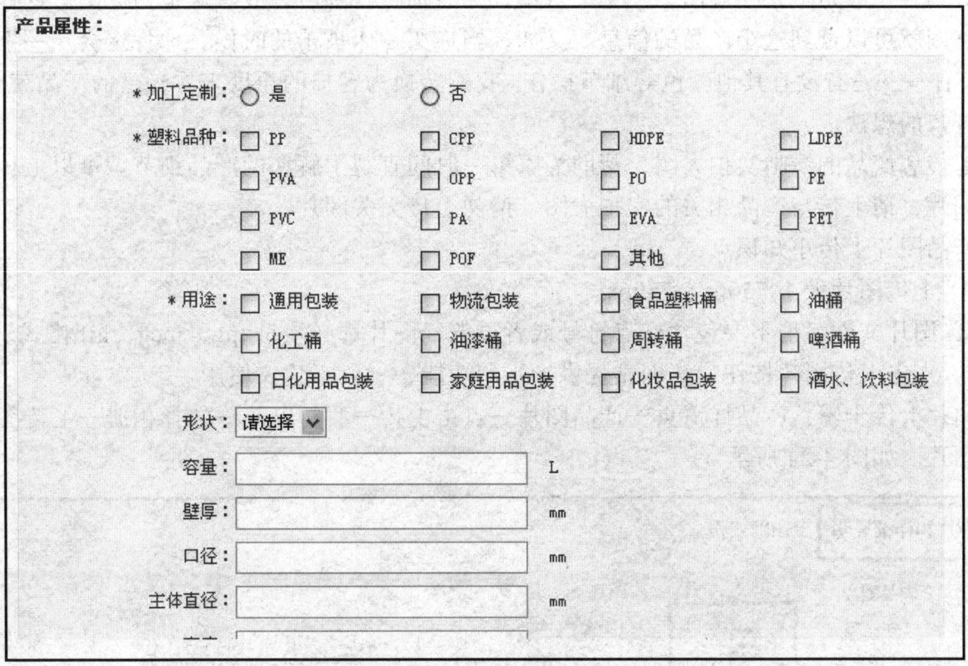

图4-22 产品属性

提示:建议完整、正确的填写产品属性,一个空都不漏掉!

4）产品销售属性

买家更信任支持网上订购的卖家，建议根据产品实际情况，选择"支持在线订购"，详细填写价格区间。如图 4-23 所示。

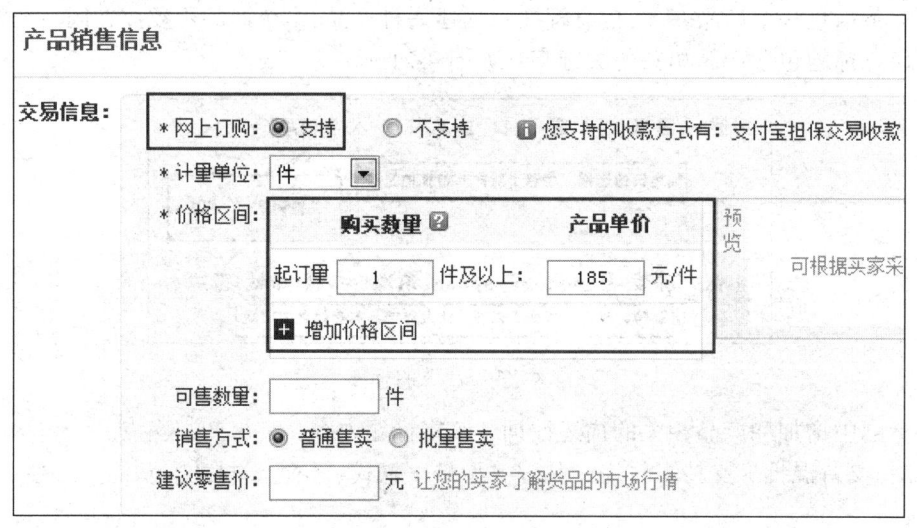

图 4-23 销售属性

5）产品图片

产品图片是指同一款产品的不同角度的照片，或者是一款产品的整体和细节图。例如，对于灯饰，一般是一张亮灯图，一张关灯图，然后加一张细节，或者其他角度图。这样别人从你首图就可以读到这个产品的信息。又如，当你买一床被子的时候，你肯定会点一下其他首图，看一下还有没有其他颜色等细节操作。我们转换为客户的角度来看自己的产品就好了，体会客户的想法。

上传您产品的清晰实拍大图，帮助买家第一时间直观了解您的产品细节。可以上传三张产品图片，请上传与产品相关的实拍大图，请勿上传无关图片。

产品图片上传小知识点：

① 上传图片大小 750px × 750px。

② 图片文件名请不要包含标点符号或者过长，图片都必须是 jpg，jpeg，gif 格式。

③ 点击上传图片按钮后，网站提供加水印功能，一般不建议使用。

图片上传步骤：产品详情页—产品图片—点击上传—我的电脑—选择相册—上传图片—插入图片。如图 4-24 所示。

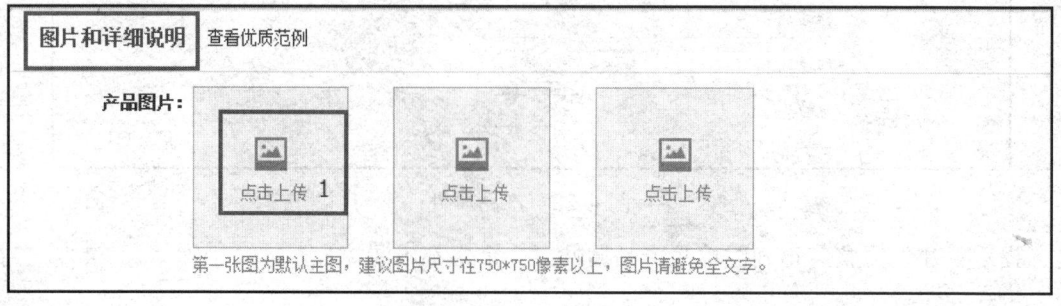

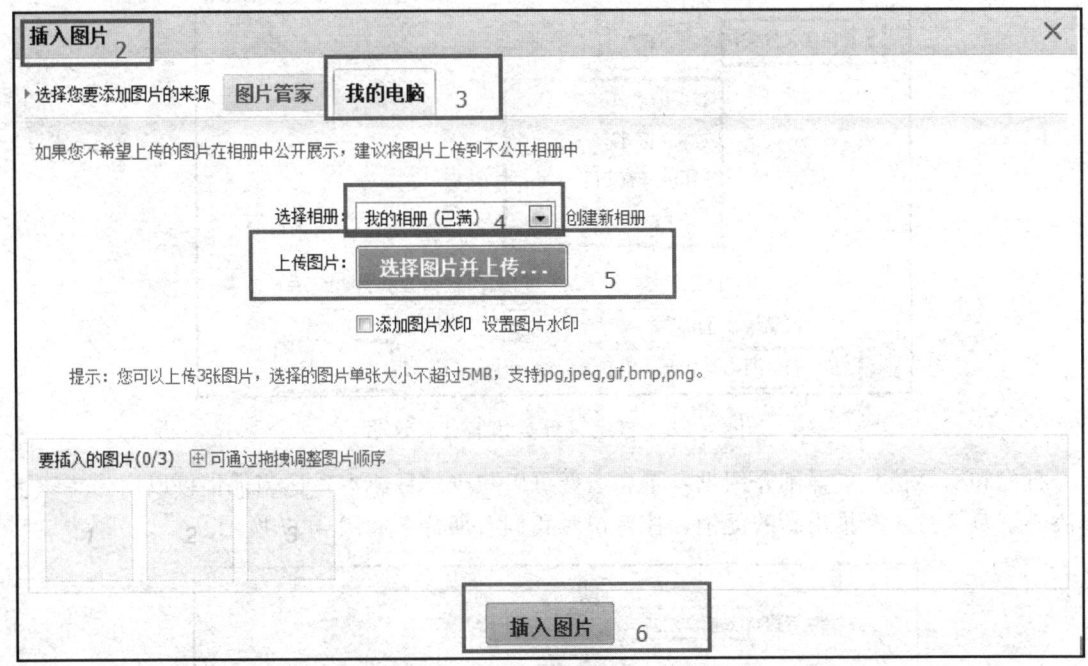

图 4-24 上传产品图片

6）产品的详细说明

详细说明承载了整个产品的详细介绍，包括产品细节图、产品性能、材料、参数表、型号、用途、包装、使用说明、售后服务等方面，图文并茂，突出产品的优势和特点。它是买家进行下单交易决策的重要组成部分之一。详细说明的顺序如图 4-25 所示。

① 产品使用说明，产品介绍，产品功能描述。
② 产品的品质保证，质量优势，促销政策。
③ 产品的售后服务，退换货政策。

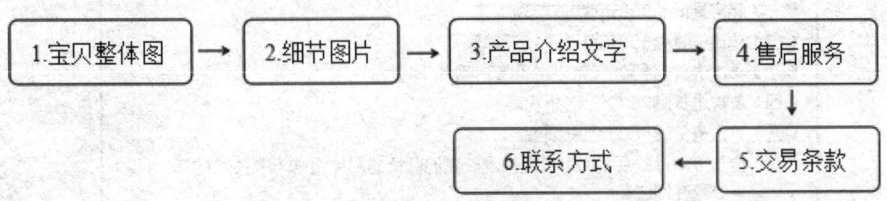

图 4-25 详细说明的顺序

7）完善其他信息

选择自定义分类：根据自己的产品选择分类，这样有助于买家更迅速地找到我们的产品。

填写信息有效期：您可以自行进行设置。信息有效期选择建议您根据所在行业产品的特性，设置合适的信息有效期，比如说服装款式讲究新颖，有季节性，建议您设置有效期为 3 个月，大型机械是长期供应的，建议您可以选择最长的 6 个月信息有效期。如图 4-26 所示。

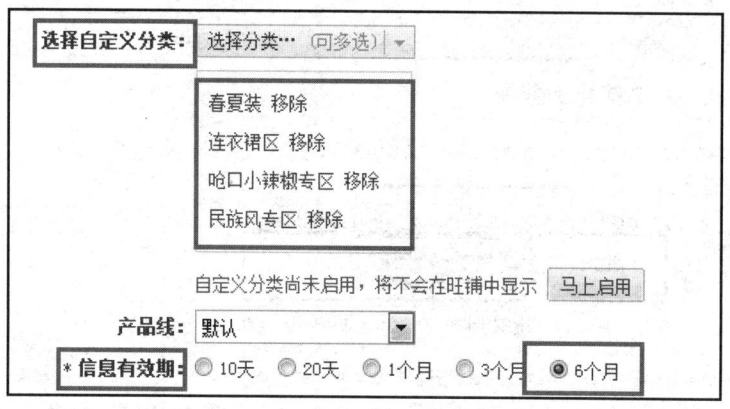

图 4-26 自定义分类和信息有效期

批发和交易信息：详细介绍批发量和运费可以减少解释成本，适当促销可以增强买家下单决心，每个月不断推出新的促销，让客户对我们有期待。如图 4-27 所示。

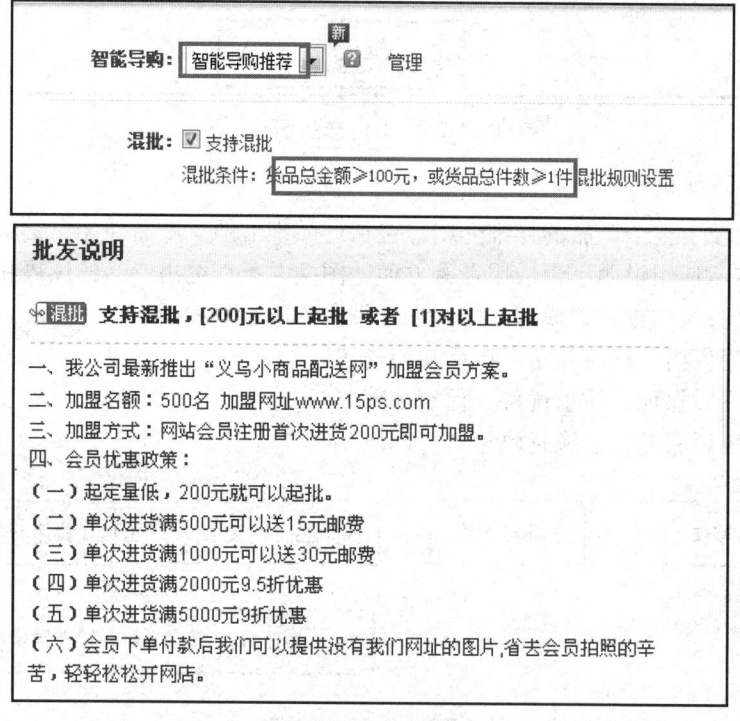

图 4-27 完善智能导购信息和批发信息

到此，所有产品信息录入完毕，点击"我要发布"按钮，发布成功后，阿里巴巴工作人员在 24 小时内审核，审核通过后将展示在网站上。如果对信息有不满意的地方，还可以在"卖家中心"—"销售中的产品"中修改。

3. 检查产品信息星级

产品信息星级的等级分为五档，星级越高，该供应产品的质量也相对越好。所以建议卖家发布 4、5 星的产品信息，以利于排名靠前。

## 4.4 旺铺管理

### 4.4.1 旺铺简介

阿里旺铺是企业营销型建站产品,是阿里巴巴推出的战略性收费产品,用来展示公司和产品信息,提供全方位的电子商务解决方案。诚信通会员可以免费使用,普通会员付费使用。旺铺提供了8个核心服务,帮助会员在电子商务快速成长。

1. 旺铺的分类

阿里旺铺分四个版本,旺铺入门版、旺铺标准版、超级旺铺1.0、超级旺铺2.0。入门版是普通会员完成身份认证并完善旺铺信息即可免费开通的,标准版和超级旺铺1.0是诚信通专用的,超级旺铺2.0需要诚信通会员购买某些诚信通服务才可以使用。各版本旺铺的功能对比如图4-28所示。

提示:企业用户建议采用超级旺铺1.0。

| | | 旺铺入门版 | 旺铺标准版 | 超级旺铺1.0 | 超级旺铺2.0 |
|---|---|---|---|---|---|
| | | 普通会员完成身份认证并完善旺铺信息即可免费开通 | 诚信通会员专享 | 诚信通会员专享 | 诚信通会员专享<br>购买诚信通服务即可开通 |
| 旺铺装修 | 主题风格 | 15套主题风格 | 80套主题风格 | 80套主题风格 | 80套主题风格 |
| | 板块管理 | ✓ | ✓ | ✓ | ✓ |
| | 板块总数 | 20个 | 20个 | 30个 | 50个 |
| | 供应产品分类背景 | — | — | ✓ | ✓ |
| | 页面管理 | ✓ | ✓ | ✓ | ✓ |
| | 招牌风格 | | | | |
| | 主题图片 | 支持1张主题图片展示 | 支持1张主题图片展示 | 支持4张主题图片滚动展示 | 支持4张主题图片滚动展示 |
| | 自定义背景 | | | ✓ | ✓ |
| | 自定义布局 | | ✓ | ✓ | ✓ |

图4-28 旺铺各版本对比

2. 旺铺的功能

(1)依托阿里巴巴大市场,吸引更多客户。

网站不应该是信息的孤岛,更应该开在人气旺盛的地方。将网站建在阿里巴巴,免费共享阿里巴巴海量买家资源的同时,更可借助阿里巴巴的品牌影响力,吸引更多客户和商机。

(2)超强网站外观设计,打造企业级形象展示平台。

向客户展示企业产品形象是您成功交易的第一步。超强网站外观设计,全面展示您的企业和产品形象,让企业脱颖而出。

(3)图片管家,海量存储空间免费托管您的产品图片。

海量图片存储空间,让企业的产品图片想存多少就存多少。提供超强相册展示功能,多种展示效果随意选择，让买家通过相册浏览一目了然快速了解您的产品。

（4）诚信档案，树立网商信誉，赢得客户信赖。

诚信为商人立足之本。在阿里巴巴建立企业的诚信档案，在旺铺多维度全面展示企业在网上贸易过程中的信用情况，积累网商信用，赢得客户信赖。

（5）生意参谋，为营销出谋划策。

在竞争越来越激烈的今天，谁的营销做得更精准，谁就能赢得市场先机。推广效果如何，目标客户在哪里，他们喜欢什么？让生意参谋为企业出谋划策，助企业明明白白做生意，清清楚楚拿订单。

（6）精准营销，抓住潜在买家。

精准营销，实时跟踪来访者浏览行为，帮企业实时分析来访者购买意向，精确识别访客信息、主动与访客取得联系，抓住更多生意机会。

（7）顶级域名，树立企业独立品牌形象。

客户无需记忆较长的二级域名，直接通过顶级域名即可访问企业的网站，独立展示企业和产品信息，树立企业独立品牌形象，彰显企业实力。

（8）企业邮局，让企业和客户没有距离。

无需自己投入硬、软件设备和设置专门的技术人员，即可拥有以企业域名为后缀的电子邮件系统，享受安全、稳定超大容量的企业邮局服务，节省企业运营成本的同时，让企业和客户没有距离。

3. 开通旺铺

（1）进入"我的阿里"—"卖家中心"—"我的旺铺"，如图4-29所示，进入旺铺开通页面。

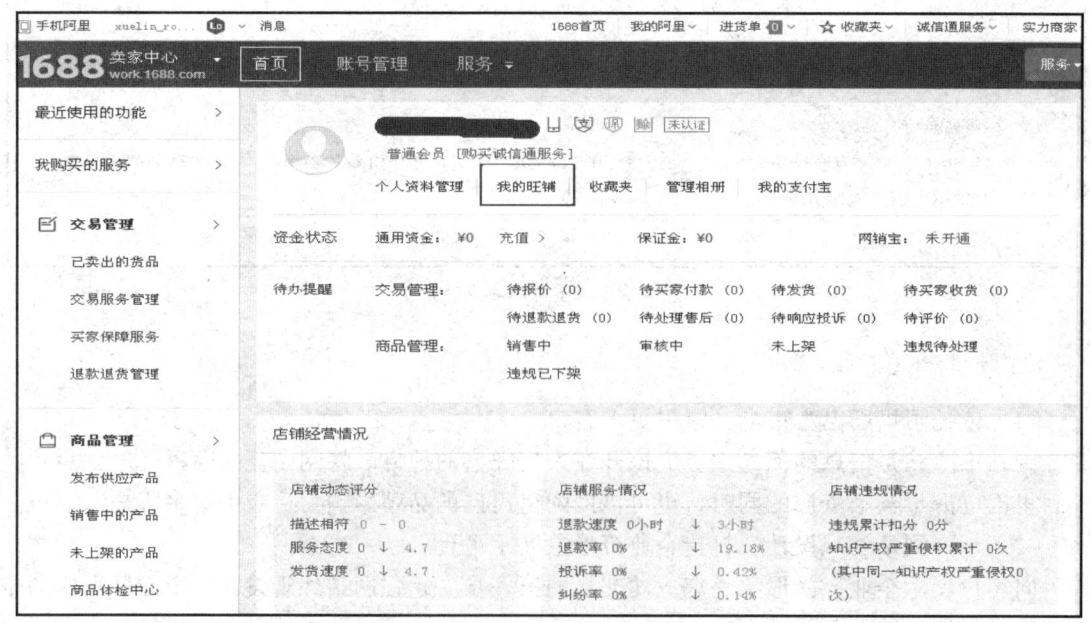

图4-29 进入旺铺开通页面

（2）"完成身份验证"，点击"开始身份认证"，进入实名认证页面，选择完成个人实名认证或企业名称认证。"完善旺铺信息",根据账户完成的认证性质不同,完成个人认证的会员可选择发布旺铺介绍,或完成企业名称认证的会员可发布公司介绍。如图 4-30 所示。

提示:如果在注册账号之前已经实名认证,在开通旺铺时"身份认证"这一步可以忽略。

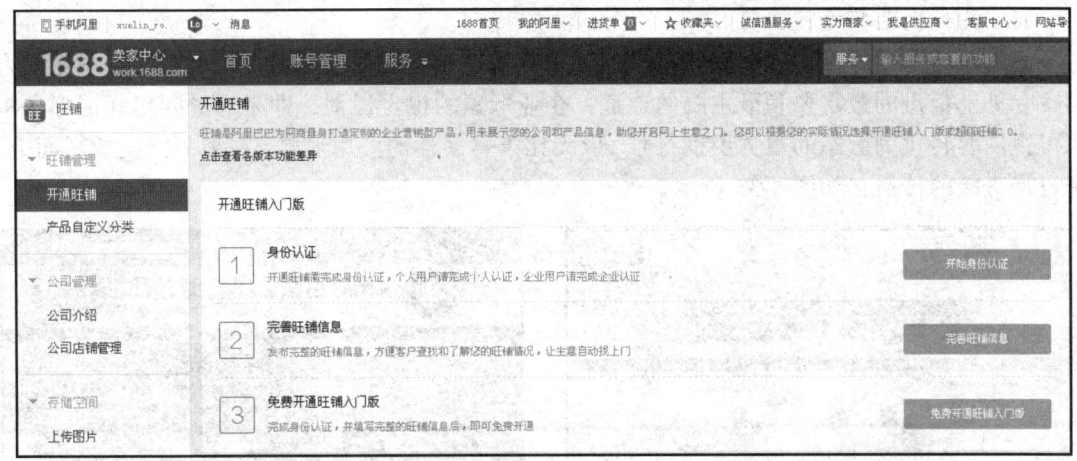

图 4-30　开通旺铺

4. 旺铺管理

(1)点击"我的阿里"—"卖家中心"—"我的旺铺",进入旺铺管理页面,如图 4-31 所示。

图 4-31　旺铺管理

(2)点击"旺铺"进入管理页面,点击"旺铺装修"按钮,开始装修美化。如图 4-32 所示。

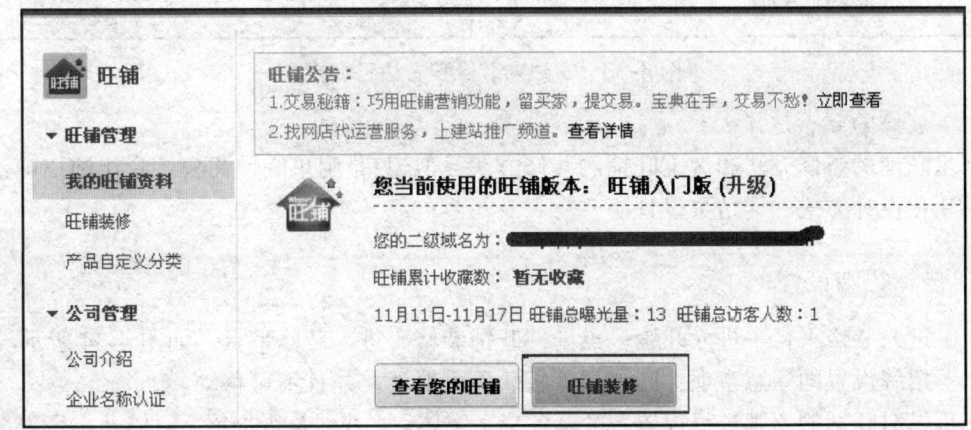

图 4-32　旺铺装修

### 4.4.2 旺铺页面设计

1. 装修概要

（1）为什么要装修？

人们所感知的外部信息，有 83% 是通过视觉通道到达人们心智的。也就是说，视觉是人们接受外部信息的最重要和最主要的通道。企业形象的视觉识别，即是通过阿里旺铺形象将非可视内容转化为静态的视觉识别符号，以无比丰富多样的应用形式，在最为广泛的层面上，进行最直接的传播，如图 4-33 所示。

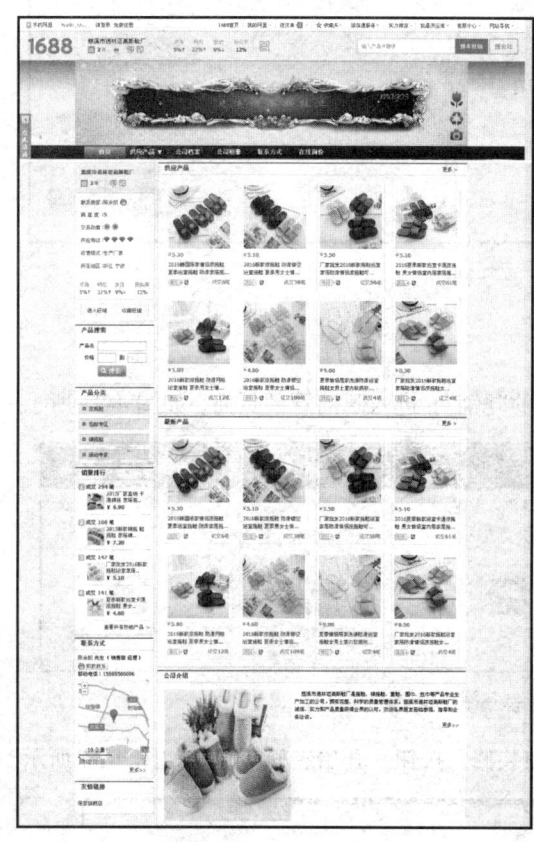

图 4-33　左边未装修和右边已装修

（2）装修的要点是什么？

阿里旺铺的装修方法和淘宝旺铺的装修方法类似，只是阿里旺铺需要注意店铺招牌设置、首页模块化设计方式、详情页设计。

2. 店铺招牌设置

（1）进入装修平台—进入旺铺—点击"旺铺装修"进入装修平台。如图 4-34 所示。

（2）招牌设置的注意事项：旺铺招牌板块不可取消，并且不可移动。

您可以对旺铺的招牌进行设置：可设置文字字体、大小、是否加粗、斜体及文字的颜色；同时可以设置招牌图片，可以"使用自定义招牌图"或"使用默认招牌图"。设置完毕后页面就会自动刷新成您设置的样式。

图 4-34　店铺招牌设置

提示：

（1）使用自定义招牌图：如果是上传图片的情况，建议招牌图宽度为 1440～1920 像素，高度在 90～200 像素之间；格式支持 jpg、jpeg、gif、png、bmp。

（2）设置公司标志：上传图片的建议尺寸为 80*80 像素，图片大于该尺寸限定时会被自动压缩；图片大小不限制；格式支持 jpg、jpeg、gif、png、bmp。

3. 首页模块化设计

所谓首页模块化，是指首页中按照以商品类别为准的陈列展示。如图 4-35 所示，某文具店铺，在首页的布局中，按照"笔记本""圆珠笔""创意文具"等以商品分类为主的模块展示，且每一个模块展示的商品都是同类商品，这样做的目的是便于顾客浏览，符合视觉营销的准则。

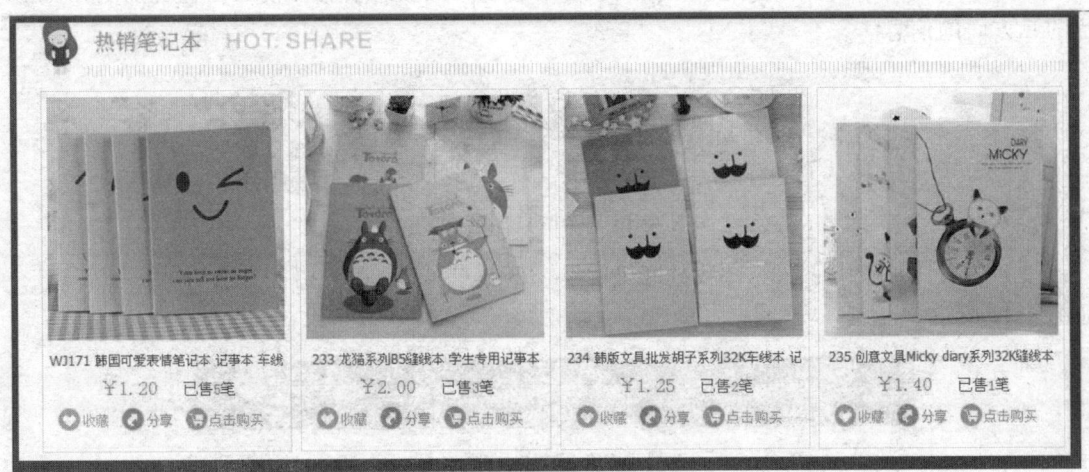

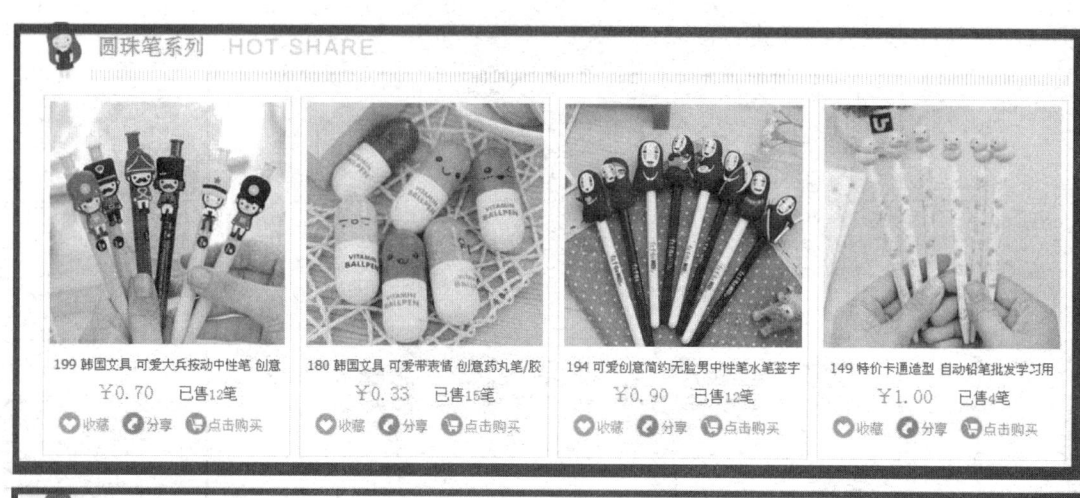

图 4-35 首页模块化

4. 详情页设计

信息详情页面是影响点击转化率的最重要因素，如果说主图是你的外表的话，那么信息详情可以说是你的内涵，营销制胜的观关键点也在此。优质的信息详情页面包含如图 4-36 所示的几方面的信息。

图 4-36 详情页内容模块

（1）进入"卖家中心"—"我的旺铺"—"旺铺装修"，在店招上方点击"页面管理"，如图 4-37 所示。

图 4-37 进入面管理

(2)在"产品详情页面"点击"装修页面",如图4-38所示。

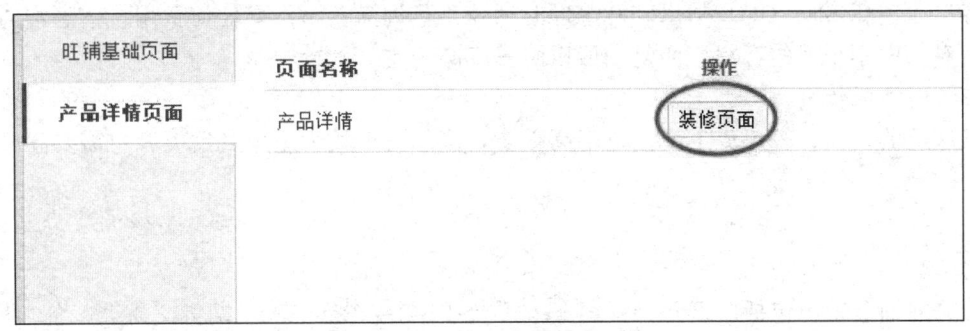

图4-38 进入装修页面

(3)进入"产品详情页面",点击"添加模块",按照前面所述详情页所包含的内容模块,逐步添加不同类型的模块。如图4-39所示。

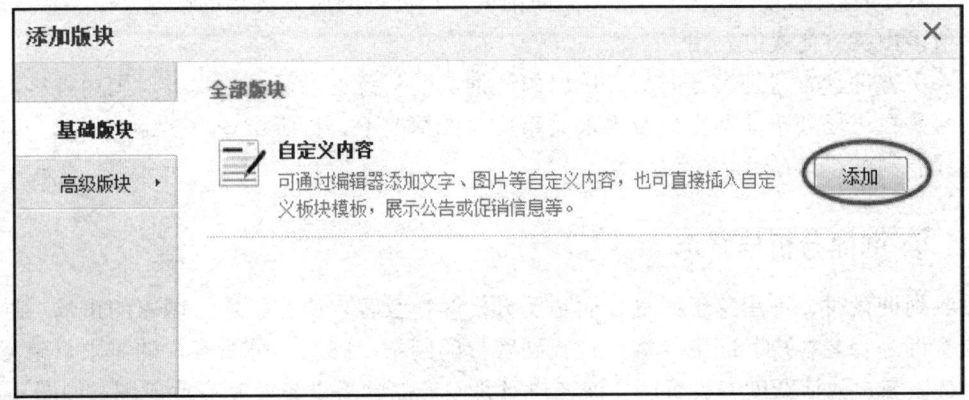

图4-39 添加模块

(4)完成详情页的所有模块后,点击"发布"—"确认发布"按钮。

## 4.5 B2B平台询盘管理

### 4.5.1 询盘概念

询盘也叫咨询,是指交易的一方准备购买或出售某种商品时,向潜在的供货人或买主探寻该商品的成交条件或交易的可能性的业务行为,它不具有法律上的约束力。

1. 询盘的方式

(1)电子邮件、网站留言或论坛回复。

国内客户通过电子邮件、网站留言或论坛回复询盘时,对于他们来讲产品的需求紧迫度可能不高;但是国外客户常用的询盘沟通方式,一般是电子邮件,所以国内客户和国外客户的情况要区别对待。

（2）即时聊天工具。

客户通过 MSN、QQ、阿里旺旺等即时通信工具询盘，不需要任何费用，信息沟通比较及时。对于中小企业的客户，回复一般以阿里旺旺为主。

（3）电话或传真。

发这类的询盘，客户成本要比电邮高很多，产品需求较为紧迫，这类客户需要高度关注和跟进。

2. 询盘的来源

常见的询盘来源包括以下几种：第三方平台（B2B，B2C等）、网货交易会、各类广告、网络营销、朋友人脉或二次交易。

3. 询盘的分类

（1）买方询盘。这是买方主动发出的向国内外厂商询问所需货物的信息。在实际业务中，询盘一般多由买方向卖方发出。

（2）卖方询盘。这是卖方向买方发出的征询其购买意见的函电。卖方对国内外客户发出询盘大多是在市场处于动荡变化及供求关系反常的情况下，探听市场虚实、选择成交时机，主动寻找有利的交易条件。

### 4.5.2 询盘分析与筛选

刚收到询盘时，不用急于回复，而是要分析客户及客户所在行业、国家的市场。通过各种方式查询是否老客户、同事的客户；找到客户的网站、邮箱，分析客户的需求量及意向价格，了解该客户的活跃度，从而估摸该客户对我们产品的需求量及其商业范围。如图4-40所示为客户询盘的动机，据统计平均80%的询盘没有被阅读。由此总结出客户一般归纳为5种类型，如表4-3所示。

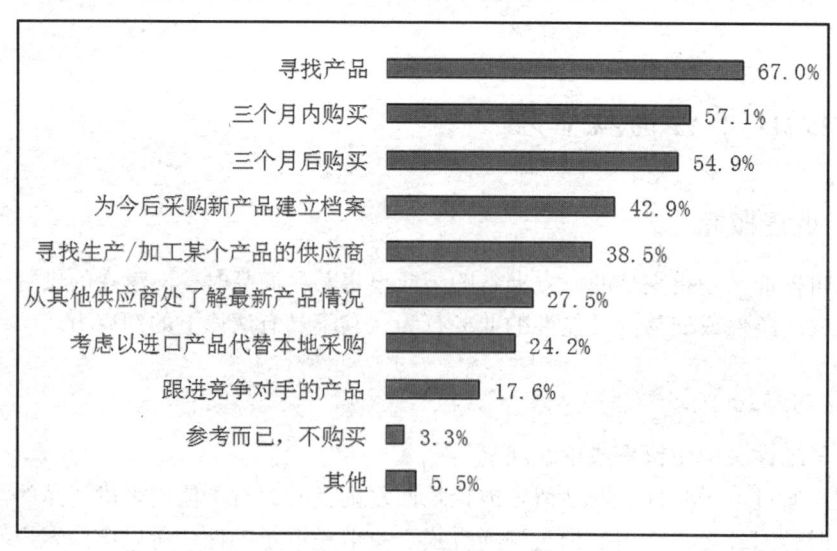

图 4-40　客户询盘的动机

表 4-3　客户询盘的动机

| 动机 | 询盘内容 | 目标产品 | 专业程度 | 特点 |
|---|---|---|---|---|
| 有意采购 | 详细 | 非常明确 | 很专业 | 问题详细,邮件简明扼要 |
| 潜在客户 | 详细 | 不明显 | 有些较专业,有些刚入行不专业 | 有经营经验,但对你的产品还不够了解;有的是新手有许多具体问题还需要解决 |
| 索要样品 | 不详细 | 较明确 | 不专业 | 只关心样品,不关心产品质量 |
| 搜集信息 | 不详细 | 不明显 | 较专业 | 往往是竞争对手的刺探 |
| 无明确目标 | 极不详细 | 极不明确 | 不明显 | 贸易平台转发,一般一武器就索要价目表 |

1. 询盘动机分类

1）有意采购型

正在寻找你所提供的产品或者类似产品。这类询盘有如下特点：

① 目标明确：品名具体、要货数量、交货条款。

② 买家信息全面：公司名称，地址，邮件，电话，传真，网站联系人。

③ 询问专业：问题详细，邮件简明扼要。对于这类询盘我们要高度关注，及时、准确、全面、专业的答复和有竞争力的报盘是达成交易的关键。

如果买家不回复就有可能是因为我们的报价不够全面或者不具备竞争力，大大超出了客户的目标价位，所以往往我们在第一轮就被筛选淘汰掉了。如果希望留住这样的客户，至少是可以与客户多交流，那么在报价上就需要比较谨慎，不要随意报高价。同时报价单要尽量详细，不能有错误。有的业务员在报价的时候只写金额，连什么样的报价方式都没有，这会让买家觉得我们不专业，最基本的常识都不懂，所以这样的错误一定要避免。另外可以额外推广介绍自己的公司和产品，让客户更全面地了解我们，也许会有意外的惊喜。

2）潜在客户型

有经营经验，但对你的产品还不够了解。有的是新手有许多具体问题还需解决。特点：一般信息比较全面（有公司名称，地址，电话，传真，联系人/有诚意）。从问题的专业度评估，可以对其做出判断，这类客户是你的潜在客户，需要培养，要耐心、专业的回答和恰当的跟踪，培养增强他和你做生意的信心。通常我们在收到这类客户的询盘后，可以在回复当中询问下对方一些专业的问题。如果这类买家不回复报价的话，同样会是因为报价太高的原因。另外就是买家目前是有相对固定的供应商的，所以不会轻易更换，但是也有寻找新的供应商的意向。对于这类客户我们除了要回复完整之外，还需要使邮件看起来与众不同一些，以便抓住客户的眼球。

3）收集信息型

有些客户可能也是刚刚进入电商市场或者是你的竞争对手，他们需要了解市场、了解产品，得到更多同行的信息，所以会给一些供应商发送询盘。特点：十分专业，数次沟通后他们就会汇来购样品款。但永远不会成为你的客户，相反有可能成为你的竞争对手。回复这类邮件要把握专业的尺度，设法委婉地拒绝。我们回复的时候可以问下对方要这些资料做什么，倒过来反问他。

4）无明确目标型

通过贸易平台转来的查询，如中国制造网上的某些询盘，查询品种繁多目标不明确，一般一开口就索要价格表。

5）索要样品型

邮件交流发现他对价格、质量等并不关心，他关心的只是给他送样品。坚持让他付样品费和邮费，就杳无音信了。对于这类询盘，我们已经能够淡然处之，可以弃之不理。

2. 筛选询盘

筛选询盘的目的是高效锁定目标客户；节省时间、精力、成本，避免垃圾询盘，将客户分层，方便后期管理。接到询盘后，首选要做的是对询盘信息进行分析，按照客户优先级别分类，具体的方法如下。

（1）查看询盘内容和公司信息。

询盘内容中对产品规格、参数等是否专业和具体。如果公司的信息介绍太简单，求购意图不明显，地址也写得很模糊，预留的公司网站是虚假地址或者并非诚信通会员统一的格式，通常情况下就有可能是虚假的信息。虽然人们并不能从这些信息中完全断定对方的询盘是虚假，但至少可以提高警惕。

【例4-1】 比较下面三个询盘。

甲："请问你们生产运动跑鞋吗？"

乙："李先生，你们的折叠纸扇价格多少？"

丙："你好，张总，我们是某香水公司，需要香水灌装玻璃瓶。现需求 30 ml 容量、高度 10 cm、宽度 6 cm、喷头铝化材质规格的玻璃瓶 10 万件；需求 15 ml 容量无喷头，高度 6 cm、宽度 4 cm、塑料材质瓶盖规格的玻璃瓶 4 万件。请报价。"

（2）通过查询工具了解公司信息真伪。

通过阿里巴巴网站、搜索引擎、工商红盾网，查询企业资质和信用。

（3）询问买家，深入判断。

通过询盘买家对产品了解的专业程度、行业资历和口碑、购买商品的诚意度，综合判断询盘买家的成交几率。

3. 询盘分级

面对众多的买家询盘，对其进行分级能帮助企业有效处理最重要最有价值的买家询盘。

（1）A类询盘，优先级高。

询盘非群发，产品需求明确，信息详细真实；客户有介绍自己公司信息，资料上有明确的联系方式等。

回复对策：第一时间回复，及时、有针对性地解答疑问，附上联系方式。

（2）B类询盘，优先级一般。

对公司产品有兴趣，可能要求发报价单和样品，无明确产品需求，询盘群发。

回复对策：引导明确具体的需求，可选给公司简介和主打产品等信息，附上联系方式。

（3）C类询盘，优先级低。

不按照规矩办事，需求不明确，仅寻求合作等。

回复对策：给予公司介绍和主打产品等信息，可以制作统一的模板（电子版，带图片等），附上联系方式。

【思考与练习】

1. 填空题

（1）阿里巴巴的会员类型有两种，分别是_____、_____。

（2）阿里巴巴会员旺铺有_____、_____、_____、_____四个版本。

（3）阿里巴巴诚信通会员第三方认证，需要_____个工作日才能完成认证。

（4）阿里巴巴中文站网站域名是_____，阿里巴巴国际站网站域名是_____。

（5）在阿里巴巴网站上可以销售商品的商家类型有_____、_____、_____、_____等。

2. 问答题

（1）阿里巴巴网站收费会员和免费会员有何区别？

（2）在B2B网站发布产品信息，必填项有哪些？

（3）在B2B网站发布高质量的信息具有哪些优势？

（4）常见的询盘方式有哪几种？如何对询盘进行分类与筛选？

3. 技能实训

（1）使用在淘宝注册的账号登录阿里巴巴网站：

① 查看阿里巴巴平台后台有哪些功能。

② 作为买家在阿里巴巴平台搜索某款产品，了解如何购买。

③ 查看诚信通的服务介绍与在线办理流程，思考诚信通对阿里巴巴网站的营销价值。

④ 尝试发布一个化妆品公司经营的产品和公司的基本信息。

（2）在阿里巴巴平台上找到本地诚信通企业，查看其发布信息的标题和详细内容是否符合要求，旺铺装修是否美观，产品的搜索排名是否靠前。

（3）在阿里巴巴平台寻找三家你认为装修美化非常优秀的旺铺，并分析优点。

# 第 5 章　B2C 电子商务平台运营

## 5.1　B2C 电子商务平台运营概述

B2C 中的 B 是 Business，即商业供应方（泛指企业），2（two）则是 to 的谐音，C 是 Consumer，即消费者。B2C 电子商务是按电子商务交易主体划分的一种电子商务模式，即表示企业对消费者的电子商务，具体是指通过信息网络以及电子数据信息的方式实现企业或商家机构与消费者之间的各种商务活动、交易活动、金融活动和综合服务活动，是消费者利用 Internet 直接参与经济活动的形式。

B2C 是企业对消费者直接开展商业活动的一种电子商务模式。这种形式的电子商务一般以直接面向客户开展零售业务为主，主要借助于互联网开展在线销售活动，故又称为电子零售（电子销售）或网络销售。国内外知名的 B2C 电商平台有：

图书音像：当当网、卓越亚马逊。
综合商城：京东、麦网、天猫、1号店。
团购网站：淘宝聚划算、美团、拉手、糯米。
电子电器：苏宁、国美
购物分享：美丽说、蘑菇街。
垂直购物：红孩子、凡客诚品、聚美优品等。

在国内的 B2C 平台中，天猫商城和京东商城占有的市场份额最高，所以下面对天猫和京东平台的相关规则、基本设置、日常管理等方面进行全面介绍。

### 5.1.1　天猫简介

"天猫"（Tmall）亦称天猫商城，原名淘宝商城（域名 www.tmall.com），是一个综合性购物网站，其整合数千家品牌商、生产商，为商家和消费者之间提供一站式解决方案。提供100%品质保证的商品，7天无理由退货的售后服务，以及购物积分返现等优质服务。迄今为止，天猫已经拥有4亿多买家，5万多家商户，7万多个品牌；多种新型网络营销模式正在不断被开创。如图 5-1 所示为天猫首页。

天猫的发展历程：
2008 年 4 月，淘宝商城正式上线。
2012 年 1 月，淘宝商城正式宣布更名为"天猫"。
2012 年 3 月，天猫发布全新 Logo 形象。
2012 年 11 月，天猫借"光棍节"13 小时卖 100 亿，创世界纪录。
2014 年 2 月，阿里集团宣布天猫国际正式上线，为国内消费者直供海外原装进口商品。

图 5-1 天猫首页

### 5.1.2 京东简介

京东商城（域名 www.jd.com），目前已成长为中国最大的自营式电商企业，致力于为消费者提供愉悦的在线购物体验，京东商城以富有竞争力的价格，提供具有丰富品类及卓越品质的商品和服务，以快速可靠的方式送达消费者，并且提供灵活多样的支付方式。同时，京东商城还为第三方卖家提供在线销售平台和物流等一系列增值服务。如图5-2所示为京东首页。

图5-2 京东首页

京东的发展历程：

1998年6月，刘强东在中关村创业，成立京东公司。

2007年6月，成功改版后，京东多媒体网正式更名为京东商城，以全新的面貌屹立于国内 B2C 市场。

2009 年 1 月，探索 B2C 增值服务领域的重要突破，也是商品多元化的又一体现。

2011 年 2 月，京东商城启动移动互联网战略。

2013 年 3 月，京东，去商城化，全面改名为京东，启用 JD.COM 域名，随后更换 LOGO。

2014 年 1 月，腾讯入股京东，同时京东腾讯还签署了电商总体战略合作协议，腾讯将旗下拍拍 C2C、QQ 网购等附属关联公司注册资本、资产、业务转移给京东。

2016 年 6 月，京东和沃尔玛宣布达成一系列深度战略合作。

## 5.2 天猫平台运营

### 5.2.1 天猫与 C2C 平台的区别

"天猫"将提供一个定位和风格更加清晰的消费平台。天猫网购，代表的是时尚、潮流和品质，这恰好就是天猫网购要全力打造的品质之城。更重要的原因是随着 B2C 的发展，消费者需要全新的、与阿里巴巴大平台挂钩的代名词。

1. 入驻资质

品牌商：拥有在国内注册的商标。

企业：合法登记的企业用户，并且能够提供天猫入驻要求的所有相关文件，不接受个体工商户、非中国大陆企业。

2. 天猫店铺类型

旗舰店：商家以自有品牌（商标为 R 或 TM 状态），或由权利人独占性授权，入驻天猫开设的店铺。

专卖店：商家持他人品牌（商标为 R 或 TM 状态）授权文件在天猫开设的店铺。

专营店：经营天猫同一经营大类下两个及以上他人或自有品牌（商标为 R 或 TM 状态）商品的店铺。一个招商大类下专营店只能申请一家。

提示：在中国，商标上的 TM 也有其特殊含义。TM 标志与 R 不同，TM 标志并非对商标起到保护作用，只是表示该商标已经向国家商标局提出申请，并且国家商标局已经下发了《受理通知书》，进入了异议期，这样就可以防止其他人提出重复申请，也表示现有商标持有人有优先使用权。®，是"注册商标"的标记，意思是该商标已在国家商标局进行注册申请并已经通过商标局审查，成为正式注册商标。圆圈里的 R 是"注册"的英文单词 register 的首字母。

3. 天猫的收费服务

（1）保证金：天猫经营必须交纳保证金，保证金主要用于保证商家按照天猫的规范进行经营，商家有违规行为时用于向天猫及消费者支付违约金。保证金根据店铺性质及商标状态不同，金额分为 5 万元、10 万元、15 万元 3 档。

（2）技术服务费：商家在天猫经营必须交纳年费。年费金额以一级类目为参照，分为 3 万元或 6 万元两档，不同类目的商品，服务年费也不同。

（3）实时划扣技术服务费：商家在天猫经营需要按照其销售额（不包含运费）的一定百分比（简称"费率"）交纳技术服务费。不同类目的商品，技术服务费也不同。

4. 天猫店铺与淘宝企业店铺的区别

淘宝企业店铺是一种介于公司直营和个人卖家之间的店铺，普通个人卖家通过身份认证就可以开店，淘宝企业店铺需要认证企业营业执照，但是不像天猫，它不要求企业要有 100 万元以上注册资金、2 年以上经营时间、品牌注册商标和纳税身份等限制。

天猫针对的是大品牌，对企业店铺有一定运营能力和品牌影响力的要求，有一部分企业达不到天猫的要求，但在淘宝和个人商家混在一起，又体现不出它有工厂和品牌影响力。这一部分夹在中间的商家就是企业店铺的适用者。

### 5.2.2　入驻天猫平台

1. 入驻天猫的优势

（1）巨大的市场份额优势。

天猫在 B2C 购物平台的地位是难以撼动的，市场份额稳定中略有提升，在 2016 年已经占近七成市场份额。天猫每年大型的"双十一""双十二"等活动极大吸引了消费者眼球，在宣传上天猫做得较好，活动能够让更多消费者了解到并且参与其中。相较于京东，天猫晚成立了四年，然而在市场份额上，天猫却远超京东，这不得不说是一个巨大的优势。

（2）强大的平台支持。

天猫是阿里巴巴公司倾力打造的 B2C 平台，是基于成熟的淘宝网平台上建设的，通过经验丰富的网站建设团队和专业的网络营销策划团队进行推广和完善，保证了天猫先进安全的平台运行和网络广告推广，同时便捷的购物体验和强大的电子商务交易工具为天猫的经营带来了很好的口碑。

（3）密集的客流量。

基于淘宝网建设的天猫，拥有与淘宝网共享的客户资源以及服务。给天猫带来了海量的浏览量，也使得众多淘宝网的忠实消费者对天猫的优质商品和服务更加钟爱。

（4）服务优势。

入驻天猫的商户必须满足天猫所设定的门槛和要求，例如：七天无理由退换、正品保证、B2C 标准化的限时送达服务。为保证客户基本权益提供了优质的保证服务，在消费者中树立了品牌形象，提高了买家的信任度。

2. 入驻天猫的要求

1）招商对象

入驻天猫的商家必须是在中国大陆注册的企业，包括法人（公司）和合伙（合伙企业），持有相应的企业营业执照。同时申请入驻天猫的品牌必须在中国商标总局申请注册了文字商标，持有国家商标总局颁发的商标注册证或商标注册申请受理通知书（部分类目的进口商品除外）。

2）收费标准

① 保证金：商家在天猫经营必须交纳保证金，保证金主要用于保证商家按照天猫的规则进行经营，并且在商家有违规行为时根据《淘宝商城服务协议》及相关规则规定用于向天猫及消费者支付违约金。

品牌旗舰店、专卖店：带有 TM 商标的 10 万元，全部为 R 商标的 5 万元；

专营店：带有 TM 商标的 15 万元，全部为 R 商标的 10 万元；

保证金不足额时，商家需要在 15 日内补足余额，逾期未补足的天猫将对商家店铺进行监管，直至补足。

② 技术服务费年费：商家在天猫经营必须交纳年费。年费金额以一级类目为参照，分为 3 万元或 6 万元两档。

③ 实时划扣技术服务费（简称"佣金"）：商家在天猫经营需要按照其销售额（不包含运费）的一定百分比（简称"费率"）交纳技术服务费。

3）加入天猫需要的资质

① 品牌/厂商，须提供：

企业资质：申请企业需持有大陆企业营业执照、税务登记证。

品牌资质：申请企业需持有中国商标权证书或者商标受理通知书。

服务资质：申请企业需遵守"天猫"7 天无理由退换货、提供正规销售发票、积分活动等服务标准。

② 代理商，须提供：

企业资质：申请企业需持有大陆企业营业执照、税务登记证。

品牌资质：正规品牌授权书（如果一家店铺同时代理销售多个品牌，可以提供正规的进货渠道证明）。

服务资质：申请企业需遵守"天猫"7 天无理由退换货、提供正规销售发票、积分活动等服务标准。

3. 入驻天猫的流程

1）申请企业支付宝账号且通过商家认证

（1）天猫要求您所提供的支付宝账号是一个全新的账号，不可绑定任何淘宝会员 ID。

（2）如果您已经拥有了一个经过商家认证的公司账号但不符合天猫支付宝的要求，您可重新申请一个账户后，无需再重复进行一次商家认证，只需将新申请的账号与原有的商家认证账号关联即可。

2）在线申请

（1）进入天猫招商页面，详细了解入驻标准后，点击"立即入驻"开始报名，如图 5-3 所示。然后打开天猫招商入驻流程页面，如图 5-4 所示。

图 5-3 "立即入驻"页面

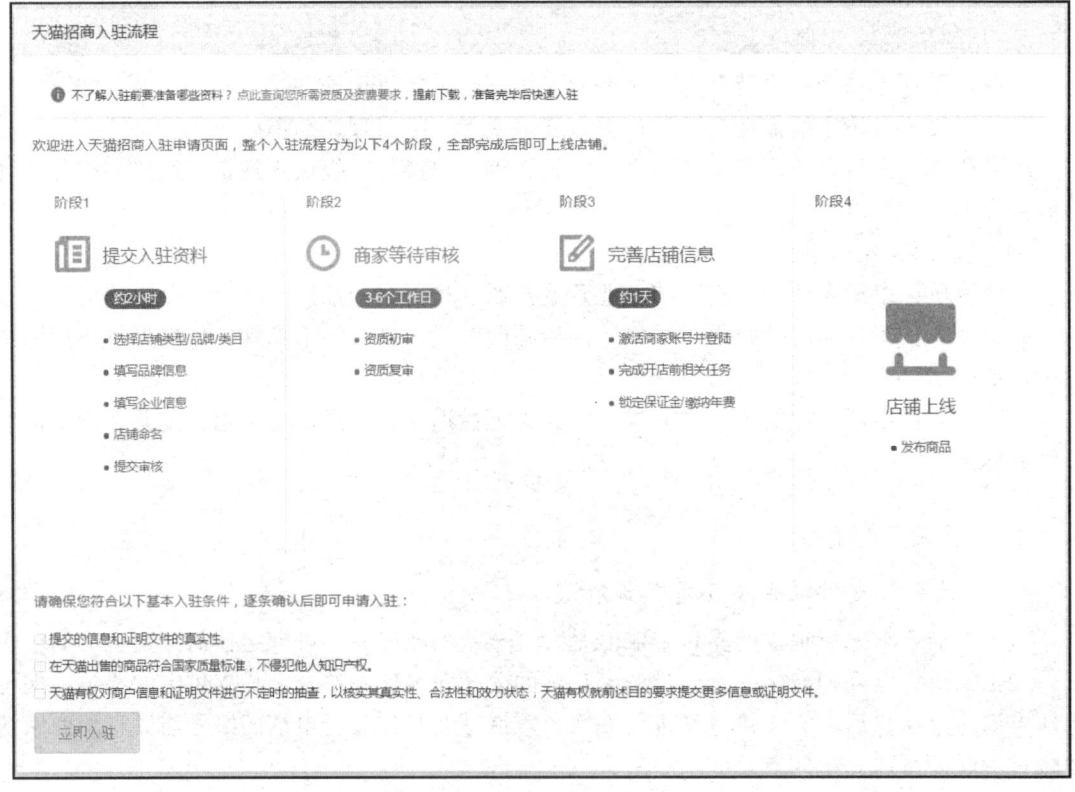

图 5-4 招商入驻流程

3）提交入驻资料

需要填写店铺类型、品牌信息、企业信息等，如图 5-5 所示。

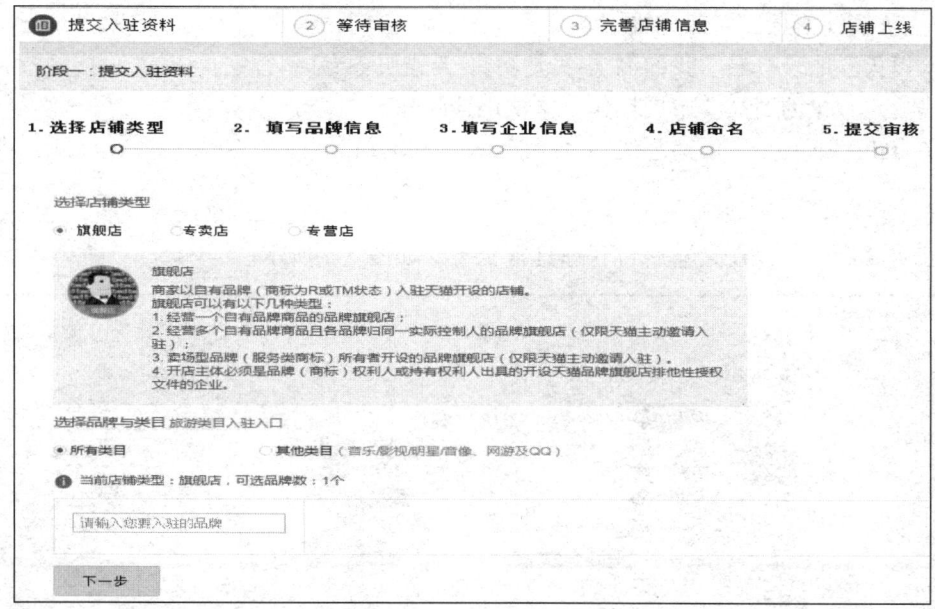

图 5-5 提交资料

（1）提交信息并线上签约：验证支付宝后在线输入申请公司信息及在线签订天猫服务条款、服务协议及支付宝代扣协议。

（2）上传品牌 logo：上传的品牌 logo 必须和商标局备案的一致。

4）等待审核

（1）邮寄企业资质及品牌资料等待天猫小二审核。（所提供资料全部为复印件材料，均须由商户加盖公章，天猫概不退回。）

（2）以天猫账号登录"我的淘宝-我是卖家-天猫服务专区"，在 15 天内完成保证金/技术服务年费的冻结缴纳操作。逾期操作，本次申请将作废。如图 5-6 所示。

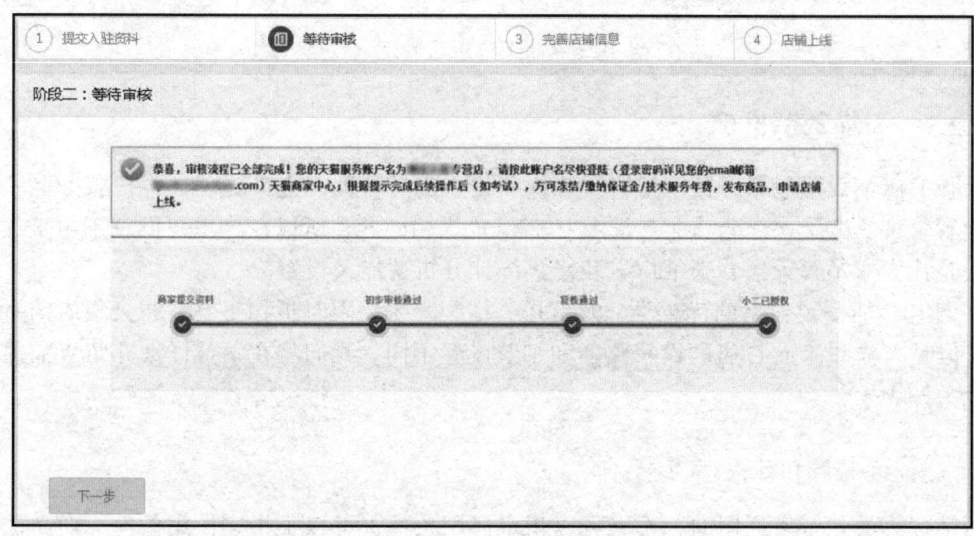

图 5-6 等待审核

5）完善店铺信息、店铺上线。

（1）以天猫账号登录"我的淘宝-我是卖家-天猫服务专区"，完善店铺信息，并在 30 天内发布满规定数量的商品。逾期操作，本次申请将作废。

（2）点击"下一步，店铺上线"，店铺正式入驻天猫。

6）入驻成功

入驻成功后 可以在天猫后台管理日常交易。如图 5-7 所示。

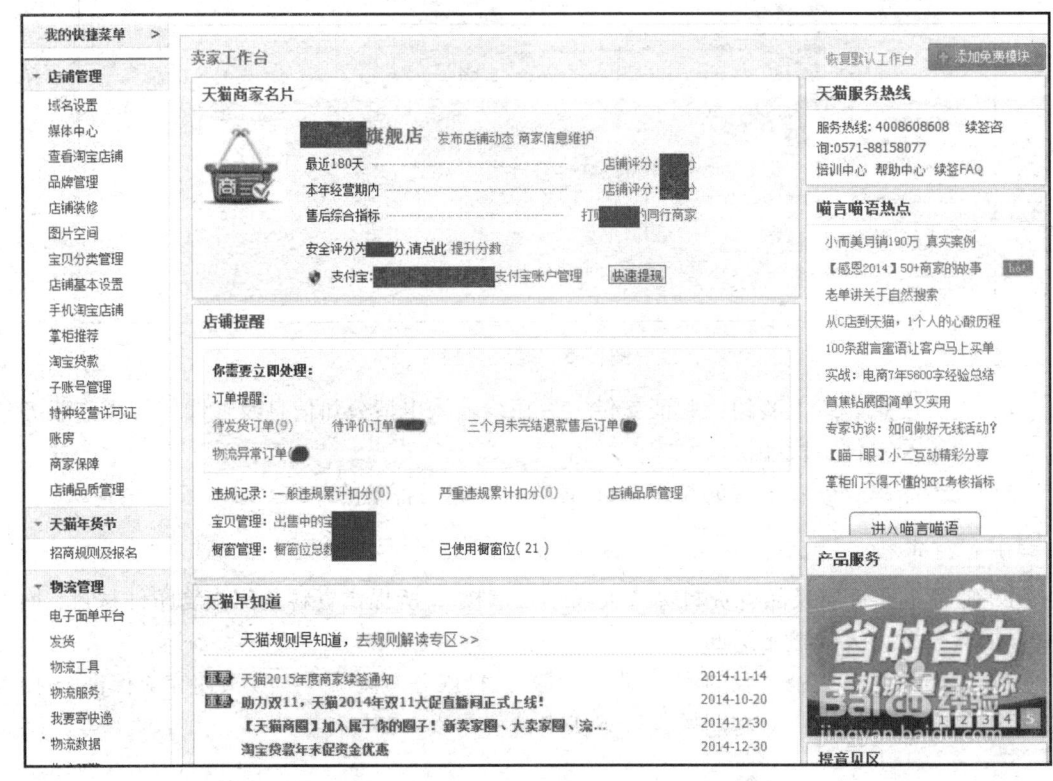

图 5-7 天猫后台管理

### 5.2.3 天猫营销推广

天猫的店铺设置包括：营销推广、装修美化、交易管理、宝贝管理、客户服务等多个模块的设置管理。由于大部分功能与淘宝 C 店设置是相同的，所以在这里我们就不再赘述。本节主要是让大家了解天猫营销推广、装修、统计分析功能及设置。

在淘宝 C 店需要付费的优惠券、满就送、搭配套餐、限时折扣工具，在天猫店铺里是免费的，但是天猫和淘宝 C 店的设置路径和细节设置不同，我们将在本节详细介绍天猫促销工具的相关知识。

1. 店铺优惠券和商品优惠券

店铺优惠券是全店通用的，卖家可以指定使用条件也可以不指定使用条件；商品优惠券是适用于卖家指定的单个或者部分商品，且有一定使用条件（比如消费满 100 元可以使用）

的。采用优惠券,可以增加回头客的成交几率,提高整店转化率,达到扩大销售的目的。

(1)"卖家中心"—"天猫营销工具"—"促销管理",如图5-8所示。

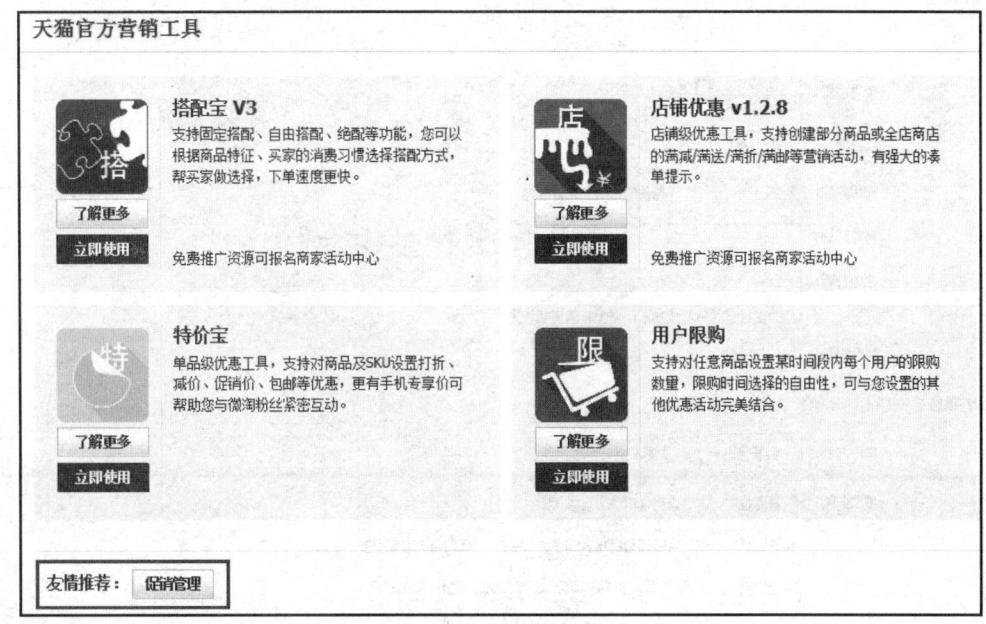

图5-8 促销管理

(2)找到淘宝卡券,进行下一步设置,如图5-9所示。

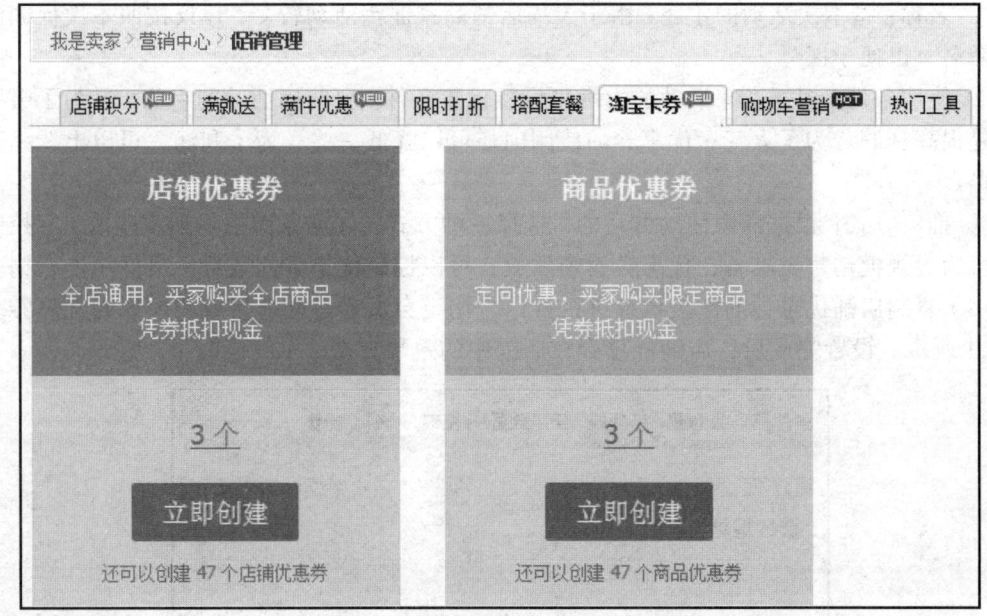

图5-9 优惠券

(3)创建店铺优惠券。在店铺优惠券板块,点击"立即创建",进入设置页面,如图5-10所示。

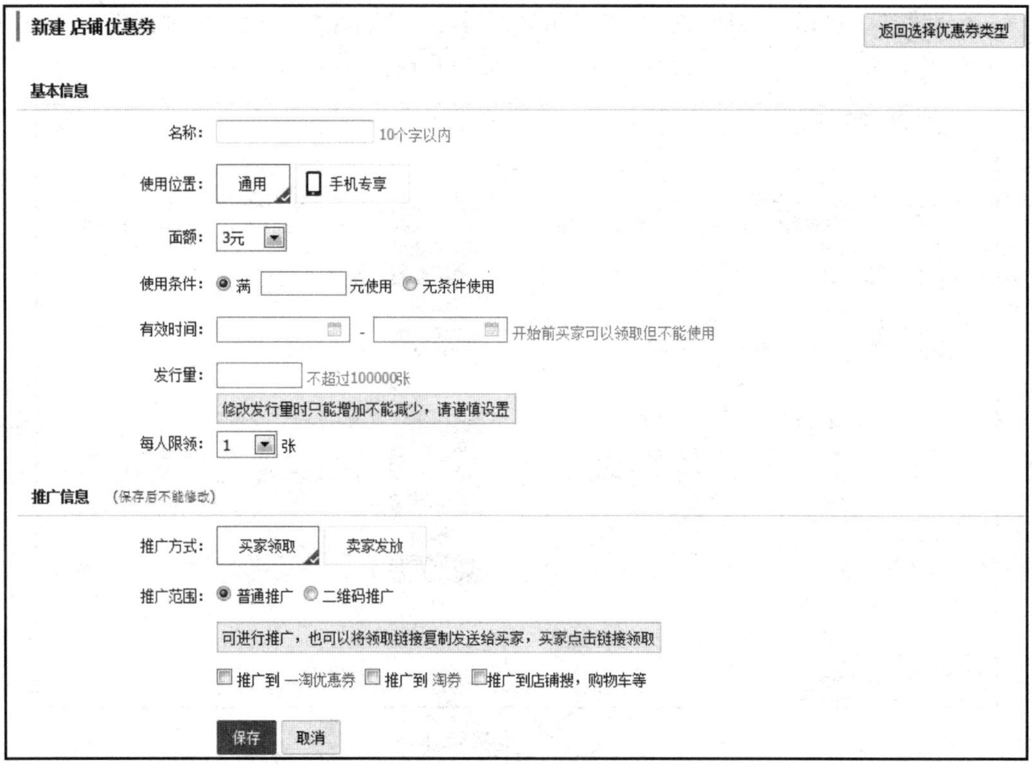

图 5-10 设置店铺优惠券

① 名称：指本次活动的主题，由于天猫店铺商家促销活动较多，建议按照本次促销活动名称命名，以便于区分。

② 使用条件：根据商家活动的力度来设置优惠条件。要明确活动的目的，是为了吸引人气还是提高利润。为了人气，优惠券的使用门槛可以降低一些；为了利润，可以上调一点使用门槛。

③ 推广方式：根据商家活动的目的，选择一种方式。优惠券如果是买家领取，不控制数量，可为大规模销售做准备；优惠券卖家发放，可以控制优惠券的数量，最好精准营销。

（4）复制店铺优惠券的链接地址进行推广，淘宝会员通过此链接就能领取到优惠券。如图 5-11 所示。设置完成后，店铺优惠券在店铺中的效果如图 5-12 所示。

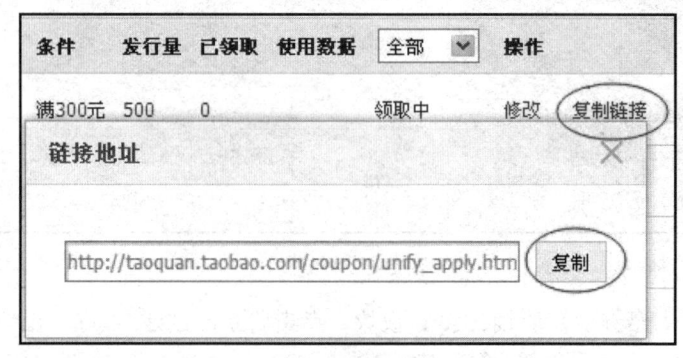

图 5-11 复制店铺优惠券链接推广

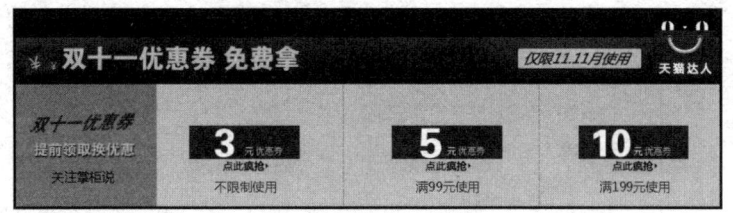

图 5-12 店铺优惠券展示效果

（5）商品优惠券的设置方法和店铺优惠券一样，这里就不再重复讲述。

2. 满就送

天猫"满就送"是基于旺铺，给卖家提供一个店铺营销平台，通过这个营销平台可以给卖家更多的流量。让卖家的店铺促销活动可以面向全网推广，将便宜、优惠的店铺促销活动推广到买家寻找店铺的购物路径当中，缩减买家购物途径的购物成本。

如果有开通官方网店，那么会在活动店铺选择中看到两个店铺，一个为天猫商城店铺，一个为官方网店，如图 5-13 所示。两者在设置上的唯一区别是，若选择官方网店，则"优惠内容"中不会出现"送积分"选项，积分是商城独有的。活动设置一旦完成，不能对活动店铺进行修改。

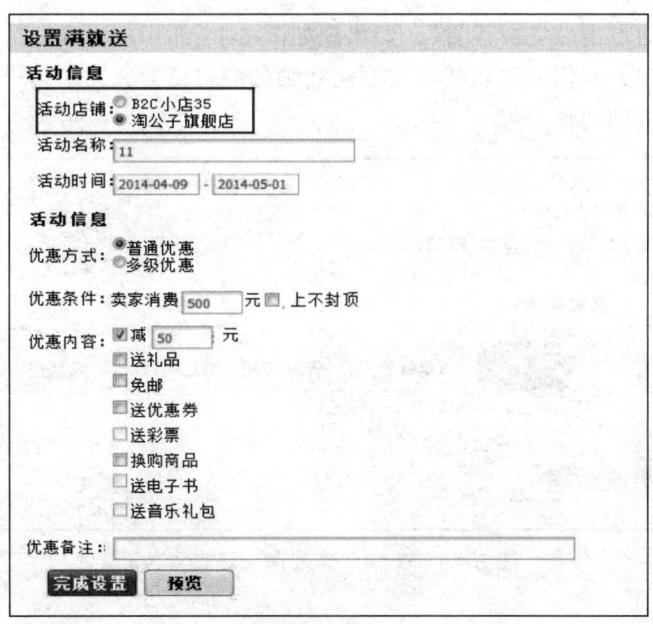

图 5-13 设置天猫"满就送"

（1）点击进入"卖家中心"—"天猫营销工具"—"促销管理"—"满就送"，如图 5-13 所示。

（2）优惠方式分为普通优惠和多级优惠，多级优惠为多个普通优惠的叠加，并且多级优惠中，每一级的优惠是相对独立的。根据提示往下设置，可根据需求，设置多阶梯促销活动。多级优惠最多可同时设置 5 个不同的主题活动，促销方式更多样化。活动设置完成后，点击预览、完成设置。如图 5-14 所示。

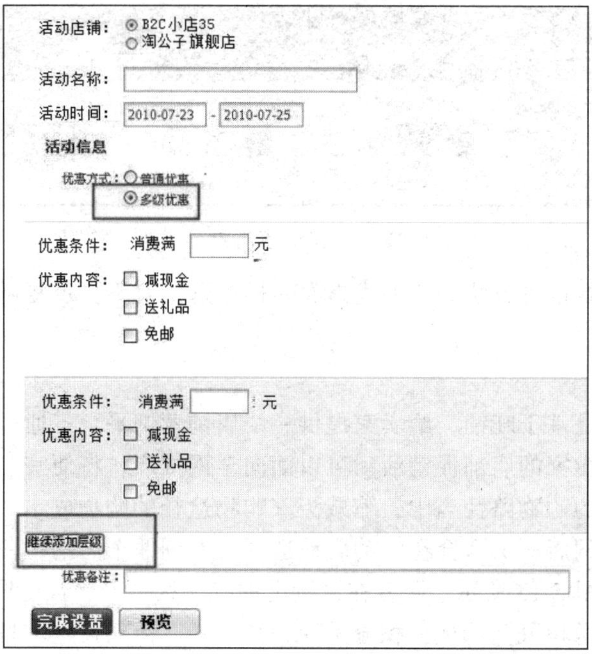

图 5-14 设置多级优惠

（3）设置完成后点击"完成设置"，即出现如图 5-15 所示的页面，在预览页面的右下角有"拷贝代码"入口，我们可以将代码放到店铺中的醒目位置，让更多进店的买家知道我们店铺在做什么样的促销活动。

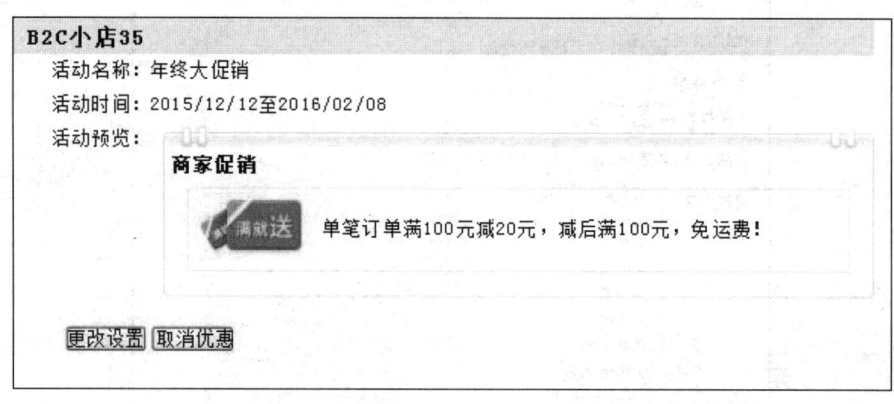

图 5-15 天猫"满就送"设置完成

3. 搭配宝

搭配宝是阿里集团为天猫卖家研发的全新的商品搭配工具，并具有以下几个方便特点：
- □ 搭配宝可以加入购物车。
- □ 可以进行跨店铺的商品搭配。
- □ 系统可以推荐搭配方案。
- □ 自由搭配：买家可以自主勾选搭配方案。
- □ 可以设定搭配优惠方案。

（1）点击进入"卖家中心"—"天猫营销工具"—"促销管理"—"搭配宝"，如图 5-16 所示。

图 5-16　进入搭配宝

（2）卖家可以根据自己的需要选择需要搭配的商品进行创建套餐，如图 5-17 所示。

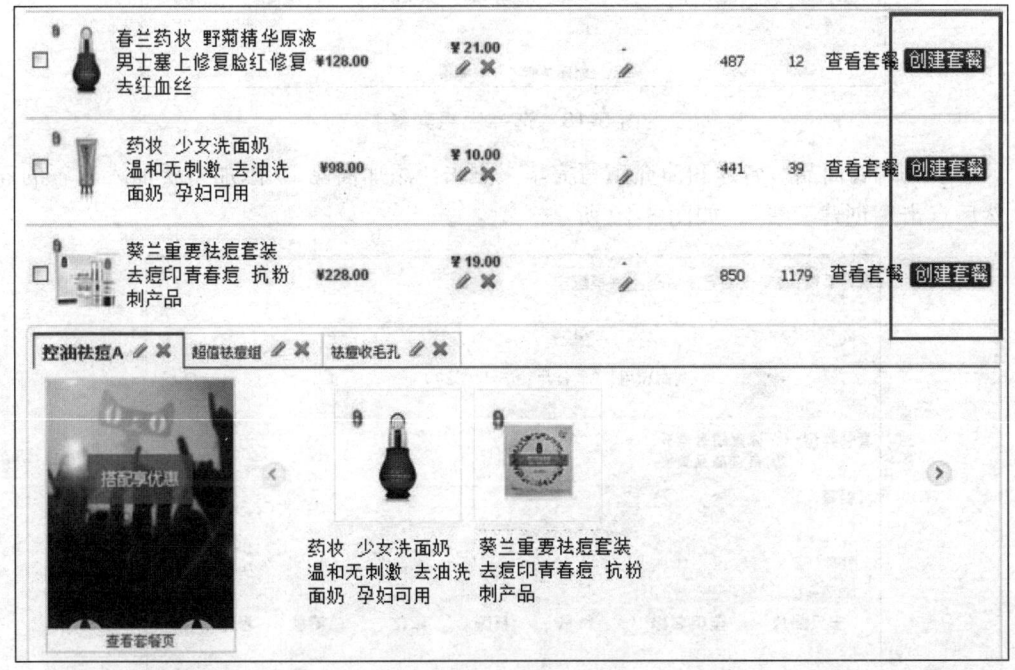

图 5-17　创建套餐

（3）进入创建套餐主页面，选择需要创建的两种套餐类型。

① 固定组合套餐：商品打包成套餐销售，消费者打包购买。

② 自主商品套餐：套餐中的附属商品，消费者可以通过复选框的方式，有选择地购买。可以根据自己的需要选择套餐类型并填好套餐名称和套餐简介并添加附属宝贝，然后创建套餐。如图 5-18 所示。

图 5-18 选择优惠套餐

（4）添加附属商品。名称和简介填写完毕，点击"添加商品"，添加需要加入套餐的商品后，然后点击"创建套餐"，如图 5-19 所示。

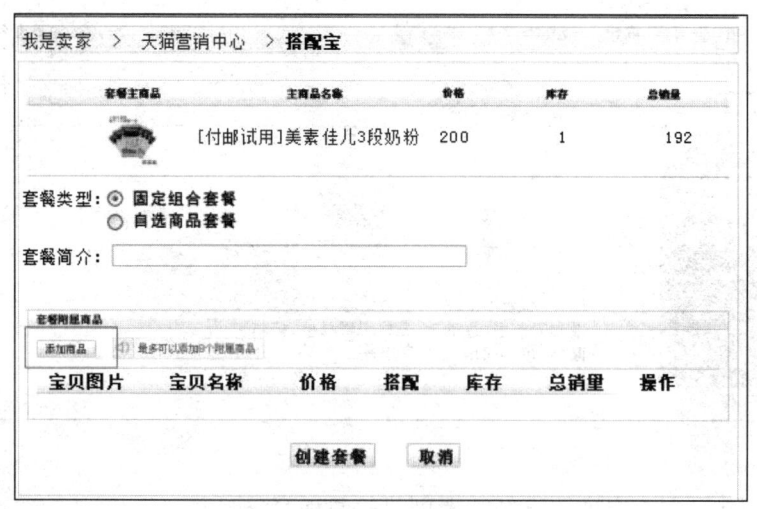

图 5-19 创建套餐

（5）上传/修改套餐的效果图（可选操作）。如果卖家希望在套餐中展示该套餐的整体效果图，可以对该套餐上传形象图，形象图当前会展示到宝贝描述中的搭配宝模块和搭配宝套餐独立页，稍后搭配宝产品再次更新后，会展示到主商品的搭配宝区域。如图 5-20 所示。

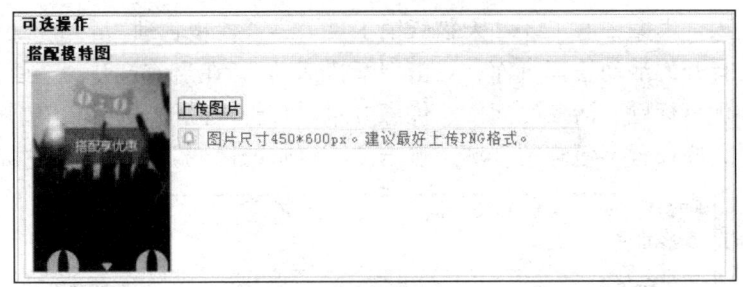

图 5-20　增加套餐的形象图

（6）上传/修改商品的平铺图。如果卖家希望商品在套餐区域的展示效果更简洁漂亮，可对商品上传平铺图，该平铺图将展示在搭配宝的套餐区域（宝贝描述中的搭配宝模块&搭配宝套餐独立页）。具体操作如图 5-21 所示。

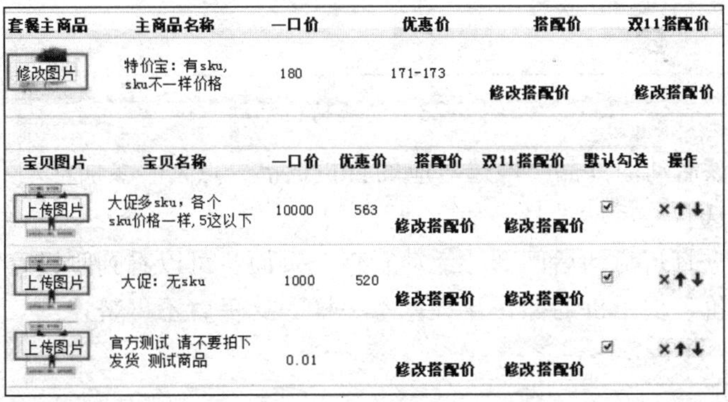

图 5-21　修改和增加平铺图

（7）复制效果图模块代码（可选操作）。如果卖家希望在宝贝描述中显示搭配宝的模块，可以在搭配宝首页点击"查看套餐"按钮，选择套餐后，点击"生成商品详情页嵌入代码"，之后点击"复制代码"，复制搭配宝的嵌入代码到宝贝描述模块中，如图 5-22 所示。

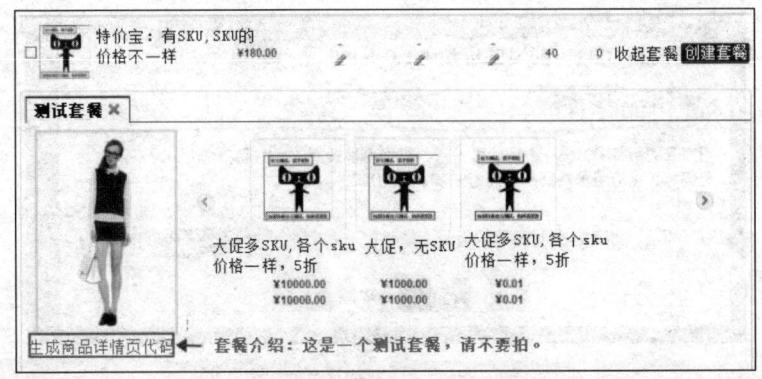

图 5-22　生成套餐效果代码

4. 特价宝

天猫的特价宝和淘宝 C 店的限时折扣类似，但是操作细节不同，下面介绍天猫特价宝的操作流程。

(1)点击进入"卖家中心"—"天猫营销工具"—"促销管理"—"特价宝"。
(2)在当前打开的活动管理页面,点击"新建活动"。在当前打开的新建优惠活动页面,填写活动名称、优惠标题、活动时间段、优惠方式、打折、减价、促销、包邮信息,如果偏远地区不包邮时,要设置不包邮的区域,点击"不包邮的区域"进入设置。如图5-23所示。

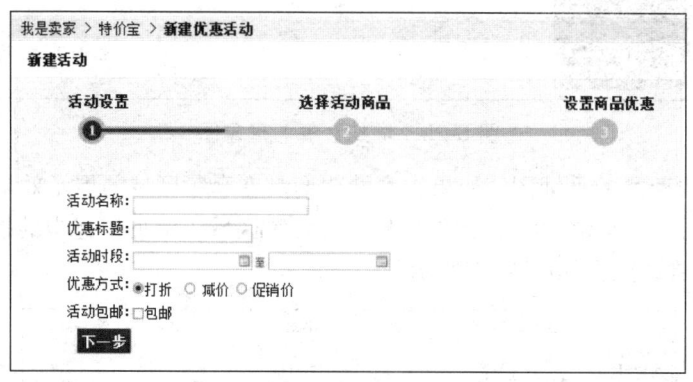

图 5-23　创建特价活动

(3)选择参加该活动的商品。勾选对应的打折商品,点击"参加活动"。如果商品数量很多,可以选择"全选"然后"批量参加活动"。
(4)设置完一个打折活动后回到"活动管理"页面,可以看到刚设置完成的活动信息。优惠方式中减价、促销价的操作流程基本一样,这里就不再赘述。

5. 手机专享价

随着手机用户的增多,电商平台手机的订单量也是与日俱增,截止2016年阿里集团旗下的电商网站,手机订单占比达到80%,设置合理的手机用户专享价,可以大大提升整店销量。
(1)进入具体设置商品的页面,首先设置特价宝本身的折扣或者其他促销力度,然后再点击"SKU设置、手机优惠设置"这个按钮,进入手机专享价的设置。如图5-24所示。

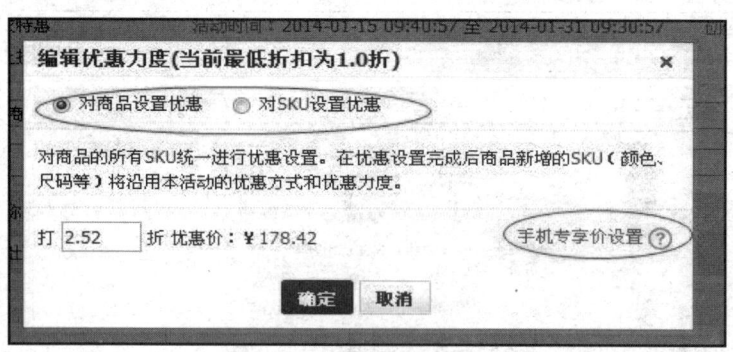

图 5-24　进入手机专享价设置页面

(2)点开后有两个选择,分别是"全网无线用户"和"微淘粉丝用户",这里只能单选,无法给自己的微淘粉丝设置更好的折扣,所以微淘粉丝不多的情况下,建议选择"全网无线用户"。需要注意的是,手机专享价的优惠是在PC优惠基础之上再折上折,所以商家需要计算清楚自己最终希望展示的价格。如图5-25所示。

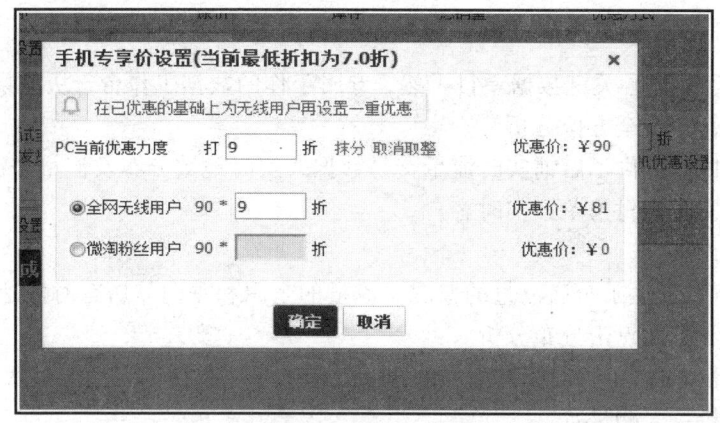

图 5-25 手机专享价设置

（3）设置完成以后，就会在商品价格下方出现"手机"的红色图标 打折手机，最后需要点击"完成"的按钮。

（4）完成以后的活动商品，最终在手机端呈现的效果如下，会显示最终的手机专享价。

提示：没设置过特价宝的商品也可以增加手机专享价，但是必须事先设置商品在 PC 端的优惠活动，才能设置手机专享价。

## 5.2.4 天猫店铺统计分析

"生意参谋"是专业的一站式数据分析产品，它按照数据分析、问题诊断、优化提高环环紧扣的逻辑设计，帮助用户分析曝光、点击、反馈等效果，针对性给出诊断结果并提供解决方案，帮助提升卖家的店铺效果。"生意参谋"集数据作战室、市场行情、装修分析、来源分析、竞争情报等数据产品于一体，是商家的统一数据平台，也是大数据下商家的重要工具。如图 5-26 所示。

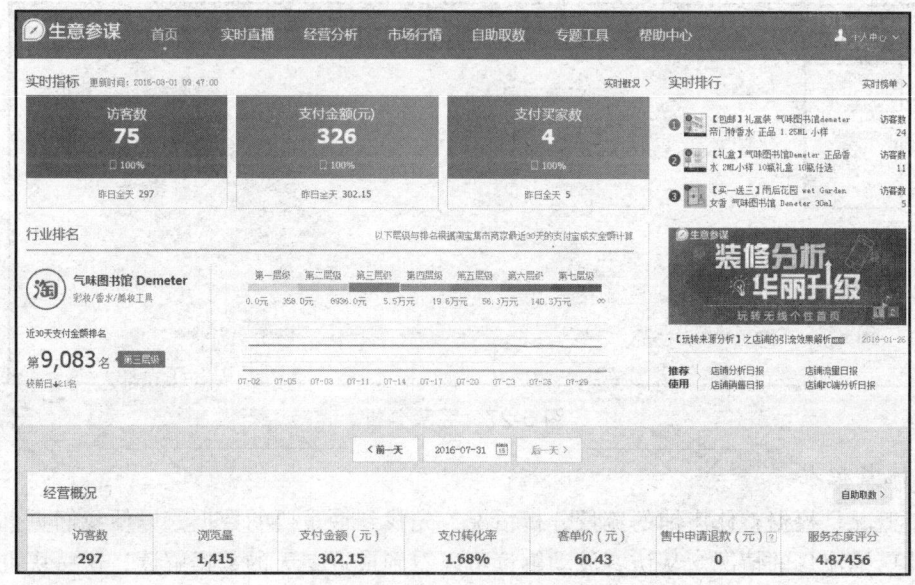

图 5-26 生意参谋

1. 生意参谋的主要功能

(1) 首页：店铺核心关键数据一目了然，专属于你的数据工作台，从流量、商品、交易、服务等一系列经营环节全方位分析。

(2) 实时直播：提供了店铺实时流量交易数据，实时地域分布及流量来源分布，实时热门宝贝排行榜，实时催付榜单，实时客户

(3) 经营分析。

① 流量分析：提供了全店流量的概况、流量的来源和去向、访客时段地域等特征分析、店铺装修的趋势和页面点击分布分析。

② 商品分析：提供了店铺所有商品的详细效果数据，包括四大功能模块：宝贝效果、异常宝贝、分类分析、采购进货。

③ 交易分析：从店铺整体到不同粒度细分店铺交易情况，及时掌控店铺交易问题，并提供资金回流行动点。

④ 营销推广：包括了我要营销、营销效果两大功能，旨在帮助商家朋友们精准营销推广，助力提升销量！

(4) 自助取数：提供给商家自由提取数据的工具，拥有丰富的店铺和商品维度的指标数据，提供不同时间段的数据查询服务。

(5) 专题工具：专题工具目前已提供官方工具选词助手和行业排行榜，未来还会引入第三方服务商提供的专项工具和数据实验室提供的创新工具。

(6) 帮助中心：数据怎么用、分析怎么看，这里全部有答案。

2. 生意参谋店铺流量分析

流量管理路径："生意参谋"—"经营分析"—"流量分析"。流量分析共有四个模块：流量概况、流量地图、访客分析、装修分析。如图5-27所示。

图 5-27　经营分析

1) 流量概况

流量概况是根据整体店铺的流量分析情况，先找到最重要的数据，以便我们更直观地先了解整体店铺流量的情况。从访客波动解读可以看到最近7天的数据解读，这一块也是非常重要的，可以给我们最直观的数据解读，具体到访客数量和百分比的升降。如果下降，也可

以点击流量来源更直观地看到每一个来源的升降。如图 5-28 所示。

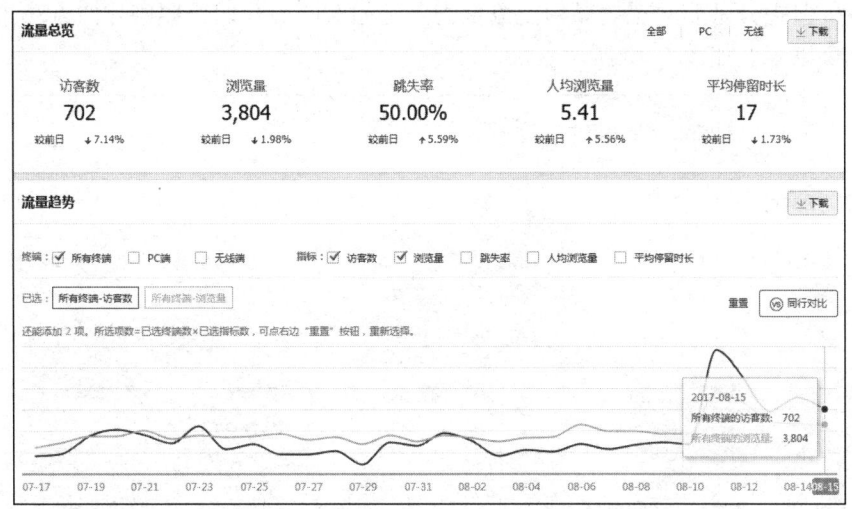

图 5-28　流量概况

2）流量来源

在流量来源里，可以看到“我的”和“行业”的流量来源情况，通过百分比的展示可以看到我们自选日期的来源对比。例如：如果我们的付费流量比行业要低，低多少？然后就可以去加大直通车或者钻展的推广，这是每个店铺的节奏问题。但是也需要注意，如果免费流量少于行业，可以看看淘宝搜索、天猫搜索、类目等是不是最近流量来源比较低，然后进行 SEO 优化等。这样便于我们找到自身的不足以及和同行之间的差距，从而针对性地采取措施。如图 5-29 所示。

流量来源　日期　2017-08-15~2017-08-15　指标　下载

我的　同行

| 流量来源 | 访客数 | | 下单买家数 | | 下单转化率 | | 操作 |
|---|---|---|---|---|---|---|---|
| 淘内免费 | 16 | ↓23.81% | 0 | - | 0.00% | - | 趋势 |
| 自主访问 | 7 | ↓12.50% | 0 | - | 0.00% | - | 趋势 |
| 付费流量 | 2 | ↓33.33% | 0 | - | 0.00% | - | 趋势 |
| 其它 | 0 | - | 0 | - | 0.00% | - | 趋势 |
| 淘外流量 | 0 | - | 0 | - | 0.00% | - | 趋势 |
| 站外投放 | 0 | - | 0 | - | 0.00% | - | 趋势 |

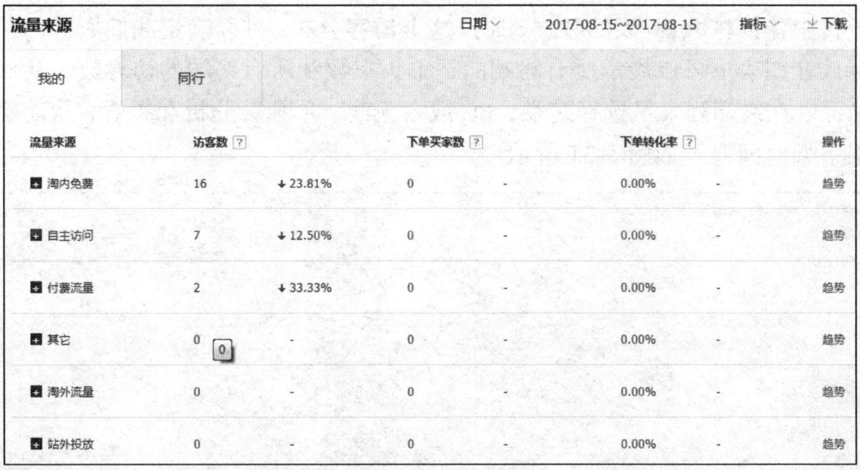

图 5-29　流量来源

通过店内路径可以很好地帮助我们调整页面和进行促销活动。可以对整个数据进行排序，例如：商品详情页->店铺首页->搜索结果页->店铺自定义页->商品分类页->店铺其他页。这样就可以进行正确的页面调整，装修进行分级，抓住客户的浏览习惯，就可以把整个店铺装修贯穿的比较好，提高转化和浏览深度，这是最直观的数据提升。特别是在做活动的时候，知道可以怎么在你店铺逛，比例是多少，就可以进行文案的策划和美工的装修，这对于活动期间的流量价值提升是非常有效的。流量去向是相对的，我们按照刚才的方法排序，然后进行调整就可以了。如图 5-30 所示。

图 5-30 流量去向

刚才说的是 PC 流量来源，无线流量来源也是一样的道理，而且更为重要，更需要细致的进行排序整理。提高无线流量是每个店铺现在以及以后的重要发展方向，所以需要用流量地图进行更细致的分析。

更细致的分析可以用：流量地图->流量来源->自己店铺或者同行->操作->查看详情，进行详情的筛选和流量趋势的查看。

3）访客分析

访客分析中建议拉取 30 天的数据，通过这个访客分布，可以确定我们人群的消费高峰时间点。鼠标放在图表上可以展示所有终端的下单买家数和所有终端的访客数，从而直接得到转化率；也可以在终端列表里选择终端，PC 或者无线，单独去分析和查看，从而确定我们宝贝的最佳上下架时间段。如图 5-31 所示。

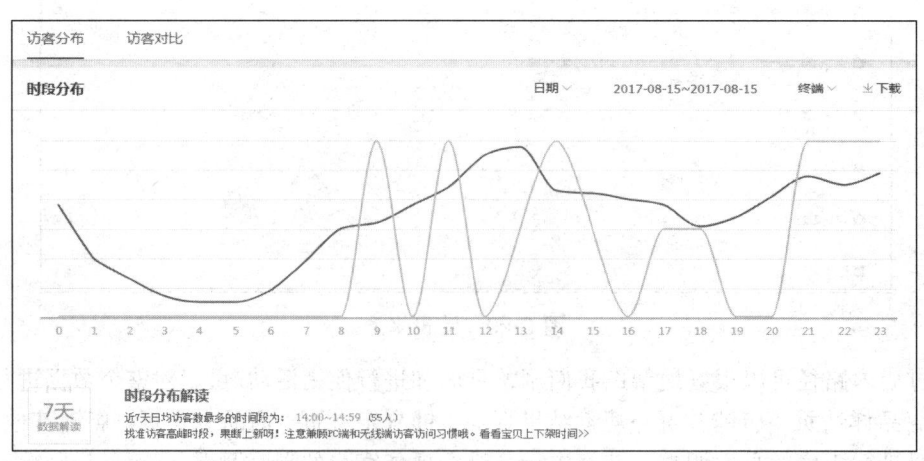

图 5-31 访客分析

① 地域分布：这里显示了访客数占比排行和下单买家数排行，如图 5-32 所示，这些数据很直观地告诉我们哪些地域有利于推广转化，进来的流量更高效和优质。

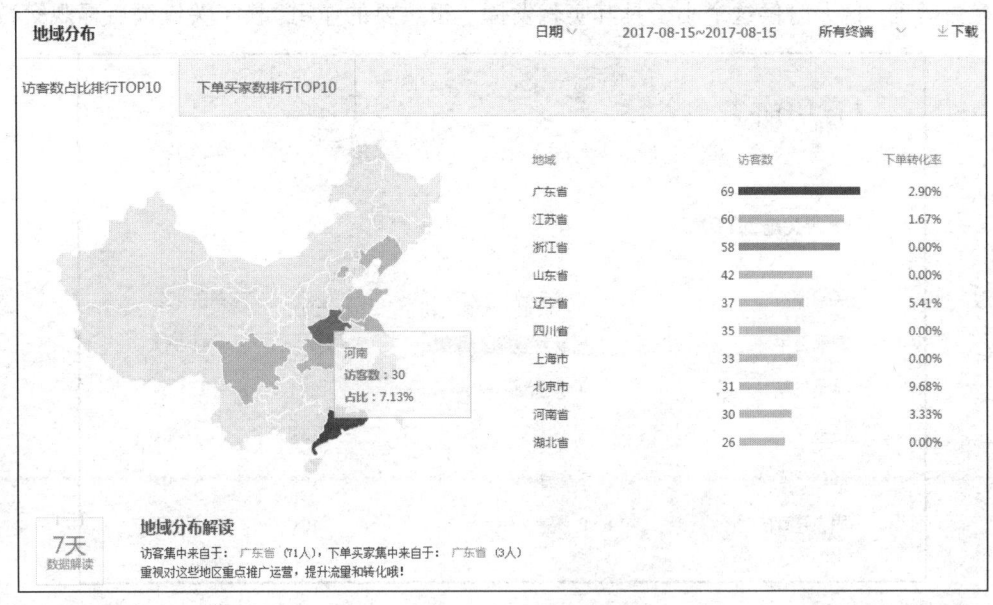

图 5-32 地域分布

② 特征分布：这是进行人群画像刻画的重要数据，如图 5-33 所示。可以看出 T4 达人访客数很低，那就可以开通无忧退款和送运费险，以满足高端客户的需求和 VIP 体验。男性偏多，就可以对客服话术进行适当更改，比如男性咨询更直接、更干脆，女性咨询更细致、会讲价。老客户占比有 22.87%，也就是说基本上五个流量就有一个老客户，那我们就应该考虑针对老客户有没有活动？老客户咨询是不是有单独的话术？这些都是提高老客户体验和二次转化的重要方法。

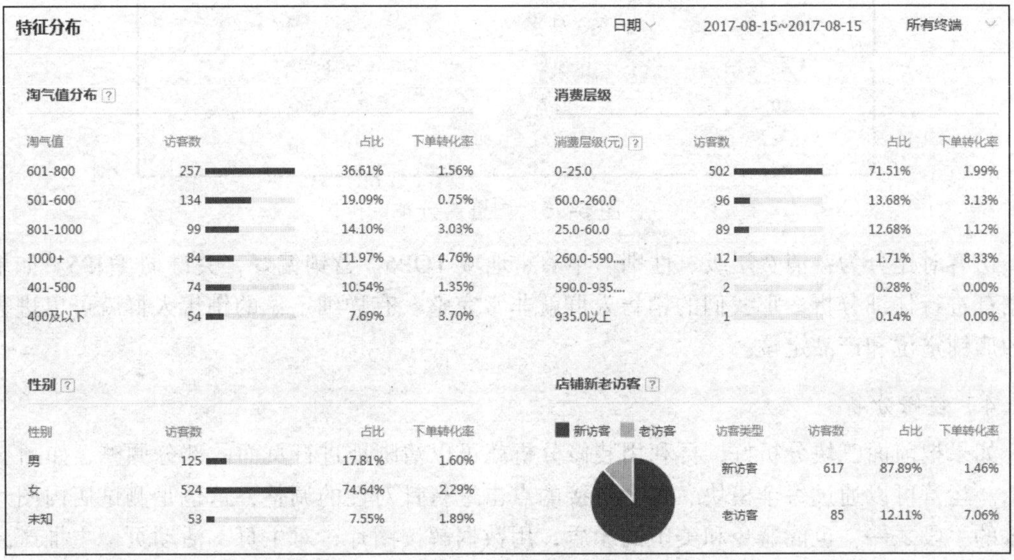

图 5-33 特征分布

③ 行为分布：如图 5-34 所示，其中可以看到关键词 TOP5。这对我们及时调整豆腐块和标题优化等是重要的数据支撑。如果发现转化不好，就该看看关键词排名是不是很好，是不是该换关键词。这个时候这个小工具其实就发挥了很重要的作用。换了关键词后再观察数据。

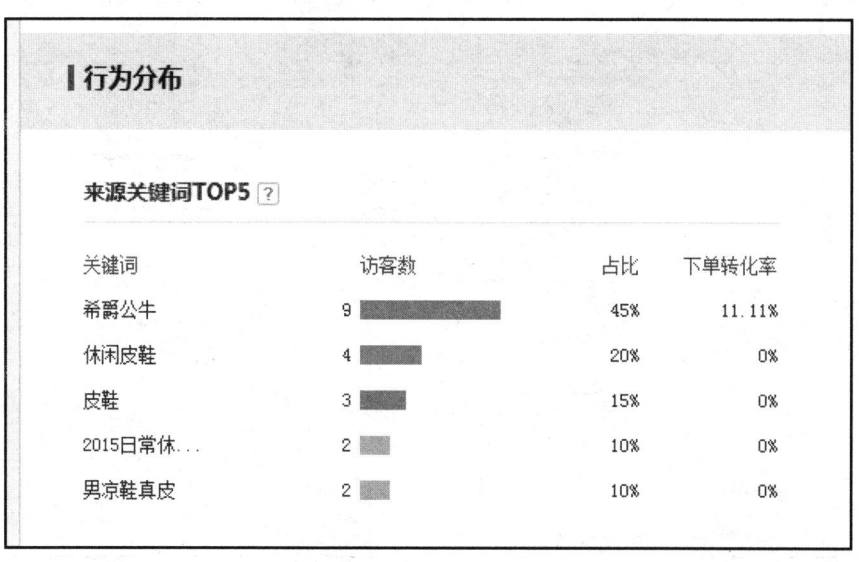

图 5-34　行为分布

④ 浏览量分布：这是检验我们页面的数据，可以说是对店铺美工和文案最直接的数据表现，如果浏览量为 1 的数据占比达到 75%，那就要考虑改进美工了。如图 5-35 所示。

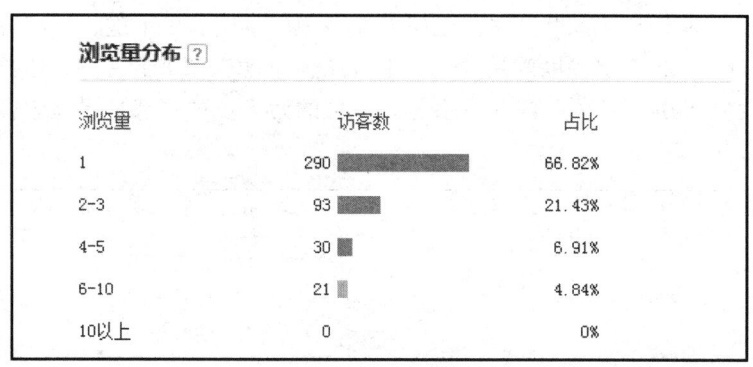

图 5-35　浏览量分布

访客对比分为：消费层级、性别、年龄、地域 TOP5、营销偏好、关键词 TOP5。如果把数据都进行仔细分析，那我们的销售人群就非常完整。有详细定位的销售人群就可以进行准确的店铺定位和产品定位。

4）装修分析

如果把前面三块分析好，再利用装修分析就可以清晰地进行页面的部分调整，如图 5-36 所示。运营可以通过每个模块、每个链接的点击进行针对性的调整，这也是测试店内图片最有效的手段之一，也能避免和美工的矛盾，用数据解读图片，对主页、活动页、主推产品页面、新品页面等都可以进行监控。

图 5-36 装修分析

### 5.2.5 天猫店铺装修

网店装修对于天猫网商来说一直是个热门话题,虽然对于装修的意义和目标一直存在着众多的观点,然而不论是一个实体店面还是一个线上网店,作为一个进行交易的场所,其装修的核心目的就是促进交易的进行,因此我们不妨从形象设计、空间使用率以及购物体验等几个方面来看网店的装修。

首先,网店设计可以起到一个品牌识别的作用。对于实体店铺来说,形象设计一方面能使外在形象长期保持发展,为商店塑造更加完美的形象,加深消费者对企业的印象。而类似于沃尔玛的形象设计还包涵了一个企业的精神力量。

同样,建立一个网店,我们也需要自己的网店名称、独具特色的网店标识和区别于其他店铺的色彩风格。天猫网商都是企业,企业的 LOGO 以及他们店铺的整体风格,一方面作为一个网络品牌容易让消费者所感知,从而产生心理上的认同感;另一方面,它也作为一个企业的 CI 识别系统,让自己的店铺区别于其他竞争对手。在网络这个虚拟的环境,更凸显了店铺设计的重要性。

天猫店铺与淘宝 C 店装修美化的方法完全相同,都可以通过后台的装修入口美化店铺,装修方法在这里就不再重复讲述,但需要注意的是,天猫店铺装修的任何页面模块中不可以出现天猫以外的联系方式和链接等信息,包括淘宝集市店的链接。

### 5.2.6 天猫日常管理

天猫和淘宝 C 店在日常管理中都是相同的,包括订单管理、商品管理、评价管理、售后管理等,管理过程和方法不再赘述。我们在本节主要介绍天猫店铺管理中,订单管理、交易管理、评价管理、发票业务、售后服务中常用的细节操作。

1. 订单管理

(1)卖家如何关闭订单交易?

只有交易状态为"等待买家付款"时，卖家才可以操作关闭订单交易。

提示：关闭交易前务必确认已经通知买家，并已达成一致意见。单方面关闭交易，将有可能导致买家投诉，进而影响您使用支付宝的权利。

① 关闭订单中所有宝贝的交易。

卖家登录到"我的工作台"—"已卖出的宝贝"—"等待买家付款"中，找到对应的订单，点击"关闭交易"。如图 5-37 所示。

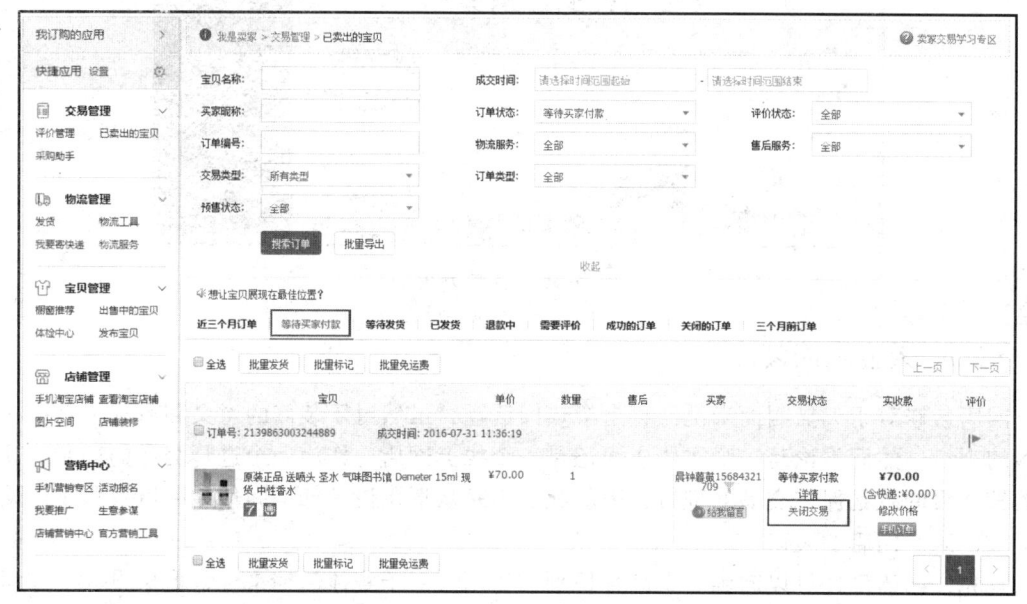

图 5-37　关闭订单中所有宝贝交易

② 关闭订单中部分宝贝的交易。

卖家登录到"我的工作台"—"已卖出的宝贝"—"等待买家付款"中，找到对应的订单，点击"修改价格"。勾选需要取消的宝贝，选择取消理由后，点击"确定"即可。如图 5-38 所示。

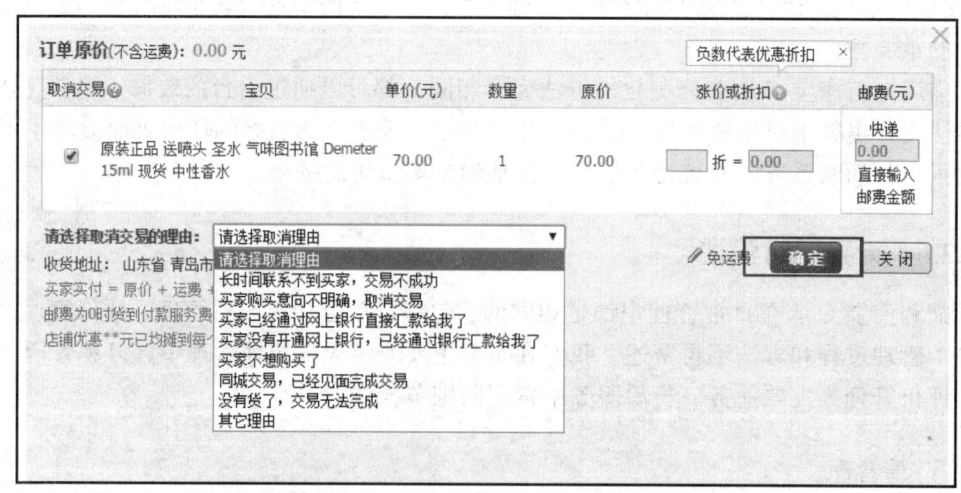

图 5-38　关闭订单中部分宝贝交易

- 152 -

（2）买家已付款，卖家如何修改买家的收货地址？

在交易状态为"买家已经付款"时，若买家表示收货地址需要更改，卖家可以在发货前进行修改。卖家登录到"我的工作台"—"已卖出的宝贝"—"等待发货"中，找到需要修改的订单，点击"详情"，点击"修改收货地址"，如图 5-39 所示。按页面要求填写相关收件人信息，点击"确定"即可。

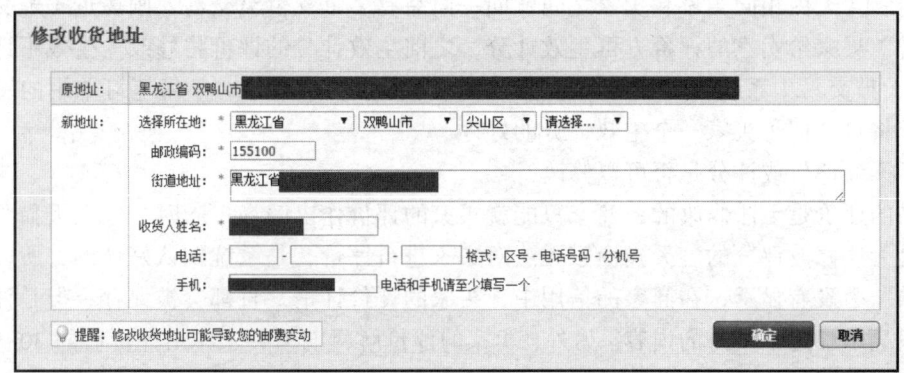

图 5-39  卖家修改收货地址

（3）买家已付款，卖家没有发货交易会自动关闭吗？

"买家已付款"状态下没有交易超时，若卖家一直未操作发货，则交易状态会一直处于"买家已付款"状态，不会打款给卖家，也不会退款给买家，交易也不会关闭。如果买家在"买家已付款"状态下申请退款，两天内卖家仍未点击发货，交易关闭，退款给买家。

2. 交易管理

（1）操作发货后什么时候可以收到货款？

成功操作发货后，相关的订单交易状态为"卖家已发货"，此时买家收到货以后点击"确认收货"，订单交易状态为"交易成功"，卖家可以立即在对应的支付宝账户中查询到相关交易款项。如果买家收到货后一直不确认收货，在卖家点击发货之日起，（自动发货商品）1 天、（虚拟物品）3 天、（快递、EMS、不需要运输等）10 天、（平邮）30 天，买家收到货后不确认收货也没有申请退款的，系统将会超时打款给卖家。

（2）实际收到货款为什么比买家支付的货款少？

卖家交易成功（无退款的情形），实际收到的钱款如果比买家支付的钱款要少，可能存在以下两种情况：

① 卖家有参加淘宝客推广，如果买家是从淘宝客推广的链接进入购买的，则会在交易成功以后，扣除卖家相应推广佣金。

② 卖家有加入信用卡支付服务，买家在淘宝上使用信用卡支付业务购买商品交易成功后，卖家需要支付交易金额（包括运费）的 1%作为交易手续费。

3. 店铺评分

（1）什么是天猫的店铺评分？

店铺评分是会员在天猫交易成功后，买家对本次交易进行如下四项评分：宝贝与描述相符、卖家服务态度、卖家发货速度、物流公司服务。只有使用支付宝并且交易成功的交易才能进行店铺评分，非支付宝的交易不能评分。

评分管理计分规则：

① 每个自然月中（以交易成功时间为准），相同买卖家之间若存在 3 笔以上交易，则只有最先评价的三笔生效计分（非炒作信誉），后面的评价生效但不再计分。

② 在 14 天内相同买家和卖家之间就同一商品有多笔支付宝交易，则最近 1 笔交易（非炒作信誉）买家给卖家的评价方可生效计分，之前生效计分的评价将修改为生效不计分；

③ 天猫交易中系统自动回予买家好评数计分不受约束，即对于每笔订单中的每一个商品，系统将自动回予买家一个生效计分的好评。

（2）天猫评价或评分是否可以修改？

天猫的评价是无法修改的，商家只能就买家的评价作出解释；同时，一旦天猫买家做了评分也是无法修改评分的。天猫商家无法对买家进行评价，是系统默认好评的，所以"需评价的订单"中没有显示；在商家的信用中，买家的评价详情一直都会被保存；但是评价详情在前台只显示最近 6 个月的内容。另外，卖家的评价解释期为买家作出评价后的 30 天，逾期解释入口将关闭。

4. 天猫发票业务

服务合同在 2012 年 12 月前产生的费用，开具地税通用机打服务业发票，2012 年 12 月后的开具国税增值税发票。自 2012 年 12 月起，在进行发票申请前，自助登录商家账务中心录入包括税务登记号、开户银行及账号、营业地址及电话等信息，并上传税务登记证扫描件及一般纳税人资格认证材料扫描版。

（1）商家不开发票或者具有以下行为时，违反了发票承诺的规定：

① 买家索取发票时，天猫商家明确告知不提供。

② 买家索取发票时，天猫商家要求买家额外支付钱款才提供发票。
③ 销售商品的为 A 商家，但买家收到的发票开具人或公章显示 B 公司。
④ 未在规定时间内，向天猫开具当季积分发票。
⑤ 商家自行设定提供发票的额外条件，包括但不限于拒绝提供商品退换货服务等。

（2）天猫对违反发票承诺投诉的处理原则是什么？
① 天猫依据会员举证情况进行判定；
② 在未建立订单或建立订单但未付款状态下，就以下情形买家对商家进行违背承诺投诉的，天猫不予处理：
□ 商家拒绝提供或者拒绝按照承诺的方式提供发票的；
□ 加入信用卡付款服务的商家，拒绝提供或者拒绝按照承诺的方式提供前述服务的；
□ 加入淘宝官方活动的商家，未按照活动要求（除发货时间外）履行的。
③ 天猫对于违反发票承诺的处罚细则：按照天猫商城的规定，天猫商家必须开具发票，否则就属于"违反承诺"，买家可以投诉卖家。投诉如果判定成立，该店会被扣 6 分。而一旦商家被扣 12 分，将面临支付违约金 1 万元、屏蔽店铺 7 天的处罚。

5. 退款操作与售后服务

（1）交易状态为"买家已付款"，拒绝买家的退款申请。
若卖家实际已发货，只是网上忘记操作完成发货的动作，请联系买家说明并点击"立即发货"，待交易状态变更为"卖家已发货"，买家之前进行的退款申请即已关闭。
若卖家实际未发货，但想继续交易，不想失去这笔生意的，请先行联系买家协商，待买家同意继续发货后，再点击"立即发货"，并保存好旺旺聊天记录，待交易状态变更为"卖家已发货"，买家之前进行的退款申请即已关闭。
提示：如卖家未经得买家同意强行发货，若后续买家拒绝收货再次申请退款，后果需要您自行承担。

（2）交易状态为"卖家已发货"，如何拒绝买家的退款申请？
第一步：您可以进入退款管理页面，找到对应的退款交易查看退款详情，在退款详情页面提醒规定时间内及时点击"拒绝退款申请"。
第二步：填写拒绝理由，并上传有效凭证（点此查看退款凭证的有效性说明），再确认点击"拒绝退款协议"。
第三步：积极联系买家协商，并关注退款状态和退款超时，若一直未协商一致，规定时间后可在退款详情页面点击"要求客服介入处理"，天猫客服会在 3 个工作日内介入处理。

（3）退款状态为"退款协议达成，等待买家退货"，但我不同意退的，如何处理？
若因退款超时或误操作导致退款状态变更为"退款协议达成，等待买家退货"，此退款状态时无法拒绝退款协议，请您积极联系买家协商。若买家同意付款，让买家操作"确认收货"即可；若买家接受不退货部分退款，可建议买家修改退款协议；若买家仍坚持退货退款，请按照退款协议履行退货退款义务，并关注退款状态和退款超时。

（4）关于退货邮费的处理。
① 卖家加入"7 天无理由退货"的退货商品，由于买家个人原因没有签收/拒收货物，导致货物退回时：如果商品包邮，卖家承担发货运费，因货物返回产生的运费由买家承担；

如果商品非包邮，买家承担发货运费及可能产生的货物返回运费。

② 卖家加入"退货承诺服务"的退货商品，由于买家个人原因没有签收/拒收货物，导致货物退回时：如果商品包邮，卖家承担发货运费，因货物返回产生的退回运费由买家承担；如果商品非包邮，产生运费，以退货承诺设置的为准。

③ 卖家产品非"7 天无理由退货"/"退货承诺服务"的商品，由于买家个人原因没有签收/拒收货物，导致货物退回时：包邮/非包邮商品，买家承担发货运费及可能产生的货物返回运费。如果买家对运费价格有异议，卖家需要配合提供相关运费证明（例如：带有价格的发货底单等有效收费证明）。

④ 由于卖家原因（例如：延迟发货、发错货、商品质量存在问题等）导致买家没有签收/拒收货物，货物退回时，运费由卖家承担。

## 5.3 京东平台运营

### 5.3.1 京东商城店铺类型

1. 旗舰店

卖家以自有品牌（商标为 R 或 TM 状态），或由权利人出具的在京东开放平台开设品牌旗舰店的独占性授权文件（授权文件中应明确独占性、不可撤销性），入驻京东开放平台开设的店铺。

（1）旗舰店，可以有以下几种情形：

① 经营一个自有品牌商品的品牌旗舰店（自有品牌是指商标权利归卖家所有），或由权利人出具的在京东开放平台开设品牌旗舰店的独占性授权文件（授权文件中应明确独占性、不可撤销性）的品牌旗舰店。

② 经营多个自有品牌商品且各品牌归同一实际控制人的品牌旗舰店（自有品牌的子品牌可以放入旗舰店，主、子品牌的商标权利人应为同一实际控制人）；卖场型品牌（服务类商标）商标权人开设的旗舰店。

（2）开店主体必须是品牌（商标）权利人或持有权利人出具的开设京东开放平台旗舰店独占性授权文件的被授权企业。

2. 专卖店

卖家持他人品牌（商标为 R 或 TM 状态）授权文件在京东开放平台开设的店铺。

（1）专卖店类型：经营一个或多个授权品牌商品（多个授权品牌的商标权利人应为同一实际控制人）但未获得品牌（商标）权利人独占授权，入驻京东开放平台的卖家专卖店。

（2）品牌（商标）权利人出具的授权文件不应有地域限制。

3. 专营店

经营京东开放平台相同一级类目下两个及以上他人或自有品牌（商标为 R 或 TM 状态）

商品的店铺。

专营店，可以有以下几种情形：

相同一级类目下经营两个及以上他人品牌商品，入驻京东开放平台的卖家专营店。

相同一级类目下既经营他人品牌商品又经营自有品牌商品，入驻京东开放平台的卖家专营。

### 5.3.2 入驻京东商城

京东作为国内第二大 B2C 电商平台，已经有了一定的用户基础，再联手腾讯电商，京东的市场规模势必进一步增长。入驻京东商城是一个不错的选择，京东的流量大，展示的机会也比较多。本节我们将介绍入驻京东的流程。

（1）进入京东商城以后拉到最下面就可以看到"商家入驻"的字样，点击进入，如图 5-40 所示。

图 5-40　首页中点击"商家入驻"

（2）在京东入驻界面中点击"我要入驻"，如图 5-41 所示。

图 5-41　点击"我要入驻"

（3）选择商家类型。入驻京东商家有两种类型，一种是国内经销商，另一种是京东全球购，来自国外的公司。如图 5-42 所示。

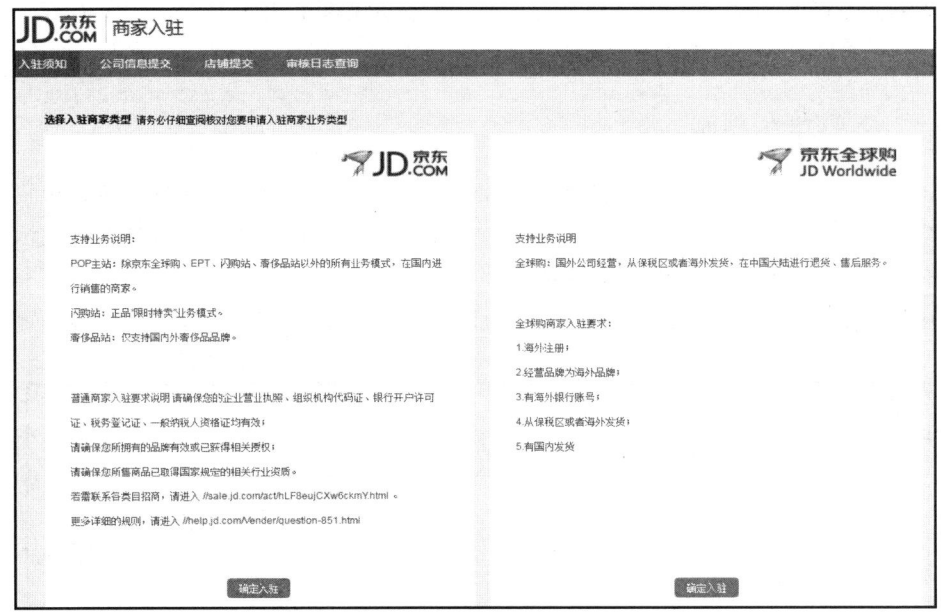

图 5-42　选择入驻商家类型

（4）填写公司信息。公司信息需要提供营业执照副本扫描电子档，还有填写公司名称、营业执照注册号、法人的身份扫描件等与营业执照有关的信息，填写好以后点击"下一步，完善税务及银行信息"，如图 5-43 所示。

图 5-43　提交公司信息

（5）公司信息提交完成以后再提交店铺的相关信息，如主营商品、店铺类型等，如图 5-44 所示。

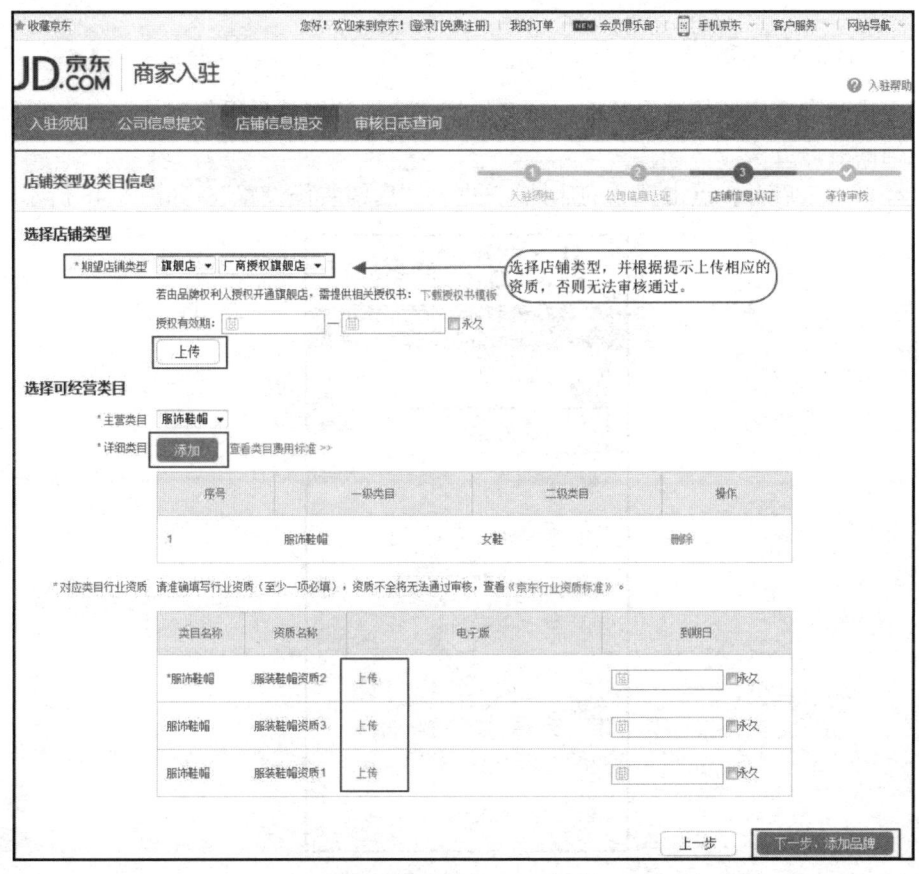

图 5-44　提交店铺信息

（6）所有的信息提交完成以后初审需要七个工作日，复审 1-15 个工作日，授权 1-3 个工作日，时间有一点长，需要耐心等待。如图 5-45 所示。

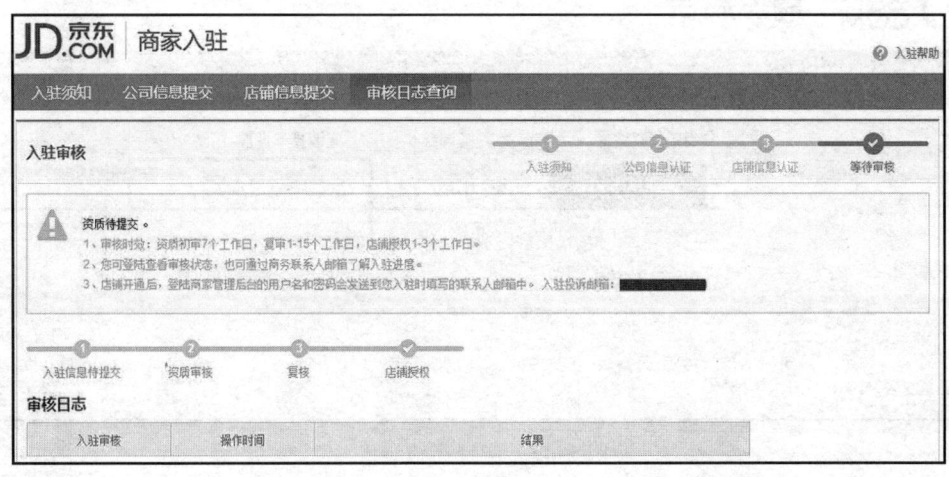

图 5-45　资质审核

（7）所有资料审核通过后，在线签订合作合同，在线提交平台服务费和消费者保障金。

（8）所有入驻工作完成后，京东开通店铺，商家登录后台管理店铺。

### 5.3.3 京东店铺装修

有了天猫和淘宝店铺的装修基础，再来做京东店铺装修就显得很容易了。本节我们将介绍京东店铺的装修方法。

（1）登录京东后台，点击"我的店铺"，进入"店铺装修设置"，如图5-46所示。

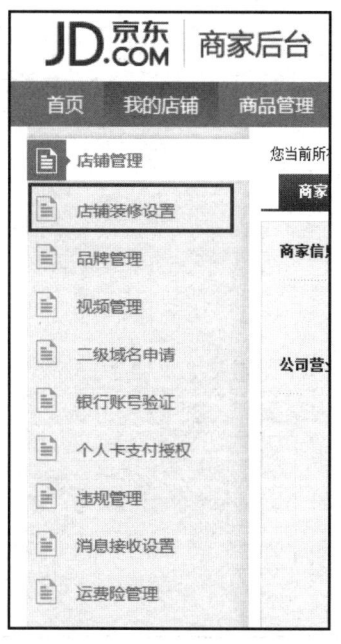

图 5-46 店铺装修设置

（2）进入"店铺高级装修"，如图5-47所示。点击"店铺装修"，如图5-48所示。

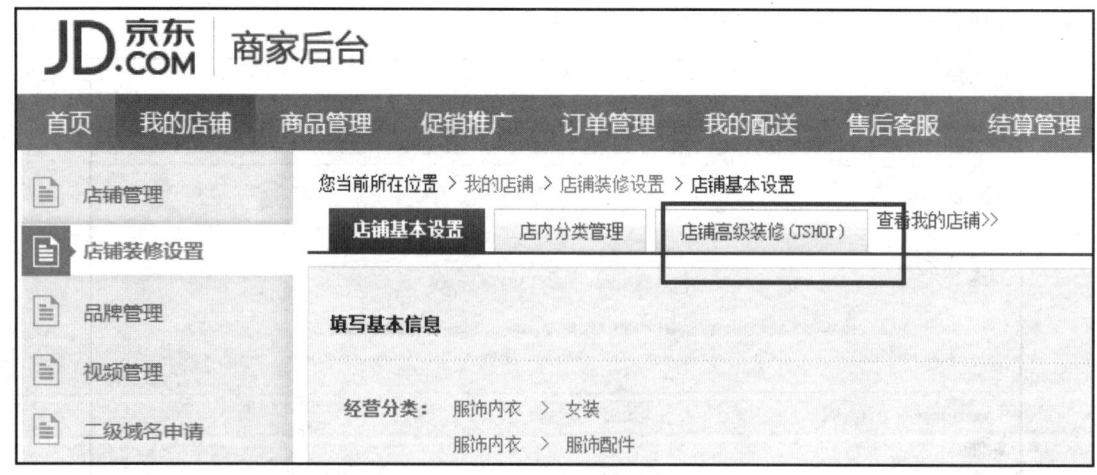

图 5-47 店铺高级装修

图 5-48 店铺装修

（3）进入装修界面，如图 5-49 所示。

图 5-49 店铺装修页面

1. 装修首页

（1）装修首页时，需要点击进入店铺首页模块，然后再点击头部上边的子选项。如图 5-50 所示。

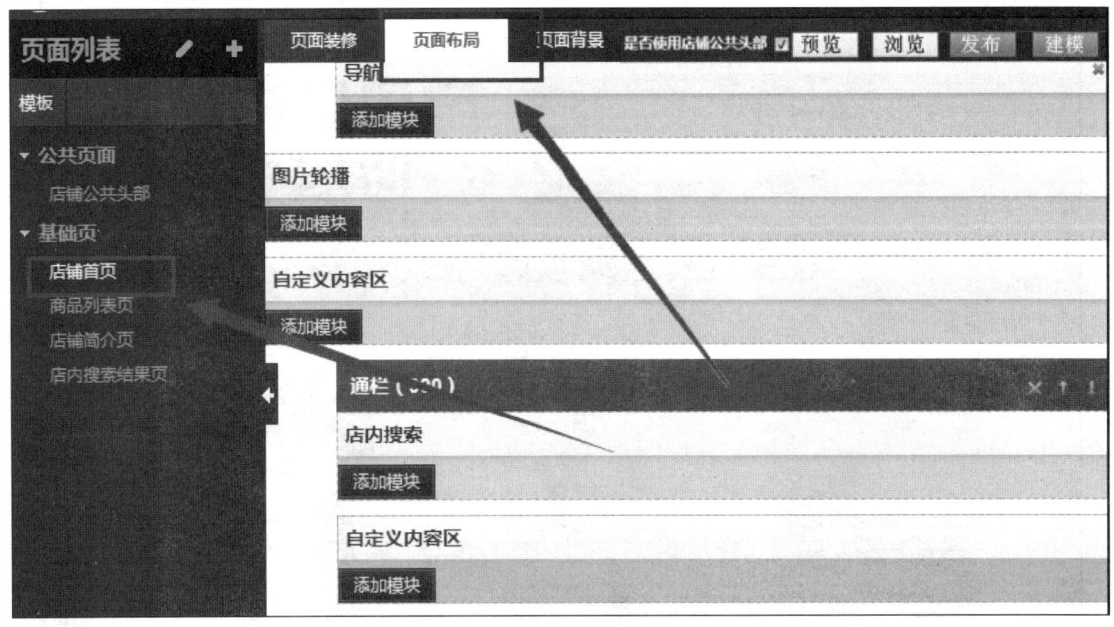

图 5-50　首页装修页面

（2）可以选择模块的上下移动，还可以进行删除。在进行模块改动后，一定要发布，如图 5-51 所示。

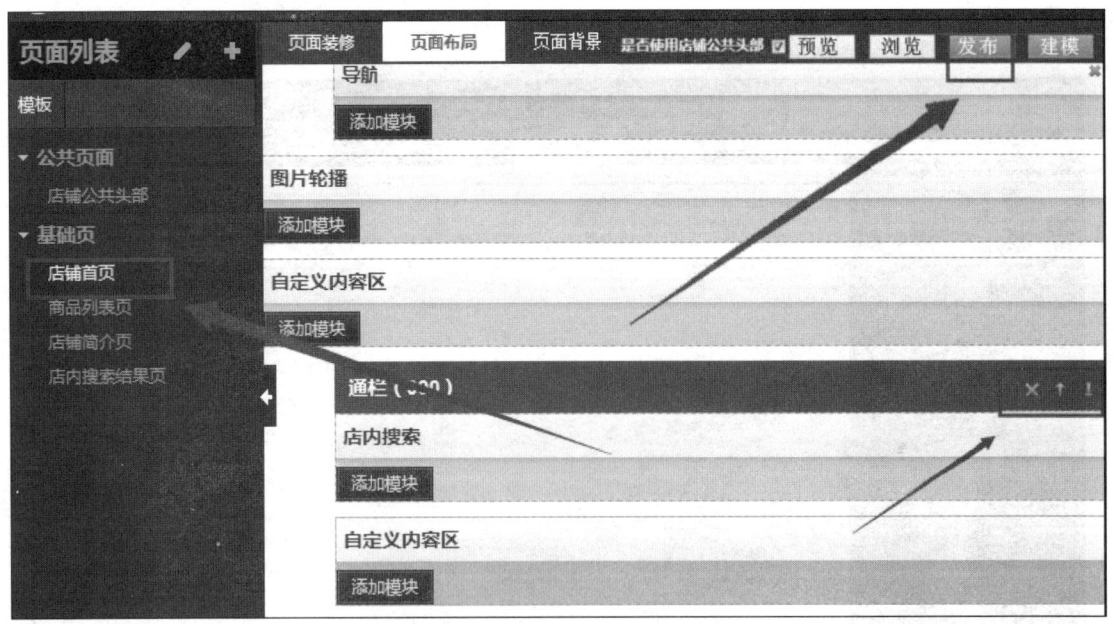

图 5-51　首页装修模块

2. 装修商品列表页

（1）和装修首页一样，装修商品列表时，需要点击进入商品列表模块，然后再点击头部上边的子选项。如图 5-52 所示。

图 5-52　商品列表页装修页面

（2）更换列表页的页面背景。在这里，你可以自己选择背景颜色，也可以自定义背景图片。如图 5-53 所示。

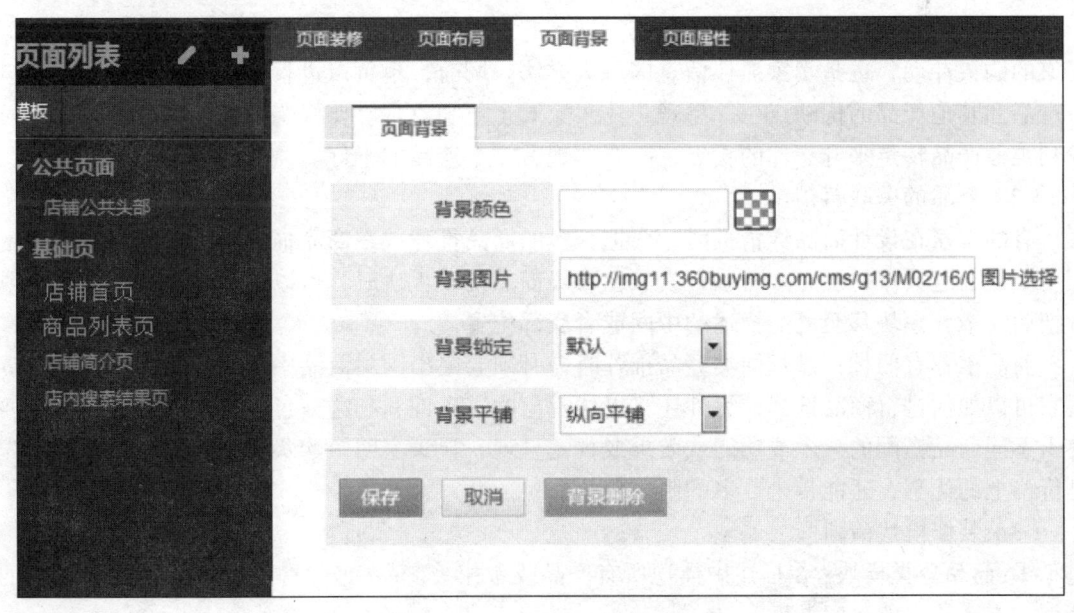

图 5-53　商品列表页自定义背景图

3. 装修商品详情页

京东店铺商品详情页可以说是促成产品交易的关键，详情页的用户体验好，图片质量高，促成交易的机会就大。京东店铺的装修方式和淘宝天猫类似，商品介绍模块的结构和展示顺序完全一样，具体的操作过程就不再重复讲述。下面介绍几项京东商品详情页特别要注意的设计要点。

描述页面本身分为两块：图片展示设计和功能效果设计。在商品的展示上，图片排版要有序，图片陈列并不是越大越好，卖家要利用最少的空间展现出最合理的图片。同时，运用图文结合的形式，在呈现图片的同时标以文字介绍，让买家更加了解商品。在介绍商品的效果上，文字不宜过多，过多的文字容易让买家厌烦，所以在文字较多的情况下，千万要注意文字的排版，切勿把所有文字不做处理直接呈现给买家。有一个技巧就是，在对一些有功能效果的产品做表述时，多一些前后对比的图片，同时展现商品的特点优势。

（1）图片亮点清晰化。

目前京东搜索点击大于类目点击，这说明越来越多的买家挑选商品的目的性越来越明确，商品描述页很多时候成为买家访问店铺的第一个页面，因此，描述页面的设计尤为重要，不但要能很好地呈现该产品的功能介绍，而且还要有首页的综合展示功能，从而增加买家的页面访问深度。所以图片的设计也是需要技巧的。

头图是展示整体产品的一张海报，这张海报必须突出产品的核心卖点。产品展示图直观，可以让买家在第一时间了解产品，从而产生继续深入了解的行为。另外，要真正触动买家的真实需求，就需要卖家根据商品特点及用户人群特点，站在买家角度来考虑他们最关心的产品是什么，从而挖掘买家消费潜力。描述的核心不是卖家展示自己的特点和材质，而是通过一些产品信息的传达吸引顾客。类似这样的信息引导，同时也可以增加店铺的客单价。有时候关联销售和搭配不一定全部都用宫格形式，更好的策划方式反而更容易让买家接受并产生转化。

突出产品质量及产品优势，使买家对产品有更深入的了解，通过核心卖点的呈现来加深买家的购买冲动，也是卖家抓住信息的一大方法。同时，也可以进行一些产品的对比，将自身产品和其他产品的优缺点一一呈现，让买家看了更加直观。要提炼产品的核心卖点，同时找到类似产品特点来升华你的卖点，不要体现另一个产品的不好。

（2）商品的关联营销。

有的卖家在设计商品详情页时，会把众多的商品推荐放在商品描述的第一屏，这在一定程度上会引起买家的反感。所以，卖家在布局商品推荐板块时，可以适当减少推荐商品，或者把商品推荐模块移至商品描述的中间或者底部位置。

商品推荐有两种：进行同类商品推荐时，必须要突出同类商品中不同商品的优势，告诉买家可以如何进行商品选择，另外还可以体现出购买咨询和导购信息。搭配商品推荐时，要突出不同商品搭配的艺术或功能或效果或视觉呈现，让买家明白购买搭配商品所得到的不光是价格上的优惠，还能带来更多的附加价值。

（3）装修模块清晰。

① 商品分类模块：在描述中体现所有产品或者相关产品的分类，会让买家有更多选择的余地，提高买家的访问深度。

② 咨询功能模块：把自己当成买家，考虑买家在看到什么信息时会想到咨询，同时把咨询旺旺添加到买家产生咨询想法的地方，从而增加咨询率。

4. 装修自定义页面

（1）进入"店铺简介页"装修页面，将鼠标移动到模块上，在模块的左上角就会有一个"数据"按钮，这是用来编辑自定义页面的，如图5-54所示。

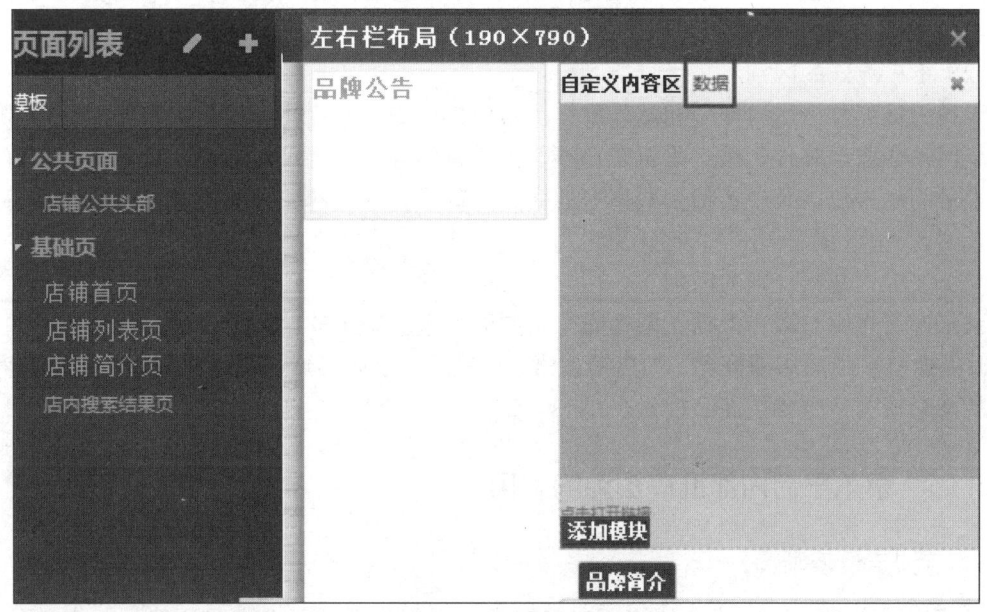

图 5-54 自定义内容

（2）进入自定义页面视图编辑模式，可以增加图片、文本排版等，如图5-55所示。

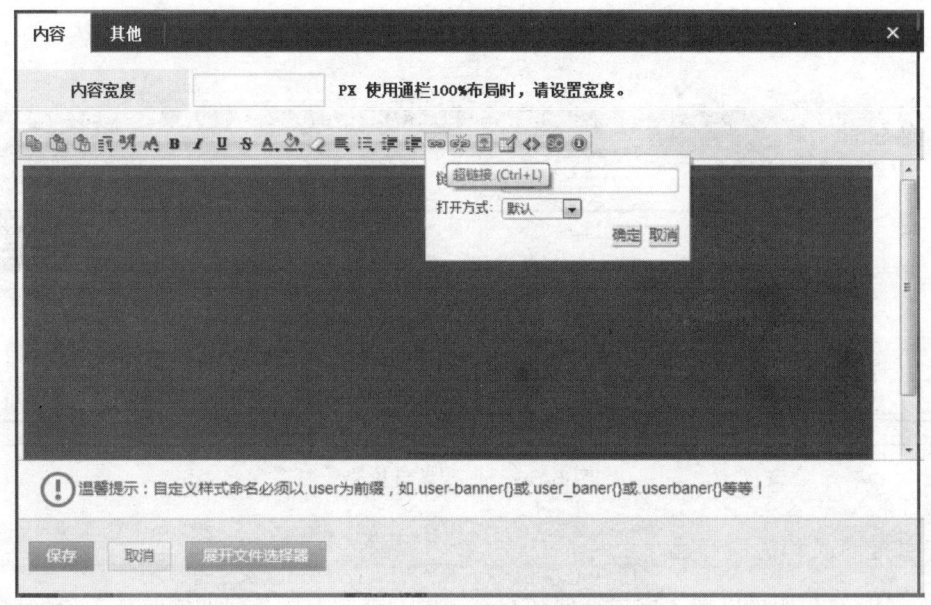

图 5-55 自定义页视图编辑模式

### 5.3.4 京东和天猫运营的区别

京东和天猫在运营方式上总体相似,但是由于京东分自营和招商,天猫仅作招商,因而两者在运营方式上有三点主要的区别。

(1)运营规则的区别。

天猫体系相对比较成熟。直通车、搜索优化、淘宝客、钻展、二级页、三级页等都是收费模式,运营成本较高;京东80%是免费模式,商品符合其报名规则,即可免费上展位,营销成本较低。

(2)推广方式的区别。

天猫的推广分为站内推广和站外推广。站内推广如搜索优化、排名,站外推广如SEO、SEM、网站联盟、邮件营销、手机客户端、微博营销等。站外推广方面,京东每天在百度上投放大量的广告位,其中包括一些商家的商品关键字,这意味着一些商家可以免费获得推广资源。

(3)关键词搜索规则的区别。

京东搜索规则与淘宝天猫是两套完全不同的体系。京东的搜索需考虑自营和招商两个平台。天猫拥有较强的店铺概念,如店铺搜索、店铺评分,店铺影响商品的权重。在京东商城,店铺的概念较弱,主要按商品搜索。

### 5.3.5 京东平台内部推广资源的利用

1. 店铺定位清晰

运营店铺之前要把店铺产品按京东三级类目进行分类,每个类目所匹配的产品种类和数量形成直观表格,做到心里有数。按照店铺商品的三级类目,去行业数据里面找到相应的大词在京东搜索框里面搜索,来检查店铺的某款产品有没有放到京东优先抓取分类里。例如:搜索项链,那么优先抓取的是时尚饰品类目,检查下店铺的产品类目是否正确。如图 5-56 所示。

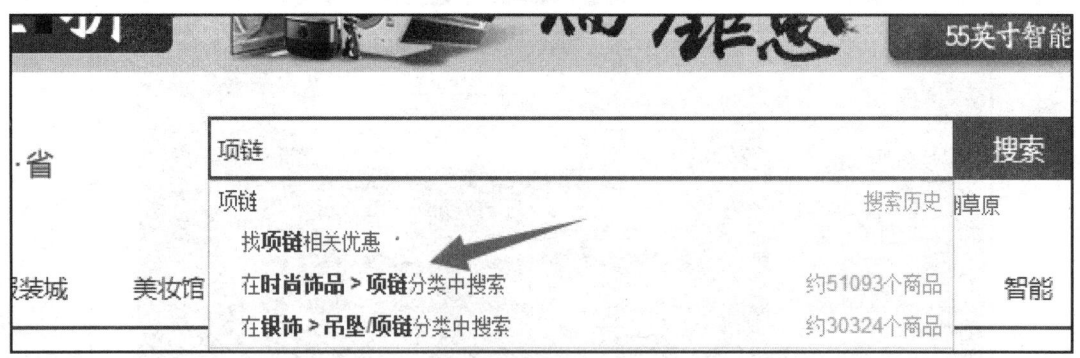

图 5-56 商品类目检查

2. 主推商品和关联商品

单个品类在初期可以推 3 款主推商铺左右,多品类的一般是前期同时推 3 个品类每个品类 1-2 款，因商家而异，多多益善。在选款确定时关联商品也要初步确定，这些产品也需要以买家评价作为良好引导。主推款商品流量上来后，关联商品自然也会因为前期良好的买家评价而有转化，所以也是要提前做的。

3. 商品信息优化

商品信息符合京东的搜索规则，则更能提高成交几率，而影响搜索的因素有很多，下面介绍几种比较重要的因素。

（1）宝贝名称。

首先我们要设置好宝贝名称，这是搜索的根本，理应放到第一条。宝贝名称尽量多包含热门搜索关键词，同时既要有专业词汇又要有通俗词汇。多包含热门搜索关键词，能增加宝贝被搜索到的几率，自然也能增加销售成功的几率。

京东商品标题的命名规则：品牌名+类别+产品属性+产品名。

（2）宝贝描述模板。

选择宝贝描述模板时不能只追求模板漂亮，而忽略描述模板宣传的重要作用。选宝贝描述模板一定要选侧面可以插图的模板，这样在对某一件宝贝进行描述时，可以在侧面插入其他宝贝的图片和链接。买家在查看宝贝描述的时候，就会顺便点击旁边感兴趣的宝贝，从而增加宝贝被浏览的几率。

（3）橱窗推荐。

每个京东店铺都有免费的橱窗推荐位，使用了橱窗推荐的宝贝比没有使用橱窗推荐的宝贝更容易被买家搜索到，而推荐的宝贝一定要包含店铺主推的商品。

（4）宝贝上架时间。

买家在淘宝贝的时候，京东默认按下架时间来排序，越接近下架时间的宝贝越排在前面，越容易被买家看到。因此我们要尽量让自己的宝贝在人气最旺的时候接近下架的时间控制宝贝的下架时间，当然只能从上架时间着手，所以最好选择人气较旺的时候上宝贝。

提示：京东商品的下架时间，是可以通过店铺的商品管理和店铺统计工具看到的。

4. 商品详情页

消费者在网上购物时是无法体验到实物的，只能通过产品图片和文字介绍了解它们，尤其图片是刺激消费者下单的重要因素之一，详情页和转化率息息相关。详情页的优化与完善是永无止境的，但是有几点要尽量避免：① 跟别人的详情页面一模一样或者相似；② 图片模糊，图片太小；③ 文字太多，美工设计差；④ 产品描述有头无尾，不完善；⑤ 整个页面篇幅太长。

5. 定期参加官方促销活动

在京东，报名活动通常是由京东直接网页公告或者直接招商定向商品促销，虽然说这样的方式会让人觉得不够高效，但对于一些商品要求门槛较低或者对新入驻的卖家来说还有不错的机会。除了京东每年的"618""双十一""双十二"这些重大促销活动，每个月、每季度以及商品类目的官方促销也要关注，积极报名参加这些促销活动，有利于店铺销售。

6. 京准通的投放

京准通是京东集团旗下营销推广平台。依托京东集团的大数据优势，京准通可以为客户提供精准、高效的一体化营销解决方案，帮助客户实现营销效果的最大化。京准通的推广方式类似于淘宝的直通车，都是按照关键词点击或者商品展示计费，在此不再赘述。

【思考与练习】

1. **填空题**

（1）阿里巴巴的会员类型有两种，分别是_____、_____。

（2）阿里巴巴会员旺铺有_____、_____、_____、_____四个版本。

（3）阿里巴巴诚信通会员第三方认证，需要_____个工作日才能完成认证。

（4）阿里巴巴中文站网站域名是_____，阿里巴巴国际站网站域名是_____。

（5）在阿里巴巴网站上可以销售商品的商家类型有_____、_____、_____、等。

2. **问答题**

（1）阿里巴巴网站收费会员和免费会员有何区别？

（2）在B2B网站发布产品信息，必填项有哪些？

（3）在B2B网站发布高质量的信息具有哪些优势？

（4）常见的询盘方式有哪几种？如何对询盘进行分类与筛选？

3. **技能实训**

（1）使用在淘宝注册的账号登录阿里巴巴网站：

① 查看阿里巴巴平台后台有哪些功能；。

② 作为买家在阿里巴巴平台搜索某款产品，了解如何购买。

③ 查看诚信通的服务介绍与在线办理流程，思考诚信通对阿里巴巴网站的营销价值。

④ 尝试发布一个化妆品公司经营的产品和公司的基本信息。

（2）在阿里巴巴平台上找到本地诚信通企业，查看其发布信息的标题和详细内容是否符合要求、旺铺装修是否美观、产品的搜索排名是否靠前。

（3）在阿里巴巴平台寻找三家你认为装修美化非常优秀的旺铺并分析其优点。

# 第 6 章　移动电子商务

## 6.1　移动电子商务的概念与特点

移动商务 MB（Mobile Business）或 MC（Mobile-Commerce），也称移动电子商务。从网络视角也可称为无线电子商务 WB（Wireless Business），是在无线平台上实现的电子商务。从互联网电子商务的角度看，移动电子商务是电子商务的一个新的分支，但从应用角度来看，它的发展是对有线电子商务的整合与扩展，是电子商务发展的新形态，是传统电子商务的升华和蜕变，是超越和覆盖传统电子商务的一种新的电子服务。

### 6.1.1　移动电子商务的内涵

移动电子商务就是利用手机、PDA 及掌上电脑等无线终端进行的 B2B、B2C 或 C2C 的电子商务。移动电子商务使人们可以在任何时间、任何地点进行各种商贸活动，它涵盖了因特网、移动通信技术、短距离通信技术及其他信息处理技术，实现人们随时随地线上线下的购物与交易、商务活动、金融活动和其他相关服务活动。因此，移动电子商务从本质上说归属于电子商务，它依靠通信技术推动其产生和形成，是适应市场发展与变化而出现的新商务模式。与传统的电子商务相比，移动电子商务在位置相关性、紧急性和随时随地访问三个方面具有优势，可以更充分地实现移动电子商务独特的价值。移动电子商务还涉及从"供"到"需"的社会生产的各个环节。移动电子商务一方面可以在信息共享下降低经营成本；另一方面还可以加速资金周转，从而从整体上加快企业的市场适应能力，提高企业的管理服务水平，移动电子商务是未来经济发展的大势所趋。

有些人认为移动电子商务只是电子商务的简单扩展，这些人的观点是：移动电子商务和电子商务的差异仅在于访问终端和通信网络，移动电子商务是电子商务的一种扩展、一个子集或者一个分支。移动电子商务主要通过移动网络进行通信，电子商务活动则主要通过有线网络进行，除此之外，两者没有什么两样。

也有人认为，移动电子商务的主要卖点是随时随地访问互联网和进行 Web 浏览，只要将最重要的两个元素——移动通信和互联网——捆绑在一起，将某个国家成功的移动电子商务模式应用到世界上其他地区一样能够取得成功，事实并非如此。

移动电子商务的发展需要依靠制度和技术创新，是企业运作理念和商业模式的新变革。不能把移动电子商务看作是将互联网上的服务内容进行拼凑，简单地搬到移动网络上。要使移动电子商务带来真正的商业机会，就必须采用优良的商业策略，充分发挥移动设备的时间敏感性，以及提供方便快捷的交易和查询服务。例如移动用户可以利用手机动态收取股票或飞机票价格到达一定价位的提示信息，以决定是否通过移动设备购买股票或飞机票。

现在，移动电子商务尽管存在巨大的潜在市场，但还有不少问题亟待解决。例如，如何保证它的安全性，使用户账号、密码等合法信息不受侵犯，使支付和商品配送等过程绝对安全可靠；如何开发能满足各阶层用户需要的有吸引力的个性化服务项目；以及如何使系统变得十分易于操作等。

总之，移动电子商务是指利用移动通信设备与因特网有机结合，在任何地方、任何时间进行电子商务活动。移动电子商务正在成为世界经济正常运作的基础之一。移动电子商务已经不是一种时髦，而是一种生存和职业需求。

### 6.1.2 移动电子商务的特点

移动电子商务具有如下的十大特点：

1. 全天候

移动交易不受时间和地点的限制，具有无所不在的特点。移动终端（如手机）便于人们携带，可随时与人们相伴。这将使得用户更有效地利用空余时间间隙来从事商业活动。移动用户可在旅途中利用可上网的移动设备来从事商业交互活动，如商务洽谈、下订单等，这已经成为电子商务发展的新方向。移动电子商务市场从长远看具有超越传统电子商务规模的潜力，这是因为移动电子商务具有一些无可匹敌的优势，因为只有移动电子商务才能在任何地方、任何时间真正解决交易的问题。

2. 个性化

移动终端的身份固定，能够向用户提供个性化移动交易服务。移动电子商务的主要特点是灵活、简单、方便。例如，跟传统媒介类似的，开展具有个性化的短信息服务活动，要依赖于包含大量活跃客户和潜在客户信息的数据库。数据库通常包含了客户的个人信息，如喜爱的体育活动、喜欢听的歌曲、生日信息、社会地位、收入状况、前期购买行为等。它能完全根据消费者的个性化需求和喜好定制，设备的选择以及提供服务信息的方式完全由用户自己控制。移动电子商务将用户和商家紧密联系起来，而且这种联系将不受计算机或连接线的限制，使电子商务走向了个人。

3. 精准性

由于移动电话具有比微型计算机更强的贯穿力，因此移动电子商务的提供者可以更好地发挥主动性，为不同顾客提供精准化的服务。利用无线服务提供商提供的人口统计信息和基于移动用户当前位置的信息，商家营销可以通过具有精准化的短信息服务活动进行更有针对性的广告宣传，从而满足客户的需求。要提供精准化服务，其内容传送模式的关键在于准确的个人信息。如用户的前期交易或偏好，与交互的时间及地点相关的当前选择。然而，精准化将意味着顾客暴露自己的偏好及行为。如果对他们自己有利，顾客是十分愿意向公司提供个人信息的。

4. 安全性

尊重消费者隐私是移动电子商务的优势，由于移动电话具有内置的 ID，在增加交易安全性的同时，也增加了消费者对隐私保护问题的关注。为了发送定制化的信息，商家需要收集数据，这也会涉及消费者的隐私问题。因此商家要在实现个性化和尊重消费者隐私之间进行权衡。因此，公司要明确强调顾客接受与对顾客有用之间的界限。定制化战略可用于缓解移动交易中对安全及隐私问题的担忧。如消费者可以通过改变安全及隐私的设定来满足他们的个人需求。

### 5. 定位性

位置敏感的服务可以充分体现出移动电子商务的特有价值，移动电子商务可以提供与位置相关的交易服务。以定位为中心不仅移动电话可到任一处，GPS 也可以识别电话的所在地，从而为用户提供相应的个性化服务。因特网用户的地理位置，给移动电子商务带来有线电子商务无法比拟的优势。利用这项技术，移动电子商务提供商将能够更好地与特定地理位置上的用户进行信息交互，这将是今后移动电子商务领域比较有前途的产业化方向。当然有的服务位置敏感，但是时间不紧迫，比如旅游景点移动广告、自我定位服务等。这些移动电子商务的服务内容，根据其所处的环境不同，也都能体现出移动电子商务的价值，也是具有发展潜力的领域。

### 6. 快速性

从因特网诞生开始，数据包的传送速度就成为一个关键因素。随着用户的增加，传送速度变得更为重要。在移动通信中，对于需要额外交费的服务，传送速度必须是可靠的。假如用户通过固定线路可以定制的服务比通过移动网络更快捷、方便，那么移动应用的存在也就无优势可言。

### 7. 便利性

人们在接入电子商务活动时，不再受时间及地理位置的限制。移动电子商务的接入方式更具便利性，使人们免受日常繁琐事务的困扰。例如，消费者在排队或陷于交通阻塞时，可以进行网上娱乐或通过移动电子商务来处理一些日常事务。消费者的舒适体验将带来生活质量的提高。移动服务的便利性使顾客更忠诚。因此，移动电子商务中的通信设施是传送便利的关键应用。使用的简单性是交易模式的关键成功要素。为了使消费者享受更方便快捷的服务，体验移动交易的魅力，移动服务提供商可以从以下方面努力：提供友好的用户界面，只设定肯定及否定选项；为顾客自动提供无处不在的计费交易服务；在出售机器、票务、汽车时，利用小额支付技术；提供实时的无处不在的在线拍卖活动；为移动游戏、娱乐等找零钱；在任何时间、任何地点提供实时交易的便利性。

### 8. 可识别性

与 PC 机的匿名接入不同的是，移动电话利用内置的 ID 来支持安全交易。移动设备通常由单独的个体使用，这使得商家基于个体的目标营销更易实现。通过 GPS 技术，服务提供商可以十分准确地识别用户。随着时间和地理位置的变更而进行语言、视频的变换，移动提供了为不同的细分市场发送个性化信息的机会。

9. 应急性

应急性是指面对突发事件如自然灾害、重特大事故、环境公害及人为破坏等所需的应急管理、指挥、救援等。实践证明，移动通信和移动电子商务在我国紧急公共卫生事件、地震、冰雪、紧急社会事件中都发挥了巨大作用，移动通信和移动电子商务对应急组织管理指挥、应急工程救援保障、综合协调备灾的保障供应等是必需的。

10. 广泛性

移动电子商务的用户与电子商务不同，电子商务的用户大部分是那些教育和收入水平较高、较早拥有个人计算机的人；相比之下，移动电子商务的用户有许多是那些从未拥有过个人电脑、收入处于中低层次、经常处于移动工作状态的人群。

移动电话的使用让电子商务开展摆脱了地理位置的限制，使商家对客户的服务无处不在。在预先定位的基础上，广告商可以选择用户感兴趣的或能满足用户当前需要的信息，确保消费者所接收的就是他所想要的。通过对广告的成功定位，广告商可以获得较高的广告阅读率。同时，商家可以通过基于地理位置的服务产生或巩固虚拟社区，以满足客户进行社交、与人沟通的需求。

总之，移动电子商务具有许多传统的基于 Internet 的电子商务所不具备的特有属性，其中最主要的是十大特性：个性化、安全性、便利性、定位性、应急性、全天候服务等。各类服务当能充分体现出以上十大特性时，移动电子商务服务更能体现出它特有的价值。

### 6.1.3 移动电子商务服务内容

目前，移动电子商务的服务内容最为广泛的是网络购物、SMS（短信息服务）和无线股票交易服务。从赢利的角度来看，移动电子商务所提供的内容可以分为娱乐（音乐下载、联网游戏、图片欣赏、VCD 等）、交易（移动银行转账、移动购物、拍卖、彩票、机票预订等）、通信（SMS、E-Mail、聊天、网络会议等）、信息服务（新闻、导航服务、目录服务、地图、天气预报、企业市场信息等）、PIM（个人信息服务）、基于位置的服务（Lo-cation based service）等。因特网、移动通信技术和其他技术的完善组合创造了移动电子商务，但真正推动市场发展的却是多样的服务。目前，移动电子商务主要提供以下服务：

1. 银行业务

移动电子商务使用户能随时随地在网上安全地进行个人财务管理，进一步完善因特网银行体系。用户可以使用其移动终端核查账目、支付账单、进行转账以及接受付款通知等。

2. 交易

移动电子商务具有即时性，因此非常适合股票交易等应用。移动设备可用于接收实时财务新闻和信息，也可以确认订单并安全地在线管理股票交易。在交易模式中，公司用无线因特网来运行商业交易。移动电子商务的顾客可以通过产品目录及在线订购来实现交易。尽管这依然有一些潜在的障碍，如交易的安全性、速度、易用性等。但通过无线因特网，大多数的公司能直接从交易中获益，尤其对于中小型企业。

随着移动网络的快速发展，移动网络从 3G 演进到 4G，网络所支持的移动数据速率快速提升，一些面向移动电子商务领域发展的趋势日益明显：越来越多的消费者喜欢上了网上购物，增值的 SMS 业务大受欢迎，越来越多的预付费充值购买可以通过移动电话进行。随着 4G 时代的来临，电子商务产业将快速增长，移动终端功能将更加丰富，这为移动电子商务发展奠定了基础。

3. 订票

通过因特网预订机票、车票或入场券已经发展成为一项主要业务，其规模还在继续扩大。移动电子商务使用户能在票价优惠或航班取消时立即得到通知，还可随时支付票款或在旅行中临时更改航班或车次。借助移动设备，用户可以浏览电影剪辑、阅读评论，然后订购邻近电影院的电影票。

4. 购物

借助移动电子商务，用户能够通过移动通信设备进行网上购物，如订购家电、服饰、鲜花、礼物、食品等。传统购物也可以通过移动电子商务得到改进，例如用户可以使用微信、财付通、支付宝等具有安全支付功能的方式，在商店里或自动售货机上购物。

5. 娱乐

移动电子商务带来了一系列娱乐服务。用户不仅可以利用移动设备收听音乐，还可以订购、下载特定的曲目，而且还可以在网上与朋友们玩交互式游戏，还可以参加快速、安全的博彩等活动。

6. 无线医疗

借助移动互联网，实现医疗资源的社会共享化。患者可以通过移动医疗终端实现在线挂号、在线询诊等。

7. 内容传送

在内容传送模式中，移动网页用于通知和报告重要的信息内容，如体育新闻、个性化的财经报道、有奖品派送的游戏以及贺卡等。所有的内容提供商必须确保他们提供的服务是对移动渠道的最优化，真正达到质量可靠及可用性的最高层次。

8. 移动应用服务

一些行业需要经常派遣工程师或工人到现场作业。在这些行业中，移动应用服务提供商将有开展业务的巨大空间。

## 6.2 移动电子商务模式的分类

商务模式是产生收入和利润的商业机制，是企业营运业务创造利润的模式。价值创造是商务模式的本质和核心，不同的商务模式创造的价值不同，价值的存在方式也存在差异。移动电子商务的商务模式则是指在应用移动通信技术和使用移动终端的移动电子商务环境下产生和存在的商务模式。

由于移动电子商务活动对移动通信网络的依赖性很强，这里可以从移动运营商的角度，将移动电子商务分为以下 3 种模式。

通道模式：即移动通信运营商作为信息通道提供商。在通道模式中，移动运营商提供业务通道和服务接入，具体的业务内容和业务流程则是由移动电子商务运营商或第三方完成。通道模式不存在政策风险，但只能给运营商带来通信流量的增长，业务收益较低。

围墙模式：即移动运营商负责所有的业务管理工作。在围墙模式中，移动运营商不仅提供业务通道和服务接入，而且提供业务管理与认证服务。这种模式适合实力较为薄弱的中小型电子商务企业，它们可以借助运营商提供的平台解决方案来迅速开展相关业务，有利于将重心放在业务创新和服务上，以获得在竞争中生存并壮大的机会。对于运营商而言，围墙模式是收益最高的模式，但需要独自承受所有环节中可能的风险和全部的投资风险。

平台模式：即移动运营商与移动电子商务企业或者第三方解决方案提供商共同提供业务的平台模式。在平台模式中，移动运营商与移动电子商务解决方案提供商合作，共同提供业务，共同发展，共同承担风险。只要利益关系、权责关系得到明确和执行，那么从业务的长远发展角度来看，平台模式是一种有效的商务模式。

为了进一步了解各种移动电子商务模式的作用和特点，现将相关知识归纳到表 6-1 中，以供参考对比。

表 6-1　移动电子商务各商务模式对比

| 移动电子商务模式 | 通道模式 | 围墙模式 | 平台模式 |
| --- | --- | --- | --- |
| 用户认证 | 移动电子商务企业或第三方 | 移动通信运营商 | 移动通信运营商或移动电子商务企业 |
| 商家认证 | 移动电子商务企业或第三方 | 移动通信运营商或第三方 | 移动电子商务企业或第三方 |
| 支付授权 | 移动电子商务企业或第三方 | 移动通信运营商或第三方 | 移动电子商务企业或第三方 |
| 商品以外交易成本 | 1. 通信费（通话费、流量费、短信费）<br>2. SC/CP（服务提供商/内容提供商）接入费 | 1. 通信费（通话费、流量费、短信费）<br>2. 业务费<br>3. 服务费 | 1. 通信费（通话费、流量费、短信费）<br>2. SC/CP（服务提供商/内容提供商）接入费<br>3. 服务费 |
| 运营风险 | 客户信用风险（低） | 1. 客户信用风险<br>2. 政策风险<br>3. 业务风险（高） | 1. 客户信用风险<br>2. 商家信用风险<br>3. 政策风险（中等） |
| 业务实例 | 当当手机购书网 | 基于 NFC 手机的小额支付业务 | 移动应用软件商店业务（Mobile Market） |

## 6.3 移动电子商务的实际商业应用

目前针对手机的各种 APP 可以说是五花八门，种类繁多，这些都是移动电商在现实生活中的具体商业应用。表 6-2 将几种常见类别的 APP 进行了归纳汇总，以帮助读者熟悉移动电商的具体商业应用。

表 6-2 移动电商商业运作实例

| APP 类别 | 特点 | 代表对象 |
| --- | --- | --- |
| 门户新闻 | 丰富的信息资源、及时的资讯推送、活跃的社交互动等 | 腾讯新闻、网易新闻、ZAKER、今日头条等 |
| 搜索引擎 | 快速、直接、贴近地获得所需的内容和服务 | 手机百度等 |
| 评头论足 | 提供信息服务、交易服务、第三方评论模式 | 布丁爱生活、12580 等 |
| 教学培训 | 提供网络在线教育 | 新东方、腾讯课堂 |
| 即时通讯 | 提供即时通讯服务 | 微信、微博、QQ 等 |
| 视频 | 提供视频播放服务 | 腾讯视频、爱奇艺、优酷等 |
| 直播 | 提供网络在线直播服务 | 花椒等 |
| 语音 | 提供在线语言、在线授课等服务 | YY 语音等 |
| 天气预报 | 提供各大城市的天气查询功能 | 墨迹天气等 |
| SNS 社区 | 随时随地进行社交活动，包括分享文字、图片、视频等 | 人人网等 |
| 手机银行 | 便捷处理各种金融业务，包括转账、证券、保险等业务 | 招商银行、工商银行等手机银行客服端 |
| 移动支付 | 第三方金融机构产品、安全快捷，提供支付、缴费、转账等服务 | 支付宝、财付通等 |
| 手机购物（B2C） | 提供网络购物服务，销售商为单一商家 | 京东、新蛋客服端等 |
| 手机购物（C2C） | 提供网络购物服务，销售商为不同的商家 | 手机淘宝等 |
| 手机团购 | 提供商品团购服务 | 大众点评、糯米、美团等 |

## 6.4 移动电子商务新技术和概念

随着移动电子商务的不断发展，一些新兴的技术也应运而生，下面重点介绍包括 LBS、RFID、一维码和二维码在内的几种新技术的概念。

### 1. LBS

LBS 即基于位置的服务，是指通过电信移动运营商的无线通信网络或外部定位方式，获取移动终端用户的位置信息。它包括两层含义：首先是确定移动设备或用户所在的地理位置，其次是提供与位置相关的各类信息服务。

总体上看，LBS 由移动通信网络和计算机网络结合而成，两个网络之间通过网关实现交互。移动终端通过移动通信网络发出请求，经过网关传递给 LBS 服务平台；服务平台根据用户请求和用户当前位置进行处理，并将结果通过网关返回给用户。

LBS 的发展非常迅速，其发展过程主要由以下特点。

- 从被动式到主动式。早期的 LBS 可称为被动式，即终端用户发起一个服务请求，服务提供商再向用户传送服务结果。这种模式是基于快照查询，简单但不灵活。主动式的 LBS 基于连续查询处理方法，能不断更新服务内容，因而更为灵活。
- 从单用户到交叉用户。早期阶段，服务请求者的位置信息仅限于该用户提供服务，而没有其他用途；而在新的 LBS 应用中，服务请求者的位置信息还将被用户为其他用户提供查询服务，位置信息实现用户之间的交叉服务。
- 从单目标到多目标。早期阶段，用户的电子地图中仅可显示单个目标的位置和轨迹，但随着应用需求发展，现有 LBS 系统已经可以同时显示和跟踪多个目标对象。
- 从面向内容到面向应用。"面向内容"是指需要借助于其他应用程序向用户发送服务内容，如短信等；"面向应用"则强调利用专有的应用程序呈现 LBS 服务，且这些程序往往可以自动安装或者移除相关组件。

## 2. RFID

RFID 即射频识别技术，也称为无线射频识别技术，可通过无线电信号识别特定目标并读写相关数据，而无需识别系统与特定目标之间建立机械或光学接触，如图 6-1、图 6-2 所示。

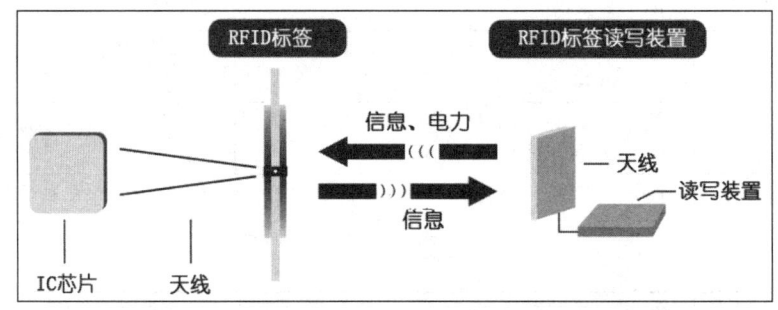

图 6-1　RFID 系统构造图

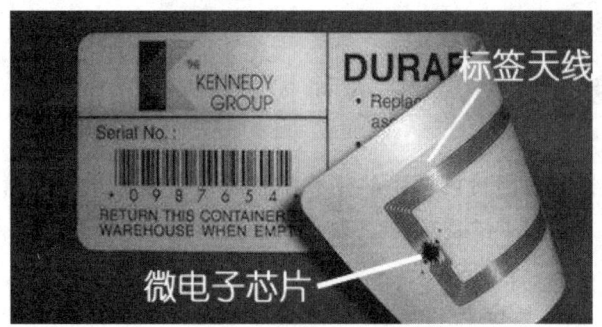

图 6-2　RFID 标签应用参考图

RFID 的特点如下。

- **快速扫描**：RFID 识别器可同时辨识读取多个 RFID 标签，扫描速度更快。
- **体积小、形状多**：RFID 在读取上并不受尺寸大小与形状限制，不需要为了读取精确度而配合纸张的固定尺寸和印刷品质。此外，RFID 标签更可往小型化与多样形态发展，以应用于不同产品。
- **抗污染能力和耐久性**：条形码的载体是纸张，因此容易受到污染，但 RFID 对水、油和化学药品等物质具有很强抵抗性。此外，由于条形码是附于塑料袋或包装纸箱上，所以特别容易受到折损；RFID 卷标是将数据存在芯片中，因此可以免受污损。
- **可重复使用**：现今的条形码印刷上去之后就无法更改，RFID 标签则可以通过新增、修改和删除 RFID 标签内储存的数据，多次重复使用。
- **穿透性和无屏障阅读**：在被覆盖的情况下，RFID 能够穿透纸张、目标和塑料等非金属或非透明的材质，并能够进行穿透性通信。而条形码扫描机必须在近距离而且没有物体阻挡的情况下，才可以辨读条形码。
- **数据的记忆容量大**：一维条形码的容量是 50B，二维条形码最大的容量可存储 3000B，RFID 最大的容量则可以达到数兆。随着记忆载体的发展，数据容量也有不断扩大的趋势。未来物品所需携带的资料量会越来越大，对标签所能扩充容量的需求也相应增加。
- **安全性**：由于 RFID 承载的是电子式信息，其数据内容可经由密码保护，使其内容不易被伪造及变造。

### 3. 一维码

一维码又称为条码或条形码，是由一组规则排列的矩形条、空隙及对应的字符组成的标记。矩形条区域对光线反射率较低，空隙区域对光线反射率较高，这些矩形条和空隙组成的数据表达一定的信息，并能够用特定的设备识读，转换成与计算机兼容的二进制和十进制信息，如图 6-3 所示。

### 4. 二维码

二维码也称二维条码，它用某种特定的几何图形按一定规律在平面（二维方向上）分布的黑白相间的图形记录数据符号信息。二维码在代码编制上巧妙地

图 6-3　中国通用 EAN-13 码示意图

利用构成计算内部逻辑基础的"0""1"比特流的概念，使用若干个与二进制相对应的几何图形来表示文字数值信息，通过图像输入设备或光电扫描设备自动识读以实现信息自动处理，如图 6-4 所示。

图 6-4　矩阵式二维码及堆叠式二维码

## 6.5 移动电子商务硬件设备

进行移动电子商务活动时,离不开硬件设备的支持,如无线路由器、手机等。下面简要介绍一些与移动电子商务硬件设备相关的知识。

● 无线路由器:无线路由器可以看作将单纯性无线 AP 和宽带路由器合二为一的扩展型产品,它不仅具有单纯性无线 AP 所有的功能,如支持 DHCP 客户端、支持 VPN、支持防火墙、支持 WEP 加密等,而且还包括了网络地址转换(NAT)功能,可支持局域网用户的网络连接分享,实现家庭无线网络中的互联网连接共享,实现 ADSL、Cable modem 和校区宽带的无线共享接入。

● 手机:这里所说的手机指的是智能手机,即像个人计算机一样,具有独立的操作系统,独立的运行空间,可以由用户自行安装软件、游戏和导航等第三方服务商提供的程序,并可以通过移动通信网络来实现无线网络接入的设备。

● RFID 卡:即 RFID 标签,是产品电子代码(EPC)的物理载体,附着于可跟踪的物品上,并对其进行识别和读写,可全球流通。

● 发卡机:即发卡器,如图 6-5 所示,是对卡进行读写操作的工具,但是又不同于读写器、读卡器或读头,发卡机可以进行读卡、写卡、授权、格式化等更为丰富和智能的操作。

● 消费机:该设备的外观如图 6-6 所示,它使用的是目前先进的 MIFARE I 型非接触式 IC 卡消费方式。非接触式 IC 卡具有安全、稳定和携带方便等优点。消费时只需要在 POS 机感应区有效距离内刷卡,POS 机认可后便可完成消费。无需现金交易,避免找零带来的不便和现金交易卫生问题,既方便用户消费,又方便管理人员统计和管理消费情况,实现消费数据的采集统计和信息过程自动化。

● 一维条码扫描器:也称为条码阅读器、条码扫描枪、条形码扫描器、条形码扫描枪及条形码阅读器,如图 6-7 所示。它是用于读取一维码所包含信息的阅读设备,利用光学原理,把一维码的内容解码后通过数据线或无线的方式传输到计算机或其他设备。

● 彩码扫描器:一种专门用于读取彩码所包含信息的设备,外观与一维条码扫描器类似。彩码是在传统二维码基础之上,加上黑、蓝、绿、红 4 色居中构成不同规格的彩色三维图像矩阵码,是全球第三代条码技术的代表。

● 条码打印机:一种专用的打印机,如图 6-8 所示。与普通打印机的最大区别就是条码打印机的打印是以热为基础,以炭带为打印介质(或直接使用热敏纸)完成打印,这种打印方式相对于普通打印方式的最大优点在于它可以在无人看管的情况下实现连续高速打印。它所打印的内容一般为企业的品牌标识、包装标识、条形码标识、信封标签和服装吊牌等。

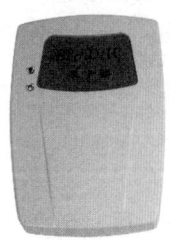   

图 6-5 发卡机　　图 6-6 消费机　　图 6-7 一维条码扫描器　　图 6-8 条码打印机

## 6.6 基于 APP 应用的移动电商平台

移动电子商务 APP 是一种独立的第三方移动电子商务平台，它直接安装在移动设备中，其客户访问率（打开率）高，更容易和硬件交互（如 GPS 定位）。同时一些移动电子商务 APP 可以提供增值服务，帮用户进入 APP 商店，并辅助进行审核。

### 6.6.1 移动电子商务 APP 分类

移动电子商务 APP 根据不同的实现方法，可以分为 NativeAPP（原生 APP）、WebAPP（网页 APP）及 HybridAPP（混合 APP）。

#### 1. NativeAPP（原生 APP）

NativeAPP（原生 APP）就是完全基于移动操作系统开发的客户端程序。如果把移动操作系统（如 iOS、Android）比作最熟悉的 Windows 操作系统，APP 就相当于 QQ、360 这样的应用程序，下载安装到手机上。早年计算机上的软件系统结构分为 C/S（客户机／服务器），APP 其实是手机上的 C/S 结构软件，在计算机系统上的 C/S 结构软件也是最早繁荣起来的软件结构，但是后来基本被 B/S 结构软件取代。

#### 2. WebAPP（网页 APP）

早期意义的 WebAPP 曾流行过一段时间，因为原生 APP 开发难度和成本较大，所以有一个简单的做法就是把网站网页嵌入 APP 中，这样既可以实现发布 APP 到苹果商店得到流量的目的，又可以使开发维护升级变得非常简单。缺点是体验和功能比原生 APP 差一些。即便用 HTML5 去增加一些动画效果和多媒体功能，但是最终还是一个网页嵌在一个 APP 内，细节和速度比不上原生 APP。

#### 3. HybridAPP（混合 APP）

目前国内绝大部分电商巨头的 APP 都是混合 APP，HybridAPP 结合了 NativeAPP 和 WebAPP 的各自优点。整个 APP 的主体结构用 NativeAPP 完成，这样主体操作流畅，等待载入时间短，UI 体验好，而且还可以实现摄像头、消息推送等功能。而其他部分需要经常更新内容（可以随时更新，不需要客户手机上的 APP 更新），或者细节非核心功能（可以先低成本快速实现），或者需要可以被链接索引传播的文字内容（这样内容才能被转发传播出去，到 APP 以外的互联网上），全部以嵌入网页的形式来实现。

### 6.6.2 移动电商应用模型

通过图 6-9 所示的三个维度建立一个移动电子商务平台模型，可以清楚描述每一个移动互联网应用的模式，更可以发现潜在的新移动互联网模式，以及现有模式可以突破的地方。

| 应用名：<br>所在垂直行业： | | 用户特性 | | | 手机特性 | | | |
|---|---|---|---|---|---|---|---|---|
| | | 限时限量 | 即时性 | 碎片化 | 地理位置 | 摄像头 | 麦克风 | 运动 |
| 电子商务 | 线上销售 | | | | | | | |
| | 推荐导购 | ☑ | ☑ | ☑ | | ☑ | | |
| | O2O | | | | | | | |
| ☑为主要属性 | | | | | | | | |

图 6-9　移动电子商务应用模型

### 1. 用户特性

移动电子商务应用模型中的用户特性主要包括限时限量、即时性和碎片性。

- 限时限量：限时限量是一种营销方法，在移动上特别有效，因为商品限时限量了，用户不能始终在计算机前等着抢购，对用户来说最方便的方式、首选的方式，是通过手机参与这样的活动。限时限量特性最典型的就是唯品会上的闪购模式，还有今夜酒店特价的剩余房间销售模式。纯线上销售的电商在移动电商上几乎是完全围绕这个核心展开的。
- 即时性：即时性是指用户的需求是突发的，并且希望可以立刻得到满足。如汽车抛锚了要找拖车、吃饭喝酒了要找代驾、出门要打车、肚子饿了要找地方吃饭、突然想到一组号码想买彩票等。
- 碎片性：碎片性是指用户可以在非常零散、很短且不完整的时间内，完成交互或使用，满足用户打发这些碎片时间的需求。典型的碎片时间是等车、等上菜、等人和上厕所这样很短但又很无聊的时间。

### 2. 手机特性

移动电子商务应用模型中的手机特性主要包括地理位置、摄像头、麦克风和运动。

- 地理位置：借助手机可以通过手机信号定位用户当前所在的地理位置，甚至通过 WiFi 信号定位用户所在室内位置，帮助用户在物理世界中定位。
- 摄像头：借助手机的摄像头，可以知道用户当前把摄像头对准的物体是什么，通过光学识别，识别出这个物体的信息，从而得知手机用户当前的意图和需求。
- 麦克风：借助手机麦克风，可以听到物理世界里的声音，有些技术甚至使用音频与其他设备传递数据。
- 运动：借助手机可以感应运动加速度，可以知道用户当前是否在运动，是否在摇动手机，甚至于精通到手势、运动距离等。

### 6.6.3　在线零售移动电商

在线零售移动电商网站的功能是让用户通过互联网进行产品或服务的购买。用户可以在互联网上，通过对产品或服务的浏览、比较，选购自己满意的商品或服务，并在网上下订单。当订单送达卖方时，卖方对订单做相应的处理，并通过网上发货或者离线发货即物流配送的方式，进行货物或服务的配送。

1. 淘宝 APP（手机淘宝）

淘宝 APP 中集成了整个淘宝体系中的很多产品，其中一些有针对性的功能均放在淘宝 APP 内最显著的位置。比如"聚划算"对应限时限量特性；"充值中心"对应的是即时性；"微淘"是推荐导购类产品，对应碎片时间特性。另外，淘宝也支持利用摄像头直接扫码。图 6-10 所示为淘宝的 APP 界面和应用模型。

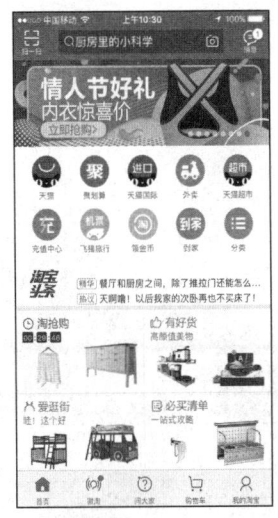

淘宝移动电子商务应用模型

应用名：淘宝
所在垂直行业：商品在线销售

|  |  | 用户特性 | | | 手机特性 | | | |
|---|---|---|---|---|---|---|---|---|
|  |  | 限时限量 | 即时性 | 碎片化 | 地理位置 | 摄像头 | 麦克风 | 运动 |
| 电子商务 | 线上销售 | ☑ | ☑ | ☑ | ☑ | ☑ |  | ✓ |
|  | 推荐导购 |  |  | ☑ |  |  |  |  |
|  | O2O |  |  |  |  |  |  |  |

☑为主要属性　✓为次要属性

图 6-10　淘宝 APP 和移动电子商务应用模型

2. 京东 APP

京东 APP 和淘宝 APP 比较接近的地方，也是将有针对性挑选的功能放在京东 APP 内最显著的位置。比如"京东秒杀"对应限时限量特性；"充值缴费"对应的是即时性；"发现"对应碎片时间特性。图 6-11 所示为京东的 APP 界面和应用模型。

京东移动电子商务应用模型

应用名：京东
所在垂直行业：商品在线销售

|  |  | 用户特性 | | | 手机特性 | | | |
|---|---|---|---|---|---|---|---|---|
|  |  | 限时限量 | 即时性 | 碎片化 | 地理位置 | 摄像头 | 麦克风 | 运动 |
| 电子商务 | 线上销售 | ☑ | ☑ | ☑ | ☑ | ☑ |  |  |
|  | 推荐导购 |  |  | ☑ |  |  |  |  |
|  | O2O |  |  | ☑ |  | ☑ |  |  |

☑为主要属性

图 6-11　京东 APP 和移动电子商务应用模型

### 3. 1号店APP

1号店的商品都是非常标准化的商品，而且主打的商品类型就是在逛超市时会看到的商品，很容易产生扫一下看超市买划算还是1号店买划算的情况，所以其条码扫描功能更加重要。一号店的其他特性和淘宝、京东都较为相似，这也导致了它们的APP界面十分接近，因为本身部分业务的侧重不同，因此存在细微差别。图6-12所示为1号店的APP界面和应用模型。

1号店移动电子商务应用模型

应用名：1号店
所在垂直行业：商品在线销售

| | | 用户特性 | | | 手机特性 | | |
|---|---|---|---|---|---|---|---|
| | | 限时限量 | 即时性 | 碎片化 | 地理位置 | 摄像头 | 麦克风 | 运动 |
| 电子商务 | 线上销售 | ☑ | ☑ | ☑ | ☑ | ☑ | | ✓ |
| | 推荐导购 | | | | | | | |
| | O2O | | | | | | | |

☑为主要属性  ✓为次要属性

图6-12　1号店APP和移动电子商务应用模型

### 4. 唯品会

唯品会的业务模式是限时限量，所以在移动端表现非常不错。唯品会APP完全突出每一场特卖活动，因为没有按类目浏览商品的形式，所以它把整个屏幕都做成了不同分类的特卖活动。但即便如此，唯品会还是会尽力在界面上放置更多的内容和功能，以增强用户与APP的互动性和体验性。图6-13所示为唯品会的APP界面和应用模型。

唯品会移动电子商务应用模型

应用名：唯品会
所在垂直行业：商品在线销售

| | | 用户特性 | | | 手机特性 | | |
|---|---|---|---|---|---|---|---|
| | | 限时限量 | 即时性 | 碎片化 | 地理位置 | 摄像头 | 麦克风 | 运动 |
| 电子商务 | 线上销售 | ☑ | | ☑ | | | | |
| | 推荐导购 | | | | | | | |
| | O2O | | | | | | | |

☑为主要属性

图6-13　唯品会APP和移动电子商务应用模型

### 6.6.4 推荐导购移动电商

美丽说、蘑菇街的社交属性非常出色,用户可以很方便地用手机摄像头拍照参与互动。这类推荐导购的移动电商网站的核心竞争力在于商品的推荐质量、编辑或者明星用户的选择品味、文字描述对目标用户的影响力等。图 6-14 所示为蘑菇街和美丽说的 APP 界面和应用模型。

美丽说、蘑菇街移动电子商务应用模型

应用名:美丽说、蘑菇街
所在亚垂行业:女性商品推荐导购

| | | 用户特性 | | | 手机特性 | | | |
|---|---|---|---|---|---|---|---|---|
| | | 限时限量 | 即时性 | 碎片化 | 地理位置 | 摄像头 | 麦克风 | 运动 |
| 电子商务 | 线上销售 | | | | | | | |
| | 推荐导购 | ☑ | ☑ | ☑ | | ☑ | | |
| | O2O | | | | | | | |

☑为主要属性

图 6-14 美丽说、唯品会 APP 和移动电子商务应用模型

### 6.6.5 O2O 移动电商

O2O 移动电商的功能是将线下商务的机会与互联网的技术结合在一起,让互联网成为线下交易的前台,同时起到推广和成交的作用。这类移动电商比较知名的包括大众点评、美团和糯米等。其中,大众点评是目前非常热门的移动电商平台,这里以它为例进行分析。餐饮服务需要到店消费,这就需要将与地理位置的强关联、用户需求的即时性这两个移动互联网的重要特性淋漓尽致地发挥到极点。同时,借助手机摄像头提交带真实图片的点评,也极大地方便和鼓舞了用户的参与。图 6-15 所示为大众点评 APP 界面和应用模型。

大众点评移动电子商务应用模型

应用名:大众点评
所在亚垂行业:餐饮、娱乐、大众生活服务

| | | 用户特性 | | | 手机特性 | | | |
|---|---|---|---|---|---|---|---|---|
| | | 限时限量 | 即时性 | 碎片化 | 地理位置 | 摄像头 | 麦克风 | 运动 |
| 电子商务 | 线上销售 | | | | | | | |
| | 推荐导购 | | | | | | | |
| | O2O | | ☑ | ☑ | ☑ | ☑ | | |

☑为主要属性

图 6-15 大众点评 APP 和移动电子商务应用模型

### 6.6.6 差旅移动电商

差旅移动电商的运作方式实际上也是 O2O 的一种，目前知名的差旅移动电商包括携程、去哪儿、飞猪（阿里旅游）等。以携程为例，携程成功整合了高科技产业与传统旅行业，向其会员提供集酒店预订、机票预订、独家预订、商旅管理、特惠商户及旅游资讯在内的全方位旅行服务。在移动电商领域，携程保留了传统的线上销售产品思路，利用限时限量的特性进行产品的销售和服务。图 6-16 所示为携程的 APP 界面和应用模型。

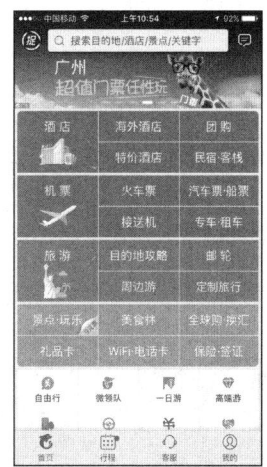

携程移动电子商务应用模型

应用名：携程
所在垂直行业：差旅出行

|  |  | 用户特性 | | | 手机特性 | | | |
| --- | --- | --- | --- | --- | --- | --- | --- | --- |
|  |  | 限时限量 | 即时性 | 碎片化 | 地理位置 | 摄像头 | 麦克风 | 运动 |
| 电子商务 | 线上销售 | ☑ |  |  | ☑ | ☑ |  |  |
|  | 推荐导购 |  |  |  |  |  |  |  |
|  | O2O |  |  |  |  |  |  |  |

☑为主要属性

图 6-16 携程 APP 和移动电子商务应用模型

### 6.6.6 微商城

许多自主创业者、中小型公司选择了微商城为自己的产品销售平台。区别于京东和淘宝平台的入驻和建设难度，微商城更为方便、快捷，所见即所得。从申请开店到正式运营，极短的时间就可以完成。最具代表性的是微店、有赞微商城，注册用户可以非常快速的申请开店、上传产品，平台有较为完善的后台管理和客服服务功能，这样的平台较为适合绑定微信公众号、个人微信号、QQ 等移动自媒体。图 6-17 所示为微店和有赞微商城的 APP 界面和应用模型。

微店、有赞微商城移动电子商务应用模型

应用名：微店、有赞微商城
所在垂直行业：C2C购物平台

|  |  | 用户特性 | | | 手机特性 | | | |
| --- | --- | --- | --- | --- | --- | --- | --- | --- |
|  |  | 限时限量 | 即时性 | 碎片化 | 地理位置 | 摄像头 | 麦克风 | 运动 |
| 电子商务 | 线上销售 |  |  |  |  |  |  |  |
|  | 推荐导购 |  |  |  |  |  |  |  |
|  | O2O |  |  |  |  |  |  |  |
|  | C2C |  | ☑ |  | ☑ | ☑ |  |  |

☑为主要属性

图 6-17 微店、有赞微商城 APP 和移动电子商务应用模型

【思考与练习】

1. 填空题

（1）移动电子商务模式的分类有_____、_____、_____、_____等。

（2）移动电子商务的主要类型有_____、_____、_____、_____、_____、_____。

2. 问答题

（1）移动电子商务和电子商务相比，有哪些显著不同？

（2）请列举常用的基于手机 APP 的移动电商应用软件，并说明其特点。

# 第 7 章  企业自建网站运营

## 7.1  企业自建网站的设计

### 7.1.1  企业自建网站的介绍

1. 企业营销型网站的特点

1）营销型网站概念

营销型网站是具备营销推广功能的网站。

建设满足企业网络营销功能的网站,以帮助企业实现经营目标的目的。营销型网站是根据企业核心产品在传统中的销售渠道,设定网络目标客户群体,以客户为中心的思维来发布网站信息,利用核心产品展示、客户见证、为潜在目标客户答疑等方式塑造企业公信力,通过网站营销贯彻,获得销售线索,最终促成线上或线下的交易。

2）企业营销型网站应该具备的特点

（1）有良好的用户体验。
- 访问速度：首页 FLASH 或大图片、国内多路由访问、服务器稳定性。
- 网站结构：导航栏是否清晰,整体结构是否适合营销的需求。
- 网站内容：是否突出公司优势、产品优势、服务优势。
- 网站设计：色彩搭配协调、专业性强,细节处理比较好。
- 网站诚信：有资质论证、荣誉证书、第三方论证书。
- 联系方式：每个产品与服务页面都有直接的联系方式,方便客户第一时间找到你。

（2）有良好的搜索引擎表现。
- 标题优化：首页标题、产品页面、新闻页面是否进行针对性关键词优化。
- 内容优化：核心关键词内容重复频率、内容更新率、内容原创性。
- 关键词优化：企业 SWOT 分析、优势产品与服务、关键词列表。
- 友情链接：外部链接、内部链接、高 PR 值网站互链。
- 核心优势：企业定位,核心产品与服务优势。

（3）营销功能。
- 网站客服：网站客服,在线把握销售机会,整合 QQ、MSN 在线功能。
- 客服热线：400、800 全国免费热线,专业大公司形象,注重品牌与服务,把握商机。
- 企业邮局：对外统一形象,对内方便管理,企业邮局是基础准备。
- 广告促销：在线广告活动,最新促销,营造营销气氛,把握线上机会。

- 电子地图：让客户方便找到你，提升诚信度，用户体验好。
- 在线支付：让客户在找到你之后，在最有热情的情况下能及时下单付款。

（4）灵活操作。
- 管理后台：统一网站管理后台登录口，方便进行整站管理。
- 新闻系统：及时发布公司新闻、行业新闻、行业相关知识。
- 产品系统：自我管理产品，方便、好用，及时修改产品与服务信息。
- 在线调查：与客户互动，直接面对一线得到最直接、真实的数据，利于市场决策。

2. 企业自建网站的意义

（1）企业网站容量大，自由拓展程度高，建设企业网站的投入与其他广告方式相比要低。

（2）企业网站是企业实施各种网络营销的重要推广手段，另外，可以通过 B2B 平台、C2C 平台、第三方 B2C（如天猫、京东商城）平台、搜索引擎营销、博客营销等诸多手段进行推广，但无论是哪种手段，从独立性和内容的充实度等方面都不及企业官网，因此，以上推广方式目的在于将客户流量最终引到企业官网上来。

（3）提高访问者转化为购买客户的比例。从搜索引擎友好性和用户体验良好性角度建设企业网站，可以提高企业网站在搜索引擎中的排名，吸引潜在客户通过关键词找到企业网站，通过高质量有价值的信息和在线客服系统方便目标客户即时沟通、咨询和反馈，大幅度提高访问者转化为购买客户的比例，真正给企业带来订单和客户，更好地发挥企业网站的作用。

（4）网站内外营销体现网站的价值。良好的营销型网站除了可以对外展示其产品、宣传其形象、塑造其品牌外，还可以对企业内部管理、内在文化建设起到积极的推动作用。一个良好的企业产品展示、新闻展示、发展历程展示可以影响到企业员工的心态，有利于企业员工了解企业产品、企业文化，对企业产生认同感，增强企业内部凝聚力。因此企业在建站之初就应该在内容、栏目、风格的设置上考虑企业内部的需求，以满足企业长期发展的需要。

3. 企业自建网站的流程

网站建设是一个项目活动，主要包括明确需求、收集信息和素材、站点规划设计、设计页面方案、静态制作网页、站点后台开发、站点测试和发布、站点推广和维护 8 个阶段。

（1）明确需求：在建站之前首先要明确建立网站的目的是什么，网站的定位是什么。如果网站是为自己做的，比如个人网站，那么就由自己说了算；如果是建立企业网站，那么就应该与企业的相关负责人沟通明确需求。

（2）收集信息和素材：在明确需求后，就要开始收集企业的相关信息和资料。丰富的内容能够丰富网站的版面，收集的内容通常有企业的文件、广告、标语、产品、活动、联系方式和地址等，把收集的素材整理成文档，为后面的阶段提供可靠的资源。

这一步是方案设计的重要阶段，因为公司的形象和对外提供的服务大部分来源于此，所以全面地收集素材和想法可以使网站的信息和功能更加完善。

（3）站点规划设计：收集好信息和素材后，要对大量的资源进行整理和归类，结合站点的定位来确定相应的栏目在此过程中需要组织设计师和开发人员一起讨论，对已确定的内容进行归类，可以通过绘制树状图清晰直观的呈现出站点一级栏目。

在确定站点的一级栏目后，还需要讨论确定其二级栏目以及更细的子栏目，把不同的内容发到哪个栏目下，哪些栏目下还需要子栏目，都要很清晰地让相关人员了解其细节。最后需要栏目规划负责人把确定的内容形成站点栏目规划说明书，以便为以后的设计和开发提供依据。当然该说明书不是不可更改的，在以后的制作过程中发现问题需要修改时还可修改。

（4）设计页面方案：该阶段主要由网站的美工人员来完成。美工人员需要根据栏目规划说明书来设计网页，使用色彩搭配、版式布局、站点栏目内容相结合，并运用设计工具绘制出每个栏目的具体位置和网站的整体风格。

（5）静态制作网页：设计页面方案确定以后，由制作人员进行静态网页的制作，同时栏目规划人员与制作人员协同添加整理好的栏目以及具体内容。

制作人员需要根据方案制作成多个内容模板，在制作静态网页时，制作人员应该把静态的内容和需要动态加载的内容分开，动态加载的内容需要服务器端实现动态网页，该过程需要开发人员通过编程来实现与数据库的交互。

（6）站点后台开发：动态页面设计好后，需要由开发人员来完成程序代码的工作。在此工作中，站点动态功能是由开发人员根据功能需求来编写程序实现的。

在这个阶段，开发人员和制作人员需要及时沟通，以避免开发完成后发现问题再进行大量的返工和修改工作。

（7）站点测试和发布：在网站开发过程中，开发和测试是同步进行的，测试的主要任务是单元测试、功能测试和系统测试等。测试完成后，将站点程序发布到服务器上，并将企业注册的域名与服务器空间进行绑定，用户通过域名即可访问网站内容。

（8）站点推广和维护：站点发布以后，维护人员需要对站点的实际内容进行丰富，需要把企业实际的数据通过后台管理系统进行录入，站点需要经常更新内容，只有不断提供企业最新的信息（包括产品、服务、理念、文化）才能吸引更多的浏览者。

### 7.1.2 企业网站设计的准则

1. 明确建立网站的目标和用户需求

网站是展现企业形象、介绍产品和服务、体现企业发展战略的重要途径，因此我们必须明确设计站点的目的和用户需求，从而做出切实可行的设计计划。要根据消费者的需求、市场的状况、企业自身的情况等进行综合分析，以"消费者（customer）"为中心，而不是以"美术"为中心进行设计规划。

2. 网页设计总体方案主题鲜明

在目标明确的基础上，完成网站的构思创意即总体设计方案。对网站的整体风格和特色作出定位，规划网站的组织结构。

Web 站点应针对所服务对象（机构或人）的不同而具有不同的形式。有些站点只提供简洁文本信息；有些则采用多媒体表现手法，提供华丽的图像、闪烁的灯光、复杂的页面布置，甚至可以下载声音和录像片段。好的 Web 站点把图形表现手法和有效的组织与通信结合起来。

为了做到主题鲜明突出、要点明确，应以简单明确的语言和画面体现站点的主题；调动一切手段充分表现网站点的个性和情趣，办出网站的特点。

Web 站点主页应具备的基本成分包括：页头——准确无误地标识你的站点和企业标志；Email 地址——用来接收用户垂询；联系信息——如普通邮件地址或电话；版权信息——声明版权所有者等。

3. 网站的版式设计

网页设计作为一种视觉语言，特别讲究编排和布局，虽然主页的设计不等同于平面设计，但它们有许多相近之处。

版式设计通过文字图形的空间组合，表达出和谐与美。

多页面站点页面的编排设计要求把页面之间的有机联系反映出来，特别要处理好页面之间和页面内的秩序与内容的关系。为了达到最佳的视觉表现效果，要反复推敲整体布局的合理性，使浏览者有一个流畅的视觉体验。

4. 色彩在网页设计中的作用

色彩是艺术表现的要素之一。在网页设计中，设计师要根据和谐、均衡和重点突出的原则，将不同的色彩进行组合、搭配来构成美丽的页面。根据色彩对人们心理的影响，合理地加以运用。如果您的企业有 CIS（企业形象识别系统），那还要按照其中的 VI 进行色彩运用。

5. 网页设计形式与内容相统一

为了将丰富的意义和多样的形式组织成统一的页面结构，形式语言必须符合页面的内容，体现内容的丰富含义。

灵活运用对比与调和、对称与平衡、节奏与韵律以及留白等手段，通过空间、文字、图形之间的相互关系建立整体的均衡状态，产生和谐的美感。如对称原则在页面设计中，它的均衡有时会使页面显得呆板，但如果加入一些富有动感的文字、图案，或采用夸张的手法来表现内容往往会达到比较好的效果。点、线、面作为视觉语言中的基本元素，巧妙地互相穿插、互相衬托、互相补充构成最佳的页面效果，充分表达完美的设计意境。

6. 网页设计中多媒体功能的利用

网络资源的优势之一是多媒体功能。要吸引浏览者注意力，网页的内容可以用三维动画、FLASH 等来表现。但由于网络带宽的限制，在使用多媒体的形式表现网页的内容时不得不考虑客户端的传输速度。

7. 结构清晰并且便于使用

使用一些醒目的标题或文字来突出您的产品与服务,让客户清楚您在介绍什么或如何受益。

8. 导向清晰

网页设计中导航使用超文本链接或图片链接,使人们能够在您的网站上自由前进或后退,而不会让他们使用浏览器上的前进或后退。在所有的图片上使用"ALT"标识符注明图片名称或解释,以便那些不愿意自动加载图片的观众能够了解图片的含义。

9. 快速下载

很多的浏览者不会进入需要等待 5 min 下载时间才能进入的网站,在互联网上 30 s 的等待时间与我们平常 10 min 等待时间的感觉相同。因此,建议在网页设计中尽量避免使用过多的图片及体积过大的图片。将主要页面的容量控制在 50KB 以内,平均 30KB 左右,确保普通浏览者页面等待时间不超过 10 s。

10. 非图形的内容

应用巧妙设计的 Java 动画,可以用很小的容量使图形或文字产生动态的效果。但是,由于在互联网浏览的大多是一些寻找信息的人们,因此仍然建议您要确定您的网站将为他们提供的是有价值的内容,而不是过度的装饰。

11. 方便的反馈及订购程序

让客户明确您所能提供的产品或服务并让他们非常方便地订购,是您获得成功的重要因素。如果客户在您的网站上产生了购买产品或服务的欲望,您是否能够让他们尽快实现?是在线还是离线?

## 7.2 企业自建网站的运营与管理

### 7.2.1 网站内容的组织与管理

企业网站是展示企业形象的一个重要窗口,充分利用可以达到宣传企业文化、企业理念、企业产品等的目的。

1. 信息采集

对于一般的企业营销型网站而言,由于网站要完成多个方面的展示功能,所以一般提供不同的版块和栏目内容,并且要各相应部门人员采集相关版块信息提供给各企业管理部门网站管理员。图 7-1 所示是某公司新版网站的首页。显然,新版首页提供的信息比老版网站的首页内容丰富了许多,不同的栏目和版块内容都由相关的部门采集,客户对企业的信任度大大提高。

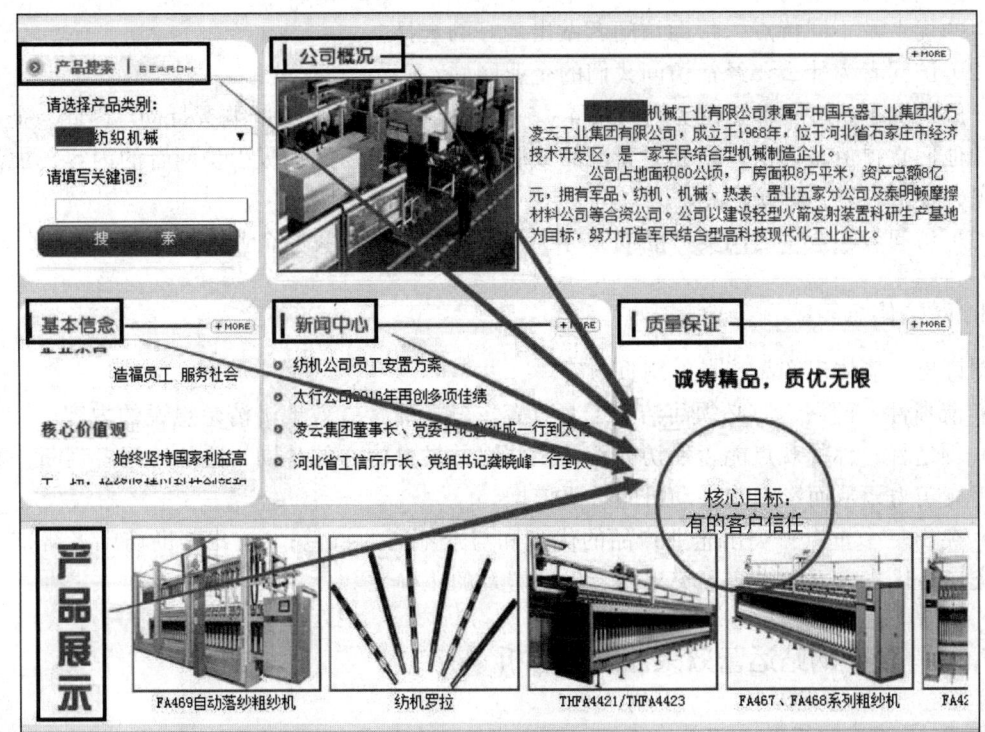

图 7-1 某公司网站首页

（1）企业简介：一般包括公司现状介绍、公司发展历程、公司结构框架、公司资质与认证、公司荣誉等。

（2）企业动态：一般包括商务活动、重大事务、外事活动、访问活动、上级领导来公司考察活动、公司领导重要出访活动等信息，由相关接待或组织部门提供。

（3）产品或服务展示信息，包括产品的分类信息、详细信息、其他相关信息等。多数用户到网站后首先就是查看企业产品情况，因此产品和服务信息展示是第一位的，这些内容的展示可以第一时间满足客户对产品的了解。

（4）客户案例和典型合作伙伴：客户和合作伙伴尤其是有实力的合作伙伴的介绍能增强公司的信服力。

（5）市场动态、合同签订、展会情况等信息由市场部提供。

（6）人员招聘等信息由行政人事部提供。

（7）公司相关支付、发货、物流、售后信息。

注：采集信息均为电子文档，信息采集人员应该保证网页、图片、音视频等文件无病毒、信息准确，做好相关资料备份工作，上传信息应注明信息来源，严格审核程序，对来源不明确、内容不准确的信息不予上传。

2. 信息取舍

（1）访问者访问企业网站的目的是什么？

从网上获取资讯始终是访问者的主要目的之一。因此网站必须提供和企业产品或服务相关的丰富资讯。以专业角度去描述产品的规格和性能，和同类产品或服务相比较，告诉访问者各自的优点及不同特点，帮助访问者做出最好的选择。

（2）访问者为什么要经常访问我们的企业网站？

一般情况下，访问者要在访问网站4~5次后，才会有实质性的购买行动。因此，企业网站要让他们觉得值得回访。不断更新产品或服务资讯，不断添加吸引访问者的内容，加深良好印象，使潜在客户回访网站。

（3）访问者在众多的同类产品或服务中，为什么会选择我们企业产品或服务？

3. 网站信息组织

制订出更能体现产品特点的网页内容。
- 清晰性：网站内容必须简洁明了，直奔主题，非常有效地讲清楚想说的内容。
- 创造性：你的观点能否使访问者产生共鸣并发自内心的认同，这是访问者判断一家公司是否有实力，从而影响购买动机的重要依据。
- 突出三个重点：突出企业产品的优点和与众不同的特色；突出帮助访问者辨别、判断同类产品优劣方面的内容；突出内容毋庸置疑的正确性。

### 7.2.2 企业网站运营效果监测与分析

1. 对网站访问量数据进行分析

在网站运营中，访问者的多少直接关系到网站的经营与生存。一个网站访问次数的多少是其受用户欢迎程度和发展前景强弱的体现，营销型网站访问量统计是网站运营的一个重要组成部分。

通过对访问量数据的分析，可以有效帮助我们分析企业目标客户群，比如用户的来源、地区分布等；及时掌握网站推广的效果，减少盲目性，找出哪些关键词或是哪种推广策略发挥了作用，从而分析出网站的优势与不足，对网站进行相应的修改，更好实现网站的推广和企业的营销目标；还可以根据数据变化规律和趋势随时调整网站的发展方向；另外还有助于选择更合适的网站宣传推广手段。

1）网站流量统计与分析

通常说的网站流量（Traffic）是指网站的访问量，是用来描述访问一个网站的用户数量以及用户所浏览的网页数量等的指标，常用的统计指标包括网站的独立用户数量、总用户数量（含重复访问者）、网页浏览数量、每个用户的页面浏览数量、用户在网站的平均停留时间等。

网站流量统计分析，是指在获得网站访问量基本数据的情况下，对有关数据进行统计、分析，以了解网站当前的访问效果和访问用户行为并发现当前网络运营活动中存在的问题，为进一步修正或重新制定网络运营策略提供依据。

2）常见流量统计

（1）百度统计：百度统计是百度推出的一款免费的专业网站流量分析工具，能够告诉用户访客是如何找到并浏览用户的网站、在网站上做了些什么，有了这些信息，可以帮助用户改善访客在用户的网站上的使用体验，不断提升网站的投资回报率。图7-2所示为百度统计的Logo。

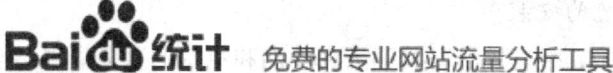

图 7-2 百度统计的 Logo

（2）CNZZ：CNZZ 是国际著名风险投资商 IDG 投资的网络技术服务公司，是中国互联网目前最有影响力的流量统计网站，它专注于为互联网各类站点提供专业、权威、独立的第三方数据统计分析。图 7-3 所示为 CNZZ 官网首页。

图 7-3 CNZZ 官网首页

（3）Alexa 流量统计：Alexa Internet 公司是亚马逊公司的一家子公司，总部位于加利福尼亚州旧金山，Alexa 中国官网免费提供 Alexa 网站流量排名官方数据查询、中文网站排行榜、官方网站 ICP 备案信息查询、域名注册信息查询、网站访问量查询、网站排名变化趋势数据查询等，它是一家专门发布网站世界排名的网站。图 7-4 所示为 Alexa 中国官网首页。

图 7-4 Alexa 中国官网首页

3）流量统计系统的安装

在流量统计系统中，百度统计以其强大的功能和免费的服务赢得了众多用户，下面以该系统为例，介绍流量统计系统的使用方法和步骤。

（1）加入百度统计（http：//tongji.baidu.com/web/register）进行注册，添加用户名、密码、邮箱、网站域名和所在行业，如图7-5所示。

图7-5 百度统计注册页面

（2）登录后获取代码，如图7-6所示。

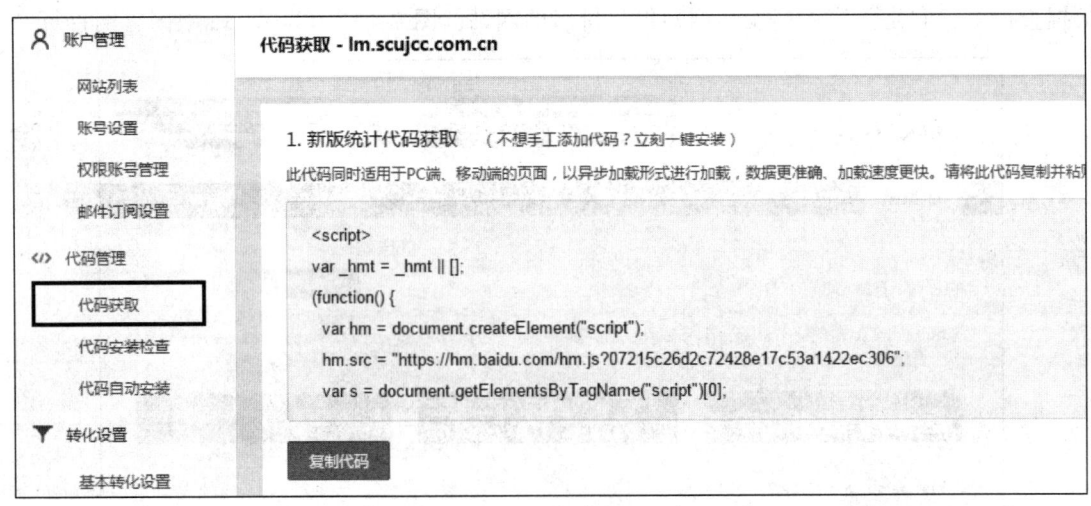

图7-6 获取代码页面

（3）加载代码：点击【复制代码】按钮，将其粘贴到目标网页代码的</head>标签前，如图7-7所示。

```
<!--baidu 统计代码-->
<script>
var _hmt = _hmt || [];
(function() {
 var hm = document.createElement("script");
 hm.src = "//hm.baidu.com/hm.js?07215c26d2c72428e17c53a1422ec306";
 var s = document.getElementsByTagName("script")[0];
 s.parentNode.insertBefore(hm, s);
})();
</script>
<!--end 统计-->

</head>
<body>
```

图 7-7　加载代码页面

（4）统计数据：登录加入百度统计，点击左侧的分析导航链接，即可查看该站点的相关统计数据，如图 7-8 所示。

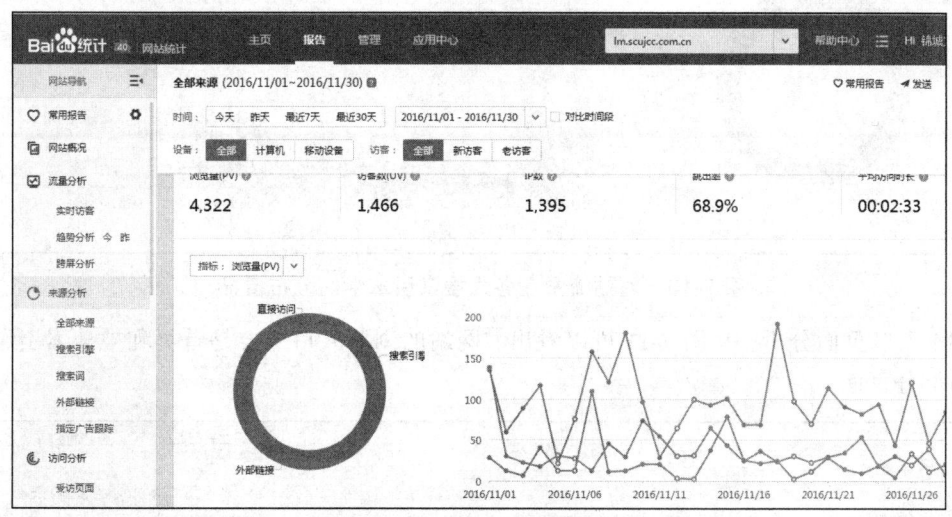

图 7-8　百度统计数据页面

4）百度统计应用

（1）网站 IP/PV 查看。图 7-9 所示为某网站 2016 年 9 月 1 日至 9 月 30 日的访问统计，IP 是指在一天内访问网站的独立 IP 数。PV 是指页面浏览量。网站的 IP/PV 反映出一段时间内网站的流量情况，企业可以了解线上用户行为和需求，有助于企业有针对性地制定网站营销推广计划。

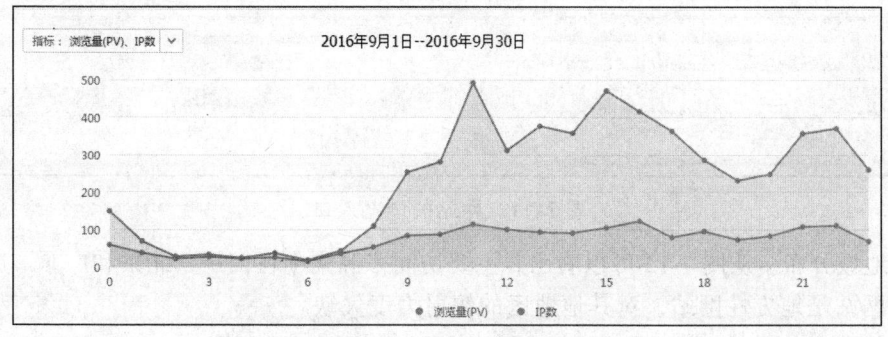

图 7-9　某网站 2016 年 9 月的访问统计

（2）网站流量在各搜索引擎的分布。如图 7-10 所示，通过网站流量统计分析查询网站流量在各大搜索引擎中的分布情况，可以了解网站在各大搜索引擎的权重，对于占有百分比少的搜索引擎，可以有针对性地开展网站优化。从图中可以看出该网站大部分流量来自百度和 360 搜索引擎，这两个搜索引擎带来的流量占到 90%以上。显然，除了百度，360 搜索引擎引来的流量也应该值得去重视。

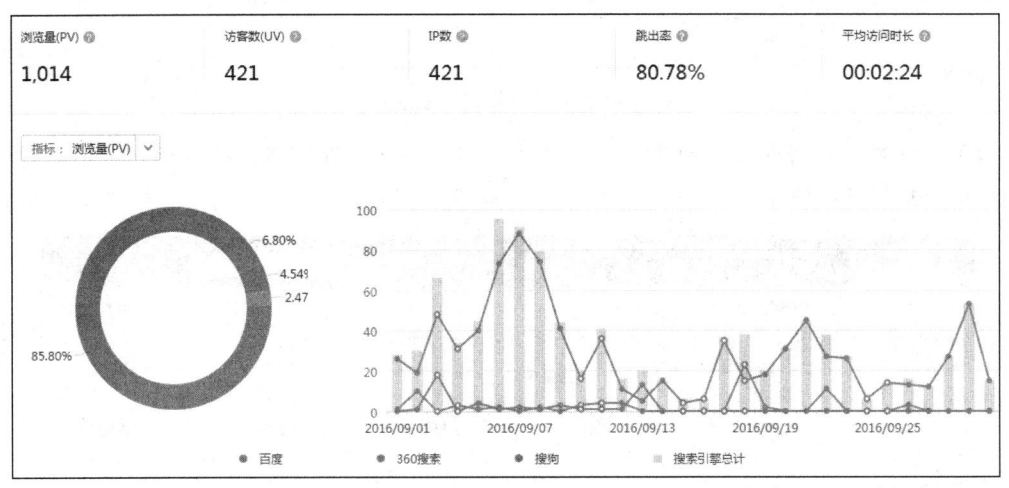

图 7-10　网站流量在各大搜索引擎中的分布情况

（3）入口页面分析。从图 7-11 可以看出，网站的浏览入口主要是首页和被搜索引擎抓取排名的部分页面。

| | 页面URL | | 网站基础指标 | 流量质量指标 |
|---|---|---|---|---|
| | | | 访问次数 ↓ | 贡献浏览量 |
| 1 | http://lm.scujcc.com.cn | | 1,315 | 3,995 |
| 2 | http://lm.scujcc.com.cn/contents/yxxz/3052.html | | 79 | 81 |
| 3 | http://lm.scujcc.com.cn/contents/sjy/3306.html | | 63 | 66 |
| 4 | http://lm.scujcc.com.cn/contents/sjy/2993.html | | 57 | 58 |
| 5 | http://lm.scujcc.com.cn/contents/sjy/1082.html | | 44 | 44 |
| 6 | http://lm.scujcc.com.cn/contents/sjy/1074.html | | 37 | 40 |
| 7 | http://lm.scujcc.com.cn/contents/sjy/1081.html | | 33 | 33 |
| 8 | http://lm.scujcc.com.cn/contents/jiaoshou/207.html | | 28 | 28 |
| 9 | http://lm.scujcc.com.cn/contents/sjy/1080.html | | 28 | 28 |
| 10 | http://lm.scujcc.com.cn/contents/sjy/1078.html | | 26 | 26 |

图 7-11　网站的浏览入口

（4）地域分布。从图 7-12 可以看出，主要访问来源集中在四川、北京和广东。这主要是因为这个网站是地方性网站，对其他地区的辐射力度欠缺。

| | 省份 | IP数 | 占比 |
|---|---|---|---|
| 1 | 四川 | 977 | 56.12% |
| 2 | 北京 | 421 | 24.18% |
| 3 | 广东 | 123 | 7.06% |
| 4 | 河北 | 21 | 1.21% |
| 5 | 重庆 | 16 | 0.92% |
| 6 | 浙江 | 14 | 0.8% |
| 7 | 陕西 | 13 | 0.75% |
| 8 | 甘肃 | 13 | 0.75% |
| 9 | 山东 | 12 | 0.69% |
| 10 | 其余地区 | 131 | 7.52% |

图 7-12 网站的浏览地域分布

（5）受访问页面分析。如图 7-13 所示，通过分析访客对网站内具体内容的访问行为，可以知道哪些页面受访客重视、哪些页面起了通道作用、哪些页面内容欠完善导致访客离开，需要结合网站本身的页面进行分析，并推测可能的原因，进行改进。

| | 页面URL | 浏览量(PV) ↓ | 访客数(UV) |
|---|---|---|---|
| 1 | http://lm.scujcc.com.cn | 1,460 | 1,002 |
| 2 | http://lm.scujcc.com.cn/channel/zyjs.html | 121 | 78 |
| 3 | http://lm.scujcc.com.cn/Channel/szdw.html | 119 | 37 |
| 4 | http://lm.scujcc.com.cn/Channel/fjs.html | 108 | 52 |
| 5 | http://lm.scujcc.com.cn/contents/sjy/3306.html | 108 | 101 |
| 6 | http://lm.scujcc.com.cn/Channel/jiangshi.html | 106 | 56 |
| 7 | http://lm.scujcc.com.cn/Channel/jiangshi_2.html | 101 | 55 |
| 8 | http://lm.scujcc.com.cn/channel/xzry.html | 100 | 43 |
| 9 | http://lm.scujcc.com.cn/Channel/fjs_2.html | 91 | 52 |

图 7-13 受访问页面分析

除了以上数据分析以外，百度统计还可以对访客的站内访问行为进行分析：访客进入网站后，浏览了哪些网页？上线时间多长？上个访问页面是哪里？同时访问的页面是什么？是否被邀请会话？邀请的次数，第几次登录？还可以统计出共有多少名访客，有多少访客被邀请，有多少访客接受会话。

2. 网站的 Alexa（网站排名）和 PR 值

Alexa 是一家专门发布网站世界排名的网站。Alexa 每天在网上搜集超过 1,000GB 的信息，不仅给出多达几十亿的网址链接，而且为其中的每一个网站进行了排名。可以说，Alexa 是当前拥有 URL 数量最庞大、排名信息发布最详尽的网站。

可以在 http：//alexa.chinaz.com/查询网站的 Alexa 排名，如图 7-14 所示。

图 7-14　查询网站的 Alexa 排名

PR 值全称为 PageRank（网页级别），是 Google 用来标识网页的等级、重要性的一种方法。PR 值可以通过站长工具网站 http：//tool.chinaz.com/ExportPR/进行查询。如图 7-15 所示。

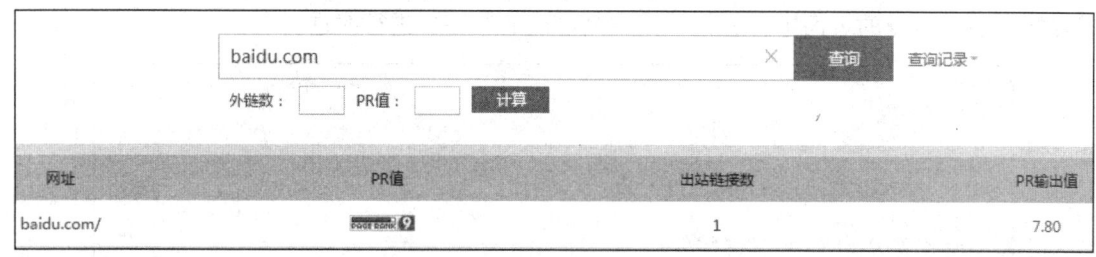

图 7-15　查询网站的 PR 值

### 7.2.3　企业网站的搜索引擎优化（SEO）

从本质上讲，企业电子商务平台的运营主要包括以下两个方面：流量和转化率。两者相辅相成，不能盲目的强调某一方面的重要性。

据 2017 年 1 月 22 日 CNNIC 发布的第 39 次《中国互联网络发展状况统计报告》，截至 2016 年 12 月，我国搜索引擎用户规模达 6.02 亿，使用率为 82.4%，搜索引擎作为互联网的基础应用，是网民获取信息的重要工具。

1．SEO 概念

1）什么是 SEO

SEO（Search Engine Optimization），汉译为搜索引擎优化，即通过对网站栏目结构和网站内容等基本要素的优化设计，提高网站对于搜索引擎的友好性，让网站更容易被搜索引擎收录，当用户通过特定关键词进行检索时，在检索结果中获得好的排名，即增加网站信息的曝光率及可见度，从而达到网站推广的目的。

2）影响 SEO 结果排名的主要因素

① 域名。要考虑域名的后缀和域名存在的时间，因此在域名选用上尽量采用.com 后缀的域名。

② 架构。以良好的用户体验为标准建立网站架构是搜索引擎比较青睐的。合理的网站架构加上独立的网站内容，不但能够得到用户的关注，也能够得到靠前的排名。

③ 链接。网站的链接一般分为站内和站外两种，站内链接优化的好坏与网站架构息息相关。因此，网站结构搭建之初，对于站内链接层次安排尤为关键。站外链接通常是友情链接和其他可发布信息站点留下来的链接。在 PR 值高的网站发链接，有助于提高搜索引擎对网站权重的识别。

④ 稳定性。无论是租用空间，还是独立的服务器托管，首先要保证网站访问的稳定性和速度的快捷。一个网站经常不能正常打开，做得再好也白费；同样，一个网站打开速度超慢，也会影响搜索引擎的重视。

⑤ 关键词。关键词是 SEO 必不可少的环节，在网页标题、网页摘要描述、网页内容正文中含有被检索关键词，并且保持一定的比例，即所谓"关键词相关性及关键词密度"。

⑥ 网站内容更新频率。一般来讲，经常更新内容的网站搜索引擎排名优势较高。

⑦ 网页格式。静态网页通常比动态网页更容易被搜索引擎收录并在搜索结果中获得较好的位置。

以上只是一些搜索引擎的主要因素，要掌握好 SEO 的技巧，还需学习一些数据的统计与分析，比如竞争对手分析、关键词研究、用户行为分析等。

2. 关键词设置

1）关键词的选取

关键词和优化技巧选取是否合理，不仅影响到网站的流量，同时也关系到整个优化过程的效率。

① 首先，要对企业网站类型进行行业定位，选择客户常用的关键词。

因为客户是关键词的使用者，所以一定要站在客户的角度去考虑关键词，这是做好关键词选择的第一步。

② 确定网站所属行业后，细分关键词的作用，寻找有效流量。

排名和流量不是目的，有效流量的转化才是目的。假设某地中小学英语培训机构对外提供中小学英语服务，将核心关键词定为"中小学英语"，一般来说并不是很好的选择。因为搜索"中小学英语"的用户动机和目的是什么很难判定。用户有可能是在寻找中小学英语培训服务，也有可能在寻找中小学英语资料，这样的用户来到提供中小学英语培训服务的网站就没有什么机会转化为付费客户。如果把核心关键词定为"成都中小学英语培训"，则购买意向或者说商业价值更高，几乎可以肯定这个用户在寻找特定区域网络营销服务。

③ 利用网络工具筛选，选择竞争相对较小搜索次数相对较多的关键词。

一般常用的工具有：百度指数、Google 关键词工具、百度相关搜索等。

仅仅关键词符合客户的习惯仍然不够，还需要借助网络工具的网络数据分析功能去筛选。例如，打开百度指数 index.baidu.com，输入关键词，就可以看见关键词相关信息，一般来讲，只需要了解热点趋势、相关检索词、上升最快的相关检索词、城市发布 4 条信息即可。

关键词竞争是否激烈可以从热点趋势中看出来，一般每日搜索超过 3000 的词语就可以理解为热门关键词。热门关键词的特点是流量大，这 10 个词语的流量相对于热点关键词来说要小些，同样的竞争，优化难度也相对小一些。上升最快的检索词是对相关检索词做了一个搜索量上升情况的排行榜。

2）关键词选取工具的应用

利用关键词工具的推荐，挖掘相关关键词，能发现很多自己可能完全不会去搜索的词。

（1）百度相关搜索。

在百度搜索框中输入关键词"流量统计"，下面就会有相关关键词出现，如图 7-16 所示。

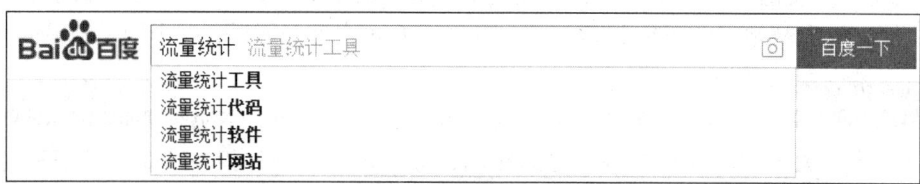

图 7-16　相关关键词

同时，在搜索结构的最下面也有相关搜索结果出现，这和上面提示的下拉列表的关键词有一部分是一致的，如图 7-17 所示。

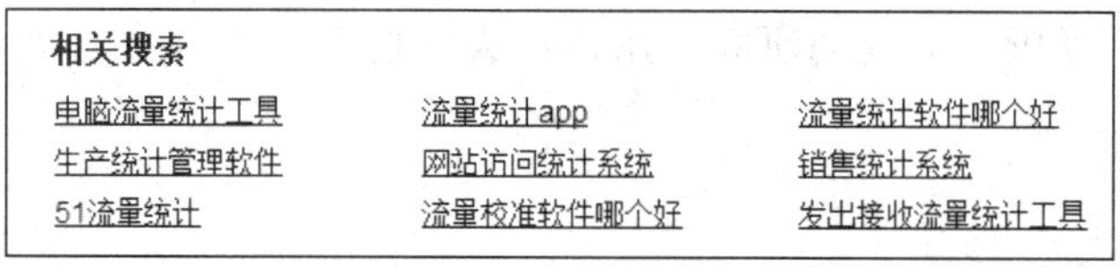

图 7-17　相关搜索

（2）使用百度指数。

百度指数用来反映关键词在过去自定义的一段时间内的网络曝光率及用户关注度，是以百度网页搜索和百度新闻搜索为基础的免费海量数据分析服务，能直接、客观地反映社会热点、网民的兴趣和需求。如果某一关键词有百度指数，就说明该关键词在百度上有一定的搜索量，指数越高说明搜索量越大。如果根本没有显示指数，就说明该关键词搜索量过小。

打开 http://index.baidu.com/，如在里面搜索"皮革"，可以看到"皮革"关键词指数平均在 500 多以上，可以说"皮革"一词是热门关键词。如图 7-18 所示。

图 7-18　百度指数的搜索趋势

还可以看到关键词的用户群体性别和受众年龄段，便于对皮革市场的准确把握。

（3）其他关键词工具。

如果企业主要是面向 google 搜索引擎的优化，可以尝试使用 google 关键词工具搜索 https：//adwords.google.com/select/KeywordToolExternal。

其他还有：百度搜索风云榜 http：//top.baidu.com/、搜狗指数 http：//www.sogou.com/top/。

此外，阿里采购排行榜 http：//top.china.alibaba.com/、淘宝排行榜 http：//top.taobao.com/等也可以用来分析关键词。

3）关键词分配

（1）关键词在不同页面的分配。

经过核心关键词的确定、扩展与筛选，应该可以得到数十个甚至更多的相关关键词列表。显然，这些关键词不要都放在企业官网的首页上，而是要进行合理地分类，然后将这些关键词安排到不同的页面。一个比较合理的整站关键词布局类似于金字塔形式。

① 首页：核心关键词，通常只有两三个。

② 一级栏目或频道页：次一级关键词，意义最相关的两三个关键词放在一起，成为一个二级目标关键词。

③ 内容页：分布长尾词，放在具体产品（文章、新闻）页面。最好每个内容页分布一个长尾词。

（2）页面内部 title、keywords、description 的写法。

① 首页。

Title：首页的 title 写法比较简单，一般的格式是"网站标题-网站关键词"，这里的关键词不要加太多，和 keywords 中加的一样最佳，首页关键词是整个网站核心关键词。

Keywords：首页的 keywords 中加入网站名称、两个比较重要的核心关键词。

description：就是将首页的标题、关键词和一些特殊栏目的内容融合到里面，写成简单的介绍形式，不要只写关键词，因为这个是搜索引擎收录首页后显示出来的简介，描述不要超过 100 个字，关键词排名越靠前越好。

② 栏目页。

title：一般在栏目页 title 的写法有两种，如果你的栏目页按照上面的建议采用关键词名称命名的话，那可以是"栏目名称-网站名称"，但如果你不是按照上面的建议用关键词命名，title 就要换种写法了，大概写法是"栏目名称-栏目关键词-网站名称"，这样可以帮助你的栏目获得排名。

keywords：栏目的 keywords 可以将其栏目下所有分类列表的名称列出，加上栏目关键词，一般写法是"栏目名称，栏目关键词，栏目分类列表名称"，这样可以帮助搜索引擎更好的分辨这个页面，从而让你的网站在同类网站的权重中取得一些优势。

description：将栏目的标题、关键词、分类列表名称尽量写入 description 中，但切忌只写关键词，建议仍是尽量写成介绍形式。

③ 分类列表页。

title：只需要用关键词为这个栏目起名，然后按照 "分类列表页名称-栏目名称-网站名称"顺序填写便可以了。

keywords：栏目中的主要关键词写入不要太多，三到四个词最佳。
description：只需要把分类列表的标题、关键词包含在里面写成通顺的介绍就可以了。
④ 内容页。
title：内容页的 title 写法相对简单，一般有两种写法。
第一种，标题加网站名称，格式"内容标题-网站名称"；
第二种，标题加栏目名称，格式"内容标题-栏目名称"。

## 7.3 企业网站推广与营销

### 7.3.1 利用百度工具推广

1. 百度百科的创建与应用

百度百科推广有三大益处：（1）增加高质量的外部链接；（2）为网站带来流量；（3）有助于提升品牌知名度。

创建百科词条，如图 7-19 和图 7-20 所示。

图 7-19　创建百度词条

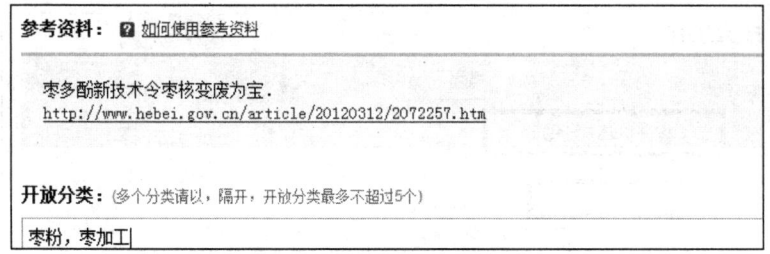

图 7-20 创建百度词条

## 2. 百度知道的创建与操作

百度知道是一个基于搜索的互动式知识问答分享平台,是由用户自己提出问题,然后由其他用户来回答。同时,这些问题的答案又会进一步作为搜索结果,提供给其他有类似疑问的用户,达到分享知识的效果。如果用户"自问自答",采用不同的账号扮演不同的角色,在为用户提供有用信息的同时加入对自己企业产品知识的宣传,并将自己的回答设为最佳答案,此时,百度知道就成为一种问答营销。如图 7-21 所示。

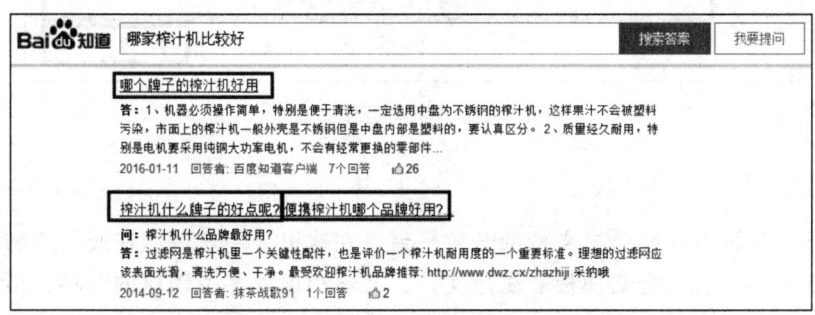

图 7-21 创建百度知道

百度知道操作:每个页面的顶端都可以看到"我要提问"的提问输入框,可以在提问输入框中输入你的问题,或直接点击"我要提问"进入提问页。

例如,输入"哪些食物不宜存放在冰箱中?"并点击"我要提问"。

创建百度知道的操作如图 7-22 和图 7-23 所示。

图 7-22 创建百度知道

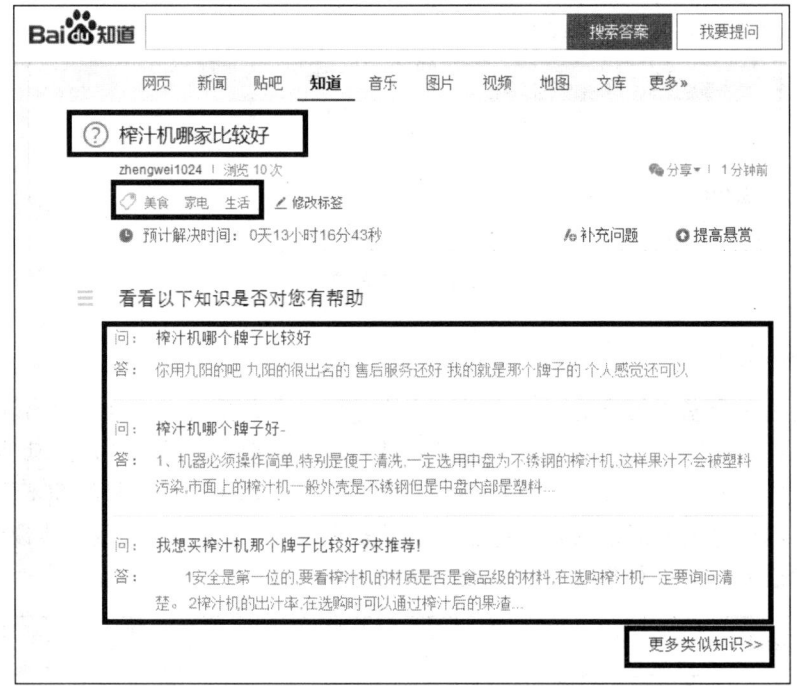

图 7-23　创建百度知道

3. 百度文库

百度文库是供网友在线分享文档的开放平台。在这里，用户可以在线阅读和下载涉及论文报告、专业资料、各类公文模板、法律文件、文学小说等多个领域的资料，不过需要扣除相应的百度积分，平台所累积的文档，均来自热心用户上传。

当前平台支持主流的 .doc（.docx）、.ppt（.pptx）、.xls（.xlsx）、pdf、txt 文件格式。
创建百度文库的操作如图 7-24 和图 7-25 所示。

图 7-24　创建百度文库

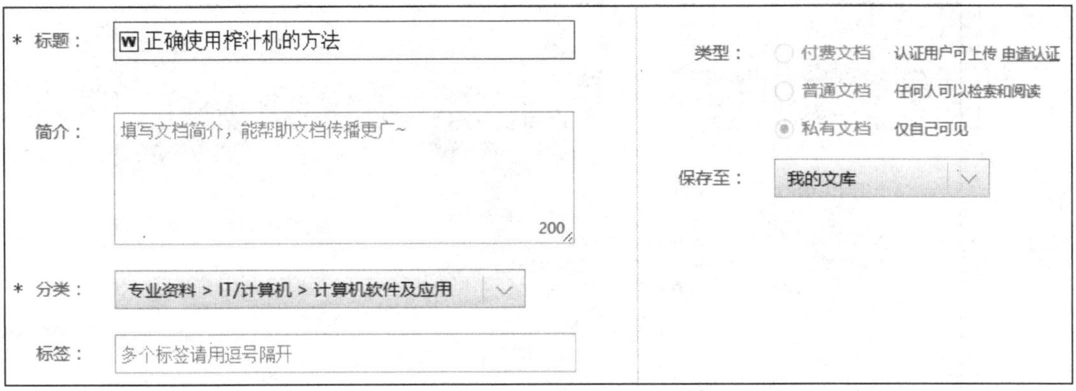

图 7-25 创建百度文库

## 7.3.2 免费推广方式

### 1. 提交到搜索引擎和网站目录

据中国互联网络信息中心第 39 次《中国互联网络发展状况统计报告》显示，截止 2016 年 12 月，中国网页数量为 2360 亿个，在这海量网页中，如何才能提高企业网站的曝光机会？方法之一就是将你的网站提交到众多的搜索引擎和网站目录中去。

#### 1）提交网站到搜索引擎

通过搜索引擎（百度、360 搜索、必应搜索、搜狗、搜搜、Google 等）官方提供的渠道，如站长工具平台，你可以提交企业网站的 URL（Uniform Resource Locator，统一资源定位器，即网站地址）到搜索引擎索引。图 7-26 和图 7-27，分别为百度和 360 搜索提交网站页面。

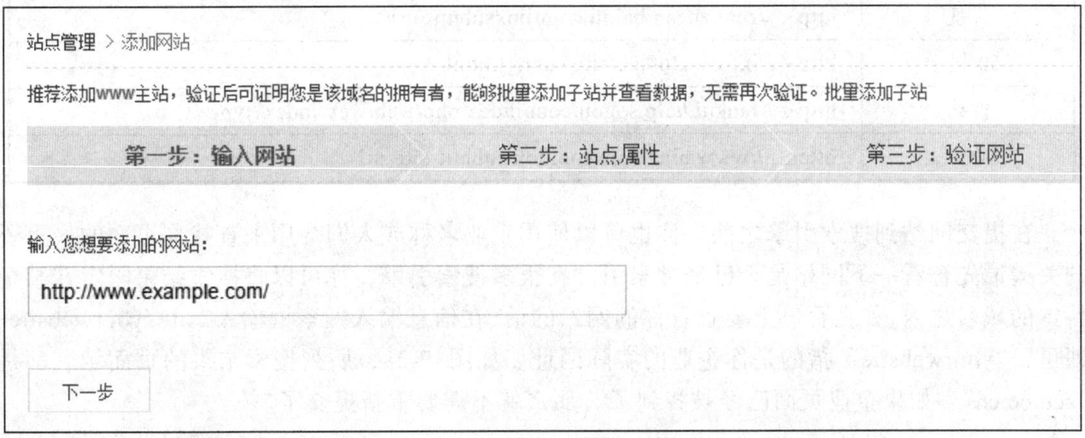

图 7-26 在百度站长平台提交网站

即便不在搜索引擎上提交你的企业网址，你的网址也可能被主流的搜索引擎找到，因为搜索引擎蜘蛛会在互联网上不断爬取并查找新的网站进行索引，但还是建议你自己将网站提交上去，争取更快地被收录。目前主流搜索引擎网站的提交入口见表 7-1。

图 7-27　在 360 搜索提交网站

表 7-1　部分主流搜索引擎网站提交入口

| 搜索引擎 | 网址 |
| --- | --- |
| 百度 | http：//zhanzhang.baidu.com/linksubmit/url |
| 360 搜索 | http：//info.so.360.cn/site_submit.html |
| 搜狗 | http：//fankui.help.sogou.com/index.php/web/web/index?type=1 |
| 必应 | https：//www.bing.com/toolbox/submit-site-url |

在提交网站到搜索引擎之前，你也可以使用企业名称或人们会用来查找你页面的最重要的关键词先查看一下网站是否已经被索引。在很多搜索引擎，你可以将搜索结果限定在某个特定的域名之内，如在百度上要查看你的网站的话，在信息输入搜索框输入"site：yourwebsite"即可，"yourwebsite"指的是你企业的实际网址。如图 7-28，所列搜索结果的页面域名都是"scujcc.cn"。如果企业页面已经被找到了，那么就不需要重新提交了。

2）提交网站到分类目录

分类目录网站是将各行各业网站按照不同的分类进行归类的网站列表的组合，是网址导航网站的一种。目前网站目录主要依靠管理员人工维护，主流的网站目录有 DMOZ、Yahoo!（雅虎）、114 目录等。

如果要将网站提交到分类目录，那么首先要到这些网站目录中稍微多花点时间选择一个最适合的分类。因为如果提交到了不恰当的目录，可能没人在那个分类中点击你的网站，甚至有可能无法通过审核。选好合适分类后，按要求填写网站标题、网址、关键词、网站描述和联系信息等，如图 7-29 所示为提交网站到 114 目录界面。

图 7-28　限定搜索域名为"scujcc.cn"

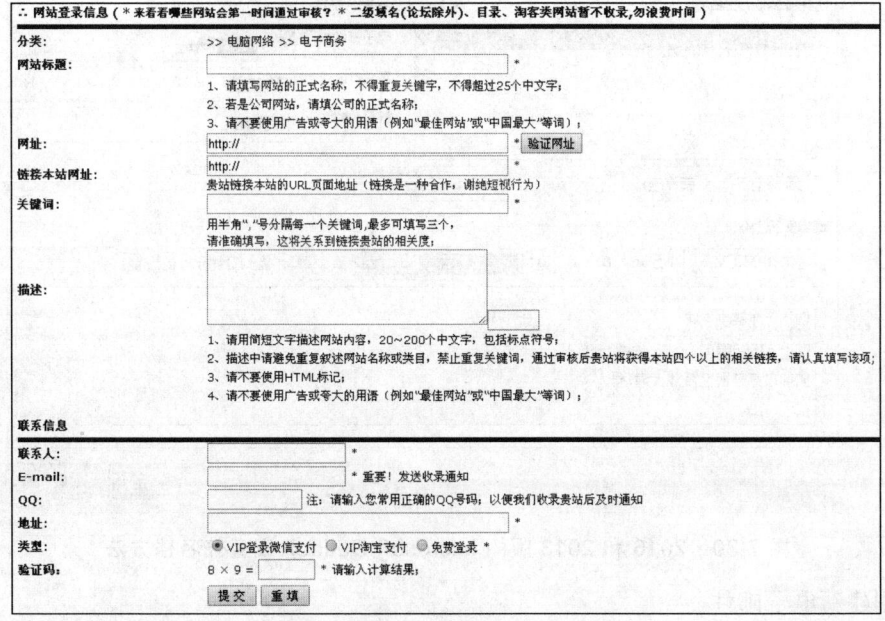

图 7-29　提交网站到 114 目录界面

成功提交到分类目录后，可能需要等待一段时间才能看到你的页面出现在它的索引中。通常这个时间段是 2~8 个星期，除非你付费要求加快审核速度，如雅虎会在交钱之后 7 个工作日内审核你的网站目录。

2. 电子邮件推广

电子邮件推广主要指的是利用邮件签名来提升网站的流量，这也是一种非常有效的企业网站运营推广方式，从简单的分发企业的地址、电话号码等联系方式，到展示企业获得的荣誉，签名档可以实现多种目的。

（1）在电子邮件末尾附上签名档。

签名档就是企业的电子名片，不管是发给个人还是群发的电子邮件，都应该在结尾处附上企业的签名档。签名档如果运用得当，能有效地给企业网站带来访问量。签名档最好包括企业的所有基本信息，如企业名称、地址、电话号码、传真和网址。你也可以添加一条广告语，说明企业的运营情况、服务特色、企业荣誉等。

创建签名档时，请务必保证其中的网址和电子邮箱地址都是超文本链接，这样客户直接点击链接就可以访问你企业的网站或者给你发送电子邮件，而无须复制并粘贴它们到浏览器地址栏或电子邮件收件人中。方法是：在网址链接前加上"http：//"，在电子邮件地址前加上"mailto:"。

（2）如何创建签名档？

几乎所有的电子邮件软件都会在"帮助"文件中提供如何创建签名档的方法。以 2016 和 2013 版的 Microsoft Outlook 为例，创建签名档的界面如图 7-30 所示，操作步骤如下：

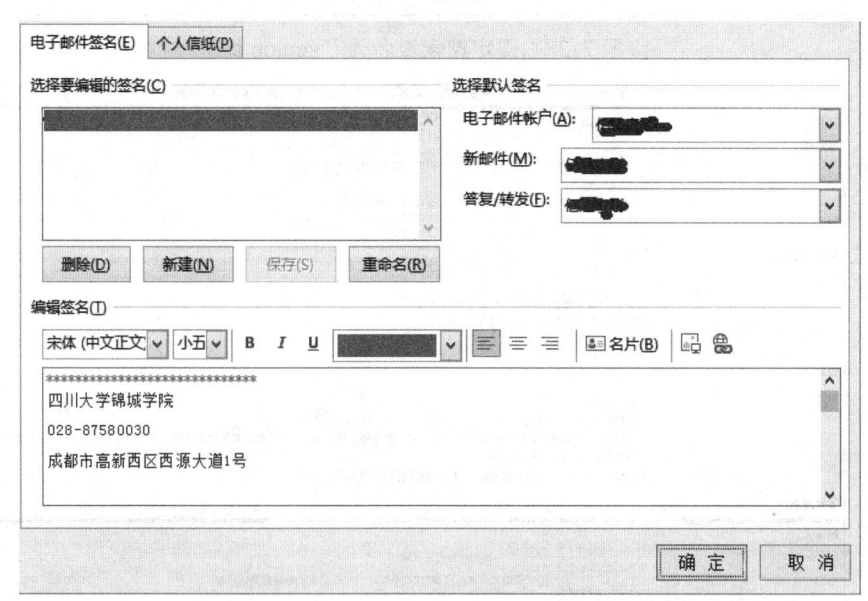

图 7-30　2016 和 2013 版的 Microsoft Outlook 设置签名档方法

① 创建新电子邮件。
② 在"邮件"选项卡上的"包括"组中，选择"签名"＞"签名"。
③ 在"选择要编辑的签名"下，选择"新建"，然后在"新建签名"对话框中键入签名

的名称。

④ 在"选择默认签名"下，为你的签名设置以下选项：

⑤ 在"电子邮件账户"列表中，选择与签名相关联的电子邮件账户。可为每个邮件账户设置多个签名。

⑥ 在"新邮件"列表中，选择要自动添加到所有新建电子邮件的签名。如果你不希望自动为新建电子邮件添加签名，请接受默认选项"（无）"。

⑦ 在"答复/转发"列表中，选择答复或转发邮件时要自动添加的签名。否则，请接受默认选项"（无）"。

⑧ 在"编辑签名"下键入签名，然后选择"确定"。

如果你有 Microsoft Office 365 账户，并且你使用 Outlook Web 上的 Outlook 或适用于企业的 Outlook 网页版，则你需要在其中各创建一个签名。在 Outlook Web App 中创建和添加电子邮件签名的界面如图 7-31 所示，具体步骤如下：

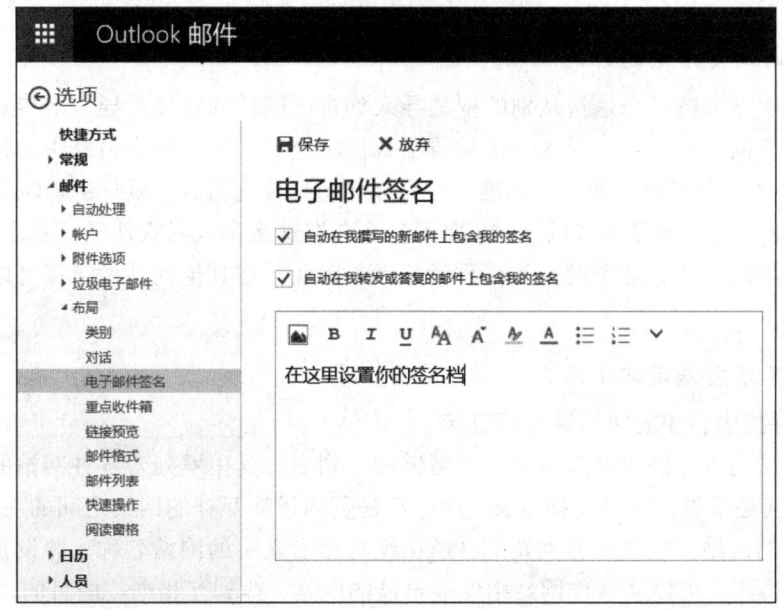

图 7-31 在 Outlook Web App 中创建和添加电子邮件签名

① 登录 Outlook Web App。

② 在导航栏上，选择"Outlook"（或"邮件"）。

③ 选择应用启动器 ▦ > "Outlook"。

④ 在导航栏上，选择"设置" ✿ > "选项"。

⑤ 在"选项"下方，选择"邮件" > "布局" > "电子邮件签名"。

⑥ 在"电子邮件签名"下方，在文本框中键入要使用的签名。使用格式浮动工具栏更改签名的外观。

⑦ 如果希望您的签名显示在所有传出邮件（包括答复和转发）底部，请选择"自动在我撰写的新邮件上包含我的签名"和"自动在我转发或答复的邮件上包含我的签名"。如果不选择此选项，您可以手动向任何邮件添加签名。

⑧ 选择"保存"。

（3）能为企业网站带来流量的签名档。

对于企业而言，使用签名档的最大好处是可以吸引客户访问他们的网站，因此我们要将签名档当作企业的一个小广告。这样，签名档就不能仅仅只提供企业的地址、电话号码和网址，而要鼓励和引导客户深入了解企业的业务，给他们一个充分的理由去访问你的网站。

从营销的角度看，设计签名档最重要的一点，即设计一条单行的广告语或口号。你可以将操作提示包含在口号中，比如，企业的市场目标是那些寻找电子商务在线课程的人群，那么你的口号可以是"我们提供中国互联网上最大的电子商务在线课程——来看看吧！"，同时提供一个前往该网站的超链接。再比如，你的目标是让更多人注册你的在线商城，那么你的口号可以是"今天点击链接 http://xxx.com/login.html，新注册用户送 200 购物券！"，同时提供一个前往注册页面的链接。

3. 外链推广

1）企业网站发外链的目的

外链，也叫导入链接，是指从别的网站导入到自己网站的链接。导入链接对于网站优化来说是非常重要的一个过程。导入链接的质量直接决定了网站在搜索引擎中的权重。

Google 定义一个好网站的三个标准：内容原创、每日更新、优质外链。Google 认为，受到众人链接的网站，应该是不错的网站，要不怎么会有这么多人喜欢他呢？越多的人喜欢它，它的 PR 值就越高，那么这个网页的权重就越大。因此，在其他网站做链接可以带来更多访问量。

2）企业网站发外链的常用方法

① 主动寻找内容相关网站做友情链接。

在一些网站的下方经常可以看到"友情链接"列表，其中罗列着各种网站的 Logo 或者文字名称，这就是常见的网站交换链接。这通常是资源优势互补的网站之间的一种合作形式，即分别在自己的网站上放置对方网站的 Logo 图片或者文字的网站名称，并设置对方网站的超级链接，使得用户可以从合作网站中发现自己的网站，达到互相推广的目的，如图 7-32 所示。

图 7-32　友情链接

一般来说，通往企业网站的链接越多，用户发现这个网站的几率就越高。同样，搜索引擎爬虫找到该网站的概率也越大。然而作为补偿，你也须同时提供互惠链接，这也许会导致访客离开你的网站。为了尽量弱化这个消极影响，建议将通往外网的链接放在网站的第二级或三级页面，确保访客在离开前完成你希望他们做的事情。

打开外部链接的方式有两种：第一种是从你的网站的当前浏览器窗口打开外链；另一种是在新的浏览器窗口打开外链，而你的网站仍然在原来的浏览器窗口中，用户可以随时在任务栏中再找到你的网站。显然后者比较好，方法是给你的链接设置 target="_blank"属性。

② 利用博客加链接。

很多博客平台自带的友情链接可以通过自定义列表模块来实现,操作简单,如图 7-33 所示。

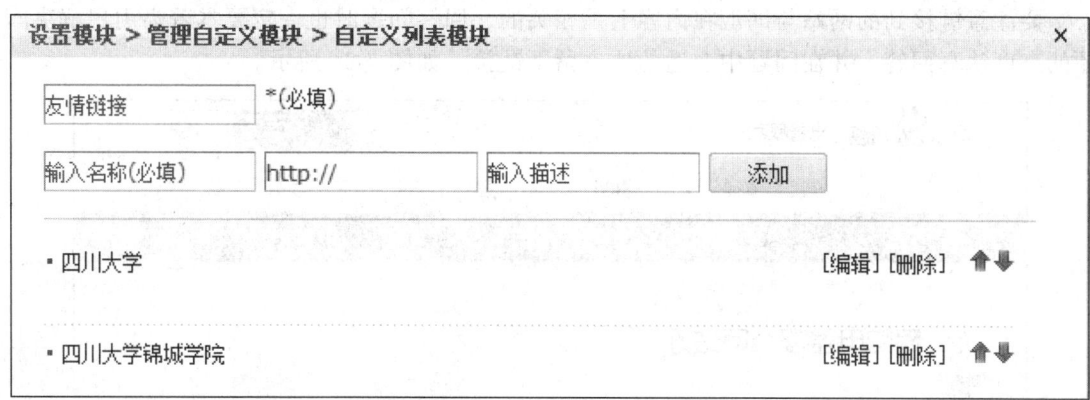

图 7-33　自定义友情链接列表模块

③ 论坛发帖、网站留言。

可以在论坛发帖、网站留言中使用带外链的文本或通过文本发带外链的方式,如图 7-34 和图 7-35 所示。

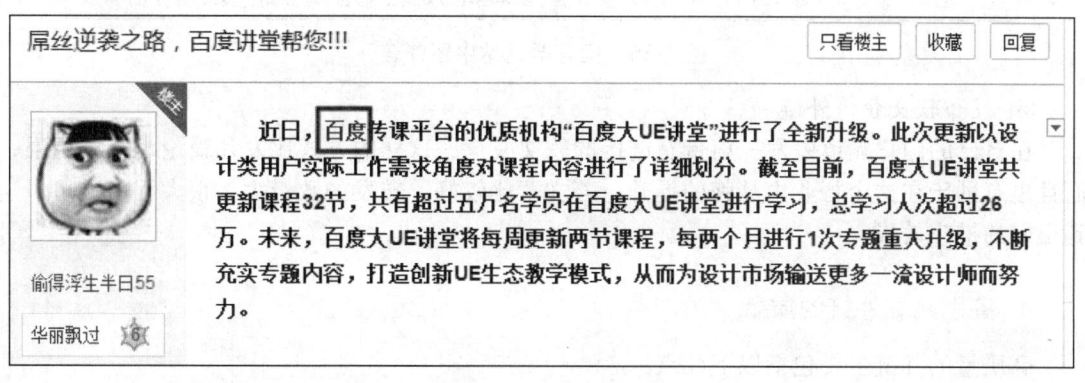

图 7-34　带外链的文本

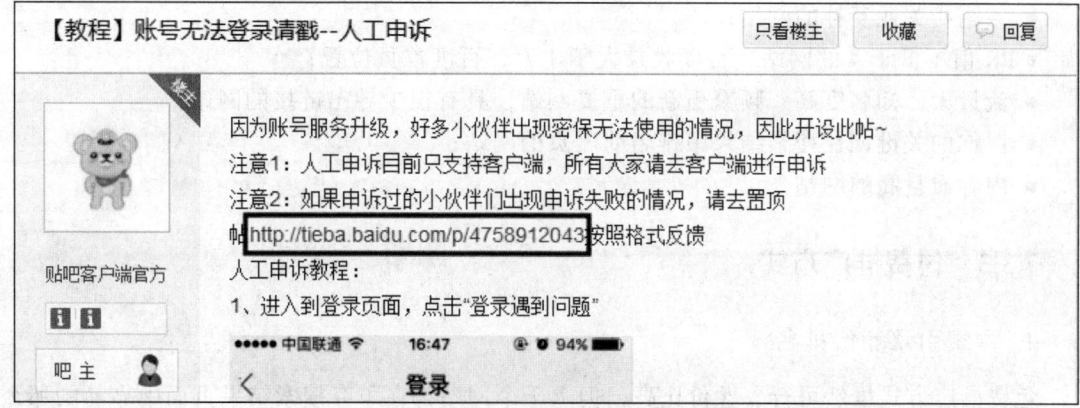

图 7-35　通过文本发带外链

由于不是所有论坛都可以发外链，因此寻找那些可以发外链的论坛就比较重要了。较好的办法是观察做得好的竞争对手，通过站长工具分析竞争对手的网站有哪些论坛外链构成。

④ 百科类网站、问答类网站中留外链。

要注意链接到的网站与词汇在内容上是相关的，回答问题时也一定要本着为用户解决问题的态度认真回答，并在问题中合适的地方留下链接，如图7-36所示。

图 7-36　问答类网站中留外链

⑤ 发布软文获得外链。

在自己的门户频道中发一篇带有链接的软文文章，这样的方式比发几篇论坛外链更强，而且也有助于在这个行业内品牌的提升。若文章比较好，转发的数量大，很大程度上可以达到很好的推广效果。

4. 鉴别网站外链的质量

高质量的外链主要包括以下几点：
- 搜索引擎目录中的链接；
- 主题相关或互补的网站；
- PR值不低于4的网站，百度收录大于1万，百度首页位置；
- 流量大、知名度高、频繁更新的重要网站，具有很少导出链接的网站；
- 以你的关键词在搜索结果中排名前三页的网站；
- 内容质量高的网站。

### 7.3.3　付费推广方式

1. 搜索引擎竞价排名

免费推广方式虽然可行、性价比高，但上千个网站都在争夺搜索结果页面中靠前的那么几个位置，这就带来越来越多的挑战。这也是为什么越来越多的企业网站开始利用付费推广方式的原因。不过付费推广最好只作为吸引第一批用户的手段，后期推广靠的更可能是口碑传播，就像目前很多大型网站广告明显少了。

付费推广方式，首选搜索引擎竞价排名。

竞价排名是搜索引擎关键词广告的一种形式，是一种付费性质的且非常有效的企业网站运营推广方法，如在百度竞价、搜狗竞价等。基本原则是对购买了同一关键词的网站，付费最高者排名靠前。这样用户在搜索这个关键词的时候会首先看到我们的企业，这点主要是利用了用户先入为主的潜意识。

1）搜索引擎竞价排名的优势

● 见效快。企业设置好关键词价格后，其网站马上就可以进入搜索引擎排名前列，位置可以自己控制。

● 关键词数量无限制。可以在后台设置无数的关键词进行推广，数量自己控制，没有任何限制。

● 关键词不分难易程度。不论多么热门的关键词，只要想做，都可以进入前三甚至第一。

● 无点击，不收费。按实际被点击量付费，只有当用户从搜索引擎点击了网站的链接时，企业才支付费用。

● 广告费用可控。企业可以自己控制广告价格和广告费用。

● 详细的访问统计报告。企业可以对用户点击广告情况进行统计分析。

2）按索引擎竞价排名注意事项

● 选择关键词，"关键"决定成败。竞价的关键词最好由负责业务的人员来商讨选定，因为他们对公司的业务、市场较为了解。

● 用更加专业、相对冷门的词，减小竞争压力。其一，用专业性关键词搜索的用户，需求比较明确，对行业比较了解，往往是真正的潜在的客户；其二，相对冷门的词投放的企业比较少，这样竞争就比较小，成交机会就比较大；其三，因为目前搜索引擎竞价是以点击收费的，也就是说无论我们投放的是什么词，没有人点击是不收费的。

● 寻找合适的排名位置。许多商人有个错误观念，认为必须要竞价到第一位才是成功的策略，但其实第一位和最好未必联系在一起，还有可能让你的预算更快耗尽。企业应结合自身情况和营销预算选择合适的位置，并非第一位才是最好。比如一些深度网络营销管理机构认为：竞价排名位置保持在第四到第六名比较合适，越靠前反而越可能成为欺诈点击的对象。

● 采取分区域投放和智能匹配竞价，精准营销。目前主流的搜索提供商都提供分区域投放和智能匹配竞价。企业的推广策略可以面向主流大众进行宣传，也可以针对特定地理位置的网络用户进行广告投放。企业可根据业务开展的省或市有针对性地选择地区投放，当潜在客户进行搜索时展示广告，减少无效点击量，更加精准营销。智能匹配竞价排名不是一定通过所投放的关键词来访问网站，而是通过类似的关键词的含义来查找信息，这也很可能是我们的潜在客户。

● 慎用相同关键词，满足不同客户的搜索习惯。很多企业会把同样的关键词一成不变地投放到不同的搜索引擎去，但是每个搜索引擎使用人群不一样，搜索的习惯也不尽相同，用词也就不一样了。

- 注意竞价词描述写法，提高点击率。搜索引擎竞价关键词描述的好坏也会影响到广告点击次数，描述应与针对的关键词紧密联系，同时信息表达明确，这样才能确保获得的点击是更有针对性的。并且用词不要过分夸大，引诱那些不会对你的产品真正感兴趣的搜索用户到你的网站，不过是浪费广告预算。
- 尽量不写价格，在客户和我们谈到价格时再考虑降价的空间。
- 懂得分析数据，时刻调整营销策略。给网站加一个流量统计，结合搜索引擎后台一起分析客户通过哪些关键词搜索进来，做到经常对自己的关键词和广告效果进行分析、总结和调整。

2. 网络广告推广

网络广告推广是网站运营者以付费方式利用网络媒体对企业网站进行宣传的一种方式，是近年来比较流行的一种企业网站运营推广方式。

网络广告一般有以下四种形式：

1）电子邮件（E-mail）广告

（1）电子邮件广告的形式。

电子邮件是一项基本的网络应用，用户利用它可以便捷地进行信息交流。一些销售工作人员早已使用 E_mail 进行广告活动了。一些企业也一直在收集其顾客或潜在顾客的 E_mail 地址，以便有所针对地将他们的广告直接发送给指定群体。但是，电子邮件广告有时会造成其广告受众对于将商业信息以直邮形式发送至其私人电子信箱的排斥态度和反感心理。不过随着大数据技术的进步，电子邮件广告能够实现其更加明确的针对性，并真正成为大众喜闻乐见的消费向导和购物指南。

一种群发广告邮件给你的用户的方式是邮件列表。邮件列表是一项免费的群发邮件服务。通过它，您可以在网站上加入订阅入口，来获取您的订户。用户订阅后，就能方便的给他们群发邮件了。比如，如果你写博客，它能自动将最新的博客文章发给读者，如果你开网店，可以用它批量通知顾客店铺的最新优惠。如图 7-37 和图 7-38 所示。

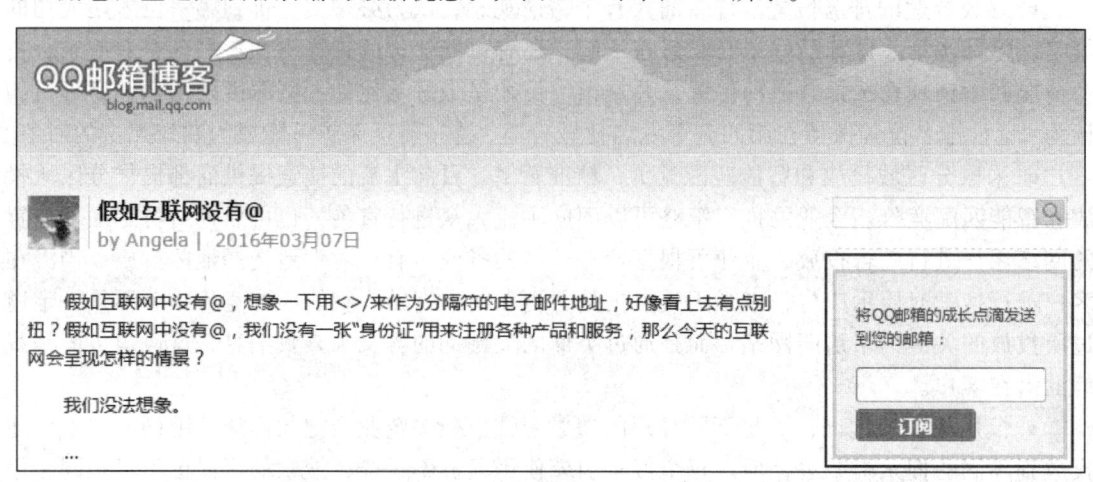

图 7-37　使用邮件列表群发邮件到订阅了你博客的用户

图 7-38 使用邮件列表可群发邮件到订阅了你网店的用户

另一种电子邮件的广告形式是邮件订阅。邮件订阅是免费为用户提供杂志订阅的服务。传统的杂志订阅,订阅后要等待邮递员投送杂志;邮件订阅,用户不用出门即可在 QQ 邮箱里收到订阅的电子杂志。图 7-39 所示为 QQ 邮箱用户订阅杂志页面。

图 7-39 QQ 邮件订阅

(2)接入邮件订阅开放平台流程。

以 QQ 邮箱订阅开放平台为例,企业网站可免费申请接入平台,流程如图 7-40 所示。

图 7-40 QQ 邮件订阅开放平台接入流程

在线填写申请资料的页面如图 7-41 所示,其中带"*"标记的栏目为必填项。

图 7-41　在线填写 QQ 邮件订阅开放平台申请资料

填写完成后阅读协议，如果同意则确认后提交。

（3）数据运营分析。

电子杂志发行后，可以在后台查看运营数据，以便了解栏目运营状况并作出及时的响应，迅速提供栏目质量。QQ 邮件订阅提供强大的数据运营支撑，可以以天为周期反馈出栏目的在线运营状况，包括订阅量、登录阅读率等核心数据，数据统计可以以栏目或期为维度进行统计。

如图 7-42 展示的数据以整个栏目为统计维度，日期代表该栏目在该日的数据情况。

如图 7-43 展示的数据以发行期刊为统计维度，日期代表期刊的发行日期，数据统计项代表各日期发行的期刊，截至昨日的统计数据。该数据表的每一条记录都会在每天进行更新。

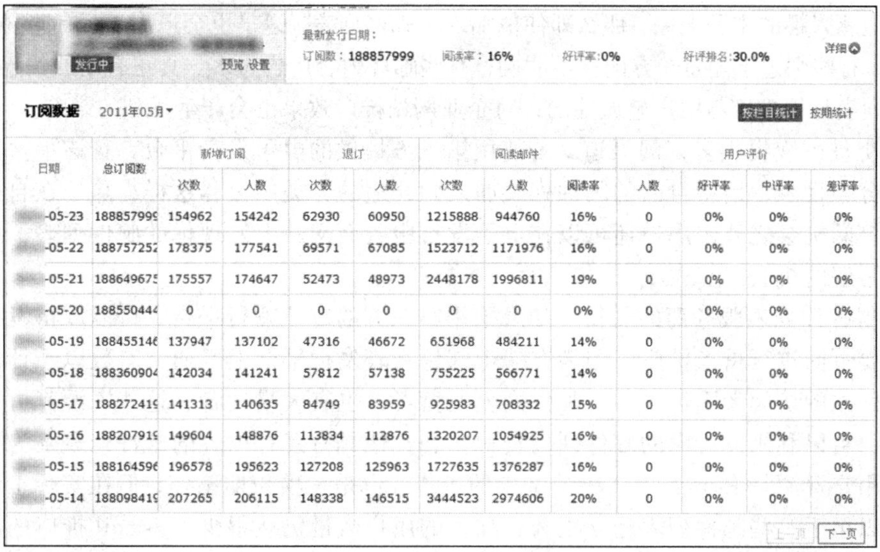

最新发行日期：

订阅数：188857999 阅读率：16% 好评率:0% 好评排名:30.0% 详细

订阅数据 2011年05月 按栏目统计 按期统计

| 日期 | 总订阅数 | 新增订阅 | | 退订 | | 阅读邮件 | | | 用户评价 | | | |
|---|---|---|---|---|---|---|---|---|---|---|---|---|
| | | 次数 | 人数 | 次数 | 人数 | 次数 | 人数 | 阅读率 | 人数 | 好评率 | 中评率 | 差评率 |
| -05-23 | 188857999 | 154962 | 154242 | 62930 | 60950 | 1215888 | 944760 | 16% | 0 | 0% | 0% | 0% |
| -05-22 | 188757252 | 178375 | 177541 | 69571 | 67085 | 1523712 | 1171976 | 16% | 0 | 0% | 0% | 0% |
| -05-21 | 188649675 | 175557 | 174647 | 52473 | 48973 | 2448178 | 1996811 | 19% | 0 | 0% | 0% | 0% |
| -05-20 | 188550444 | 0 | 0 | 0 | 0 | 0 | 0 | 0% | 0 | 0% | 0% | 0% |
| -05-19 | 188455146 | 137947 | 137102 | 47316 | 46672 | 651968 | 484211 | 14% | 0 | 0% | 0% | 0% |
| -05-18 | 188360904 | 142034 | 141241 | 57812 | 57138 | 755225 | 566771 | 14% | 0 | 0% | 0% | 0% |
| -05-17 | 188272419 | 141313 | 140635 | 84749 | 83959 | 925983 | 708332 | 15% | 0 | 0% | 0% | 0% |
| -05-16 | 188207919 | 149604 | 148876 | 113834 | 112876 | 1320207 | 1054925 | 16% | 0 | 0% | 0% | 0% |
| -05-15 | 188164596 | 196578 | 195623 | 127208 | 125963 | 1727635 | 1376287 | 16% | 0 | 0% | 0% | 0% |
| -05-14 | 188098419 | 207265 | 206115 | 148338 | 146515 | 3444523 | 2974606 | 20% | 0 | 0% | 0% | 0% |

上一页 下一页

图 7-42　以栏目为统计维度

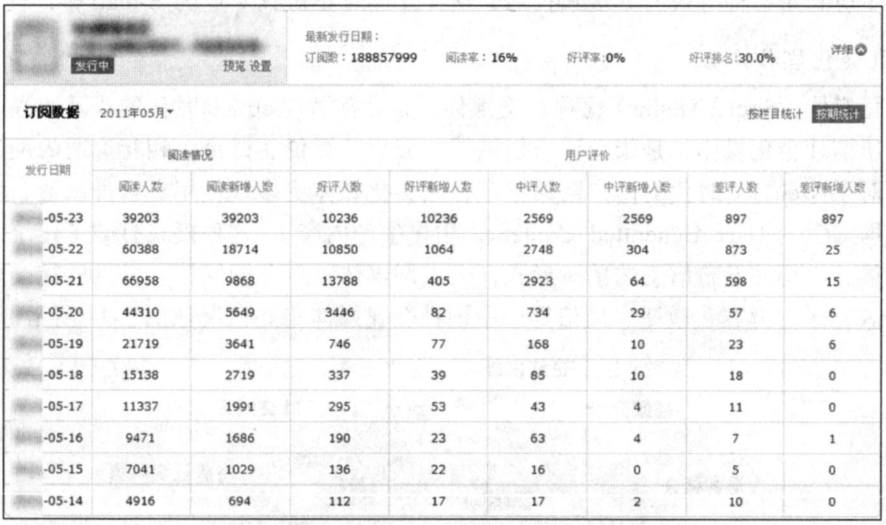

最新发行日期：

订阅数：188857999 阅读率：16% 好评率:0% 好评排名:30.0% 详细

订阅数据 2011年05月 按栏目统计 按期统计

| 发行日期 | 阅读情况 | | 用户评价 | | | | | |
|---|---|---|---|---|---|---|---|---|
| | 阅读人数 | 阅读新增人数 | 好评人数 | 好评新增人数 | 中评人数 | 中评新增人数 | 差评人数 | 差评新增人数 |
| -05-23 | 39203 | 39203 | 10236 | 10236 | 2569 | 2569 | 897 | 897 |
| -05-22 | 60388 | 18714 | 10850 | 1064 | 2748 | 304 | 873 | 25 |
| -05-21 | 66958 | 9868 | 13788 | 405 | 2923 | 64 | 598 | 15 |
| -05-20 | 44310 | 5649 | 3446 | 82 | 734 | 29 | 57 | 6 |
| -05-19 | 21719 | 3641 | 746 | 77 | 168 | 10 | 23 | 6 |
| -05-18 | 15138 | 2719 | 337 | 39 | 85 | 10 | 18 | 0 |
| -05-17 | 11337 | 1991 | 295 | 53 | 43 | 4 | 11 | 0 |
| -05-16 | 9471 | 1686 | 190 | 23 | 63 | 4 | 7 | 1 |
| -05-15 | 7041 | 1029 | 136 | 22 | 16 | 0 | 5 | 0 |
| -05-14 | 4916 | 694 | 112 | 17 | 17 | 2 | 10 | 0 |

图 7-43　以发行期刊为统计维度

（4）获得用户资源的方法。

邮件推广获得用户资源的方法有：

- 充分利用网站的推广功能。企业网站自身就是很好的宣传阵地，企业应该好好利用自己的网站为邮件列表进行推广，在首页和网站的主要页面都应该设置邮件订阅入口和订阅说明。
- 设置固定的邮件发送周期。确定好固定的邮件发送周期，然后按周期执行。不要有时一个月发若干次，有时一年才有一两次，可能用户已经忘记了自己什么时候加入了邮件列表，又突然地收到了某个网站发来的邮件，这样并不能对企业网站造成正面影响，反而降低了邮件列表推广的最终效果。
- 提供奖励措施。如某些在线优惠券和重要资料只通过邮件列表发送。
- 邮件内容要为用户提供价值。邮件列表真正产生影响是从用户收到邮件开始的，如果邮件内容和他感兴趣的主题无关,那么即使他加入了邮件列表,迟早也会退出。而有些网站的邮件内容匮乏,有些则过于随意、方向性不明确,有些邮件内容广告过多、真正有用的信息太少,这样的邮件列表是很难培养用户忠诚性的,对企业网站推广效果也会产生不利的影响。

● 为邮件列表提供多订阅渠道。若使用第三方提供的电子发行平台,且该平台有各种电子杂志的分类目录,请将自己的邮件列表加入到合适的分类中去,这样,除了在自己网站为用户提供订阅机会之外,用户还可以在电子发行服务商网站上发现你的邮件列表,从而增加潜在用户了解的机会。

● 获得邮件列表服务商的支持。如果采用第三方的专业发行平台,可以取得发行商的支持,在主要页面进行重点推广,因为在一个邮件列表发行平台上,通常有数以千计的各种邮件列表,网站的访问者不仅是各个邮件列表经营者,也有大量读者,这些资源都可以充分利用。比如,可以利用发行商的邮件列表资源,和其他具有互补内容的邮件列表互为推广等。

获取用户资源是 E-mail 推广中最基础的工作,也是一项长期工作,但在实际工作中往往被忽视,以至于一些邮件列表建立很久,加入的用户数量仍然很少,E-mail 推广的优势也难以发挥出来,一些网站的 E-mail 推广甚至会因此而半途而废。可见,在获取邮件列表用户资源的过程中应利用各种有效的方法和技巧,这样才能真正做到专业的 E-mail 推广。

2)社会化媒体广告

社会化媒体(Social Media)也称社交媒体,是伴随着 Web 2.0 时代的普及而兴起的一个新概念。所谓社会化媒体,是指允许人们撰写、分享、评价、讨论、相互沟通的网站或网络社区。相对于 Web 1.0 时代的门户网站形态,社会化媒体更多依赖用户自身制造、生产并传播内容,即 UGC(User Generated Content,用户生产内容),这种模式打破了传统门户网站由编辑撰稿、收集并发布信息的单一形式,人人即媒体,企业即媒体。常见的社交媒体包括论坛、SNS 社区、博客、微博、微信等。中国社会化媒体格局概况如图 7-44 所示。

图 7-44 中国社会化媒体格局概况

（1）论坛（BBS）推广。

网络论坛/BBS可谓网络社区的先驱，并盛极一时。论坛所创造的内容生产与传播模式，为后来的社会化媒体奠定了基础。论坛推广一直是网络推广的一个组成部分，而且在论坛上的用户一般都是深度用户，更有开发的价值。

所谓论坛推广，指的是以论坛、社区、贴吧等网络交流平台为渠道，以提供品牌口碑为目的，通过发布帖子的方式进行推广的活动。因为论坛的历史悠久，所以论坛推广也是互联网上出现比较早的一种推广手段。

论坛推广的步骤如下：

① 了解产品和用户。

在推广企业网站之前，我们不能是盲目的。首先我们要明确我们具体推广的网站类型是什么，我们网站的优势在哪里，网站的目标用户是哪类人群。

② 寻找目标论坛。

根据网站特点和用户人群，开始寻找目标论坛。目标论坛并不一定越大越好、越多越好，关键是用户群要集中和精准。其次，要了解论坛内各版块的主题特色和差异，明确我们的信息发到哪个版块最合适。

③ 注册账号，混个"脸"熟。

要在论坛发帖，首先要注册账号，注册账号时要注意：

- 账号用中文，最好简单易记、富有特色、具有亲和力；
- 及时完善个人资料，个人资料越丰富真实，越容易让大家对你产生信任感；
- 头像要正规、稳重，可以用企业LOGO；
- 可以注册多个账号，必要时需要"马甲"集团作战；
- 积极参加回复，与版主和其他网友混个"脸熟"。

④ 找准卖点、制造话题。

帖子内容切入点一定要在网站特点和用户需求中寻找平衡。你可以先把网站的所有优势、特色列出来，然后再把目标用户的需求、期望列出来，看看这些特点是否能满足用户的需求。

同时论坛话题一定要足够吸引眼球，具体写作形式可以结合娱乐新闻、社会热点事件；制造话题、引发争议；分享互助、产生情感共鸣等。

⑤ 数据监控。

论坛推广一定要随时关注论坛的数据，如：

- 点击量。帖子的点击量代表有多少人观看，如果点击量过低，考虑是否标题不够吸引人或论坛本身人气不够。
- 回复量。帖子的回复量代表主帖内容的水准，如果回复量过低，考虑是否卖点不够、话题不够有争议性或者发的论坛或版块不对。
- 回帖的内容。网友讨论的内容是否是你预期的方向。如果不是，要正确地引导网友的回帖，让事件朝你想要的方向发展。必要的时候，利用"马甲"自行制造话题。

⑥ 利用其他资源辅助推广。

除了发帖外，还可以充分利用论坛的其他资源进行辅助推广。比如在个性签名中植入网站简介和地址；通过论坛内置的站内短信功能给用户发网站信息；与网友互动聊天时推荐网站等。

（2）博客（Blog）推广。

博客（Blog 或 Weblog）的正式名称为网络日志，又音译为部落格等，是一种通常由个人管理、不定期发表文章的网站。博客上的文章通常根据发表时间，以倒序方式由新到旧排列。一些博客专注在特定的领域内发表评论或新闻，一些则被作为个人的日记。能够让读者以互动的方式留下意见，是博客的重要特点。博客是社会媒体网络的一部分。比较著名的博客有新浪博客（http：//blog.sina.com.cn/）、搜狐博客（http：//blog.sohu.com/）、QQ 空间（http：//qzone.qq.com/）等。

博客推广的要点：

① 用网站名称作博客昵称。

博客的昵称其实就是一个博客网页的 title，也是一个博客的定位，因此企业网站的博客可以就是企业网站的名称。如图 7-44 所示 FT 中文网的博客名称就是"FT 中文网"。

② 用网址作 url。

博客的 url 可以自定义设置，可以用网址作 url，当别人记住你博客地址时，可能就顺势记住了你的网站地址。如图 7-45 所示 FT 中文网博客的 url 就是"ftchinese"。

图 7-45　FT 中文网博客对网站的推广

③ 用企业 Logo 作头像。

头像也可以利用起来宣传你的网站，用企业 Logo 加上网址作头像，让人一目了然。如图 7-45 所示 FT 中文网的博客头像是"FT 中文网 ftchinese.com"。

④ 网站介绍。

在个人简介中把企业网站的介绍信息补充完整并在首页展示。如图 7-45 所示 FT 中文网的博客首页的"FT 中文网简介"模块对网站的所属机构、性质、领域、影响力等做了简单介绍。

⑤ 在友情链接中加入你的企业网站。

博客可以自定义友情链接，一定不要忘了在这里加上企业网站的超链接。如图 7-45 所示，FT 中文网的博客首页友情链接模块添加了网站的各种推荐超链接。

⑥ 优质的内容和良好的互动。

博客的核心是内容，所以想打造一个吸引人的博客，优质的内容不能忽视。最好一周至少发布一篇以上的原创博文。另外博客一定要多与用户互动才能起到应有的作用。如尽量回复每一条评论；针对评论中提出的问题或困难，尽量给予帮助和解答；面对负面评论，切记不要盲目冲动说过激的言语，要冷静对待、妥善处理。

（3）微博（MicroBlog）推广。

微博是微型博客（MicroBlog）的简称，即一句话博客，是一种通过关注机制分享简短实时信息的广播式社交网络平台。用户可以通过 WEB、APP 等各种客户端组建个人社区，以 140 字（包括标点符号）的文字更新信息，并实现即时分享。你既可以作为观众，在微博上浏览你感兴趣的信息；也可以作为发布者，在微博上发布内容供别人浏览。目前主流中文微博平台有新浪微博（http：//weibo.com/）、搜狐微博（http：//t.sohu.com/）、腾讯微博（http：//t.qq.com/）等。

概括地说，微博是一个高度社会化的传播平台，它集中了我们熟悉的三种沟通方式——电子邮件、即时通信工具和媒体的优点，又分别赋予它们社会化的特征。

要在微博上做企业网站的推广，首先要吸引到目标人群关注你。下面介绍吸引粉丝的几个技巧。

刚开通微博时，粉丝数量都是从零开始的。那么该如何快速吸引第一批粉丝呢？

首先，作为一个"零粉丝"用户，主动去关注别人是一个很直接的方法。那么，我们应该找什么人来关注呢？

① 找与你同一领域的人。

因为只有领域相同、特点相近的人，才会有相同的话题，才会互相关注。微博提供的标签和搜索功能，是寻找粉丝的重要方法。如"找人"搜索一般都可以直接搜索名字、标签等。例如，你是一个"移动商务"类微博，想找一群从事"移动商务"业务的人，那你可以在微博搜索中，限定搜索"标签"，然后搜索"移动商务"关键词，就可以看到为自己制订了"移动商务"标签的微博主的列表。如图 7-46 所示。

② 请人帮你转发和推介。

通常，你的同事、你的圈内人士、在微博上与你互动良好的人或者非常热情愿意帮人做转发和推介的人，都可以成为寻找的对象。找到这些微博主后，先准备一条或几条你认为写得很好、足以吸引人目光的微博，然后，可以通过留言或私信的方式直接告诉这个微博主，希望他们帮忙转发和推荐。留言和私信中，不要只是恳求别人推介，而要给别人一个推介理由。比如"能帮忙转发我的微博吗？我想，我关于西藏旅游攻略的推荐对你的粉丝可能很有帮助""请帮忙转发，我热爱旅游，想通过照片与更多旅游爱好者成为朋友"等。也可以在你的微博或评论中，用"@"提及他们的名字，引起他们的注意。

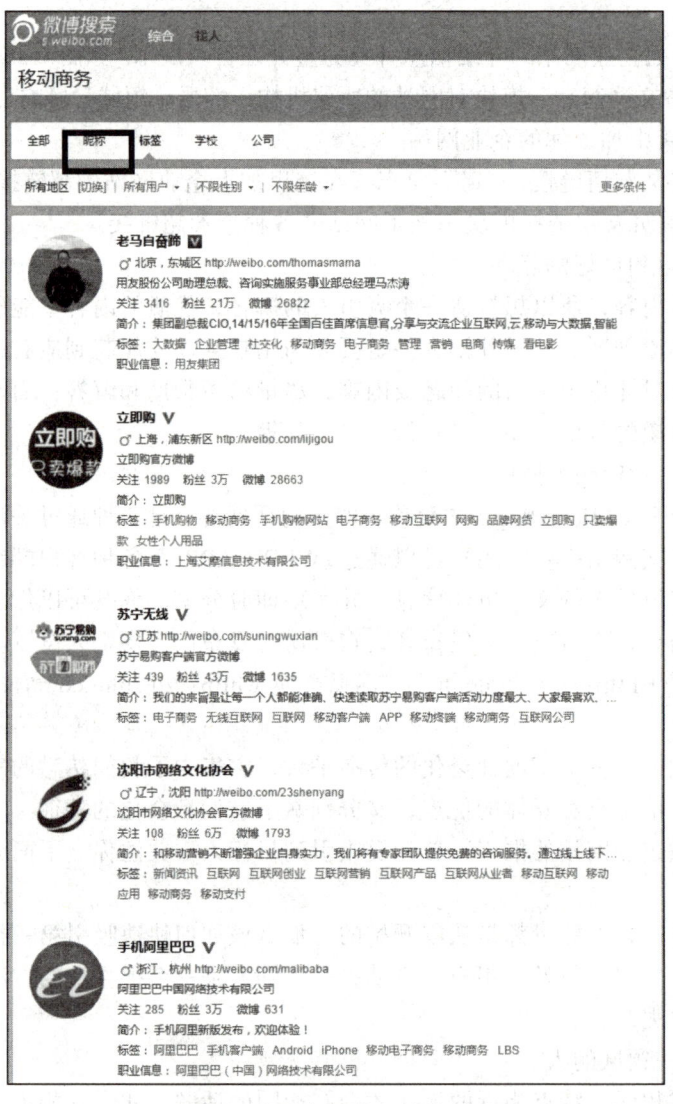

图 7-46　限定标签，搜索博主

③ 申请身份认证。

身份认证是企业向微博服务商提供可以证明自己真实身份的资料（如公司营业执照等），经微博服务商审核后，在微博上显示已经认证标志的过程。认证后，博主名字后面加上 V 形标记（新浪）或对号标记（腾讯）。认证后的微博在粉丝群体中可信性更高，传播影响力更大。新浪微博认证申请地址：http://verified.weibo.com/，腾讯微博认证申请地址：http://t.qq.com/certification。

④ 微博正文中加上企业网址。

微博的 140 个字，不但可以有纯粹的文字内容，在需要时，也可以加上网址链接，链接到企业官网。有助于网友快速找到原始信息或相关信息位置，帮助读者扩大阅读范围，同时达到推广企业网站的目的。

⑤ 与粉丝互动。

微博运营不是一个人的自言自语，所以不要只是单方面的发布消息，留住忠诚粉丝的一个非常重要的方法，是在微博平台上经常保持和粉丝之间的互动。

微博的互动类型有很多种，如解释和说明、提问和回答、发起话题讨论、不同观点的辩论、发起投票、有奖竞答或竞猜等。与粉丝互动的方法都不复杂，关键是要用行动去执行。

（4）微信（WeChat）推广。

微信（英文版本名为WeChat），是腾讯公司于2011年推出的一个为智能终端提供即时通讯服务的免费应用程序。微信支持跨通信运营商、跨操作系统平台，可通过网络快速发送语音短信、视频、图片和文字，同时，也可以使用 "扫一扫""摇一摇""面对面建群""公众号"等服务插件。

微信的四种营销模式：

① 位置签名。

在微信"查看附近的人"这个功能中，企业可以把微信头像设置成企业Logo，微信名称设置成企业名称，个性签名写上网站介绍和网址。通过这些简单的方式向附近的微信用户推广企业网站。同时基于位置的服务（LBS，Location Based Services）可以精确用户的地理位置，企业可以精准地向用户推送附近的服务信息。

② 漂流瓶。

在某一特定时间段内，扔出大量含有企业网站信息的瓶子，增加瓶子被"打捞"的几率，同时也可以通过打捞别人的瓶子回复发送推广信息。

③ 微信公众平台。

微信公众平台是腾讯公司在微信的基础上新增的功能模块。通过这一平台，企业可以打造一个微信的公众号，可以向粉丝群发文字、图片、语音、视频、图文消息五个类别的内容。微信公众号分为服务号、订阅号、企业号和小程序四种类型。认证后的公众号设置的自定义菜单可以直接链接到企业网址。

④ 朋友圈。

微信用户可以通过朋友圈把网站中某些有吸引力的内容等快速地分享给自己的朋友，并链接到企业网站去。朋友圈为分享式口碑营销提供了相应的渠道。这种社交分享模式在电商中一直都是炙手可热的话题。

3）互联网（web）广告

互联网（web）广告始于1994年，当时《Hot Wired》（热线）开设了一家网站，即技术新潮类《Wired》（在线）杂志的数字版本，当时大约有12个赞助商为安插在整个网站的旗帜广告缴纳费用。至此，一种全新的产业组建形成，它由出售广告、创作广告和测量有多少人看到广告的模式组成。

互联网（web）广告有如下优势：

- 广告主可以方便地进行每日的广告流量分析统计。
- 信息数量能够被准确传递。

● 制作和运营 web 广告的成本远低于传统广告媒体。

相比传统广告，制作 web 广告所花时间更少，并且能够迅速投放到网站中，网络流量分析软件通过跟踪访问者点击进入你的网站的数量，第二天就可以告诉你广告是否起到作用，并为你是否需要完善站点上的广告提供帮助。

大数据技术对广告策略也产生了深刻的影响，利用大数据进行更精准、更有效的策略制定，让广告变成了一个超高效的营销工具。大数据在定位精准人群方面也能发挥很大功效，比如通过你使用的手机品牌价格、你的购物记录、你的房子楼盘均价、你所就餐的地方、你的行动轨迹等众多网络行为痕迹，就能得知你的性格、你的经济状况、你的生活方式、你的爱好、你的年龄、你的性别、你的感情情况等。图 7-47 为腾讯广告营销平台提供的大数据精准广告营销。广告因为大数据的汇集、大数据平台的建设，越来越精准地投送给目标受众并产生点击，影响购买等商业或社会行为。

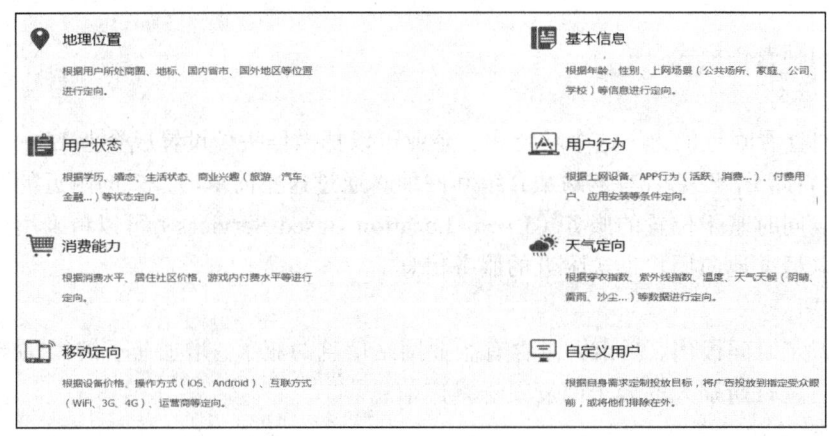

图 7-47　腾讯广告营销平台

如图 7-48，为微信朋友圈向用户推送的四川大学锦城学院招生广告。

如借助地理位置技术，本地推广可以精准定向周边 3～5 公里人群，无论您是新店开业、促销、新品上市、会员营销，本地广告都能有效触达顾客，提高门店顾客到访。商户可以通过门店名称、城市的方式加强所在地用户对商家品牌的认知。如图 7-47，为微信朋友圈的四川大学锦城学院招生广告。

web 广告具体分为以下几种：

① 网幅广告（Banner）。

网幅广告是最常见的 web 广告形式，将广告放置在你网站的目标人群很可能访问的位置上，从而鼓励这些人通过点击而访问你的网站。互联网提供了很多不同的广告位，网幅广告可以放在搜索引擎、门户网站或社交媒体上，其尺寸视网站页面规划或广告主的要求可做适当的调整。如图 7-49 所示为新浪广告产品盒子，有不同尺寸的广告。浏览者只要点击它，就能进一步看到更详尽的信息。所以网幅广告通常带有操作提示或诱

图 7-48　微信朋友圈广告

人的信息来诱导访客点击，比如加上"Click me（here）"或"点击此处进入"的字样。网幅广告可以是静态的，只显示广告标志和标语，也可以使用动态图像或动画。

图 7-49　新浪广告产品盒子

现在规模比较大的网站差不多都能按照 CPM（Cost Per Mille，或者 Cost Per Thousand，每千次成本）价格销售广告。如你在其他网站发布企业网站网幅广告的 CPM 为 200 元，而浏览广告的次数为 3000 次，那么你就必须支付 600 元广告费。

考虑以下因素，以保证你的网幅广告实现推广目标：
- 你投放广告的网站跟你的目标人群有多大关系？
- 有多少网站与你考虑准备发布广告的网站相似？
- 多大面积的网幅广告是在你的经济允许范围内的？
- 这个网站的竞争对手收费情况如何？

● 你的广告发布在网页的什么位置？顶部？底部？还是两边？

● 将你的网幅广告大小限制在 5KB 以下，确保你的网幅广告能快速的加载。如果整个网页的内容先于广告栏的内容，那寻访问者有可能还没来得及看到这个广告就已经点击离开。

● 提供一个令人信服的理由，并加上"点击这里"之类的操作提示。

● 在不同的浏览器和不同分辨率的显示器中测试你的网幅广告，以确保广告是你所期望传达的样子。

② 图标（icon）广告。

图标广告是从网幅广告演变过来的一种形式，但是面积比较小，是表现为图标的广告，通常广告主要用来宣传其商标或品牌等特定标志。

图标广告在自身属性以及制作和付费方式等方面与网幅广告都没有区别，它只是小一些，像个纽扣（Button）。许多网络广告商并不区分 Banner 和 Button，只是统称为 Banner，然后在尺寸上列出不同的规格，其中较小的几种应该就是图标广告。图标广告属于纯提示型广告，一般只是由一个标志性图案构成，常常是企业商标等，没有广告标语，更没有广告正文，所以它的信息容量十分有限，吸引力也要差一些，只具有一定的提示作用。对于老主顾、熟人会很方便、很有效、很经济，但对于陌生人，在效果上就要差许多了。一些耳熟能详的广告主及广告产品可以这样做，新企业则需慎重，还是做个网幅广告好。

③ 赞助（sponsorship）式广告。

企业可以对跟自己业务相关的网站页面或栏目进行赞助。对于赞助商来说，他不但可以宣传品牌，可以直接促销，可以进行市场调查，甚至可以发展消费者俱乐部。

赞助式广告与网幅广告的区别是一般放置时间比较长，且无需和其他广告轮流滚动。广告赞助页面可以有效扩大页面知名度，例如赞助一个电视剧展出页面，从而吸引访客注意自己的公司、产品或服务。访客可以通过广告赞助页面直接链接到公司的页面。故有利于扩大页面知名度。企业若有明确的品牌宣传目标，赞助式广告将是非常有效和低成本的工具，使广告主在使用媒体方面有独占性和对将来行为的优先决定权。

④ 弹出式（Pop-up）广告。

弹出式广告（Pop-up）是在一个网页下载的过程中，在一个新开的小浏览窗口出现的广告，这是一种非请自来、带有一些强迫性的广告，据说是网上广告中最讨人嫌的一种。广告格式可以是 html、gif、jpeg、flash 等任何 web 标准。一方面，弹出式广告必定是浏览器最前方的窗口，所以不论用户看或不想看，都必须手动去把它关闭；另一方面，人类天生比较容易被移动的物体吸引，所以弹出式广告能有效吸引用户的眼球。

⑤ 视频广告。

网络视频用户对视频的分享呈现指数式传播效应，大部分网友表示会把喜欢的网络视频推荐给自己的朋友或同事，经统计，每位网络视频用户平均会把喜欢的网络视频推荐给 4 人以上。这正是网络视频广告病毒式营销价值的体现。

视频广告的厉害之处在于传播即精准，首先用户会产生兴趣，关注视频，再由关注者变为传播分享者。网民看到一些经典的、有趣的、轻松的视频总是愿意主动去传播，大部分网友表示会把喜欢的网络视频推荐给自己的朋友或同事，经统计，每位网络视频用户平均会把喜欢的网络视频推荐给 4 人以上。而被传播对象势必是有着和他一样特征兴趣的人，这一系列的过程就是在目标消费者精准筛选传播。病毒营销的关键在于企业需要有好的、有价值的视频内容，然后寻找到一些易感人群或者意见领袖帮助传播。

视频广告应该做好以下几件事：

● 学会讲故事：优秀的"病毒营销"的网络视频一定要学会讲故事，以此留住观众的注意力。

● 言简意赅：效果最好的在线视频长度介于 30 s 至几分钟之间。如果你有很长的故事要说，试着分成几个小段，这样观众也许觉得更有趣一些，而且容易找到主题。

● 做足功课：谁也无法保证一个视频营销策略注定会引发病毒式的传播效果。即便如此，你依然必须弄明白消费者想要什么，就像你在传统营销方面做过的事情一样。

● 过度润色非必需：公司如果打算建立一个视频推广网站的话，未必非得让上面的作品都保证极高的质量。实际上，过高的视频质量容易被人误解为传统的电视广告。

【思考与练习】

1. 填空题

（1）SEO 是指_____，SEM 是指_____。

（2）设计网页时，网页中包含的图片最好采用_____、_____格式。

（3）搜索引擎的种类有三类，分别是_____、_____、_____。

（4）百度的付费竞价工具名为_____。

2. 问答题

（1）常用的网站流量统计工具有哪些？

（2）企业网站发外链有哪些方法？

（3）企业营销型网站应该具备哪些特点？

# 参考文献

[1] 昝辉. 网络营销实战密码：策略、技巧、案例[M]. 北京：电子工业出版社，2009.
[2] 丁士锋. SEO 实战宝典：实用工具+步骤图解+典型案例[M]. 北京：人民邮电出版社，2015.
[3] 周宁，李鹏. 网络营销：网商成功之道（第 2 版）[M]. 北京：电子工业出版社，2011.
[4] 杨艳. 电子商务网站建设基础与实践[M]. 北京：北京大学出版社，2008.
[5] 淘宝大学. 电商运营[M]. 北京：电子工业出版社，2012.
[6] 李建忠. 电子商务运营[M]. 北京：机械工业出版社，2014.